Vivendo no fogo cruzado
Moradores de favela, traficantes de droga e violência policial no Rio de Janeiro

FUNDAÇÃO EDITORA DA UNESP

Presidente do Conselho Curador
Mário Sérgio Vasconcelos

Diretor-Presidente
José Castilho Marques Neto

Editor-Executivo
Jézio Hernani Bomfim Gutierre

Assessor Editorial
João Luís Ceccantini

Conselho Editorial Acadêmico
Alberto Tsuyoshi Ikeda
Áureo Busetto
Célia Aparecida Ferreira Tolentino
Eda Maria Góes
Elisabete Maniglia
Elisabeth Criscuolo Urbinati
Ildeberto Muniz de Almeida
Maria de Lourdes Ortiz Gandini Baldan
Nilson Ghirardello
Vicente Pleitez

Editores-Assistentes
Anderson Nobara
Jorge Pereira Filho
Leandro Rodrigues

Maria Helena Moreira Alves
Philip Evanson

Vivendo no fogo cruzado
Moradores de favela,
traficantes de droga e violência
policial no Rio de Janeiro

Tradução
Fernando Moura

© 2011 Temple University Press
© 2012 Editora Unesp
Título original: *Living in the Crossfire*

Fundação Editora da Unesp (FEU)
Praça da Sé, 108
01001-900 – São Paulo – SP
Tel.: (0xx11) 3242-7171
Fax: (0xx11) 3242-7172
www.editoraunesp.com.br
www.livrariaunesp.com.br
feu@editora.unesp.br

CIP – Brasil. Catalogação na publicação
Sindicato Nacional dos Editores de Livros, RJ

A477v

Alves, Maria Helena Moreira
    Vivendo no fogo cruzado: moradores de favela, traficantes de droga e violência policial no Rio de Janeiro / Maria Helena Moreira Alves, Philip Evanson; tradução Fernando Moura. – 1. ed. – São Paulo: Editora Unesp, 2013.

    Tradução de: Living in the Crossfire
    ISBN 978-85-393-0424-0

    1. Brasil – Condições sociais. 2. Violência urbana – Brasil. 3. Crime – Aspectos sociais. 4. Violência – Aspectos sociais. I. Evanson, Philip. II. Título.

13-01421   CDD: 364
                                                                                                    CDU: 364:343.9

Editora afiliada:

Asociación de Editoriales Universitarias de América Latina y el Caribe   Associação Brasileira de Editoras Universitárias

Sumário

Prefácio VII
   Paulo Sérgio Pinheiro
Prólogo XVII
Agradecimentos XXIII

Introdução 1
Parte I – Rio de Janeiro, a Cidade Maravilhosa
e as suas comunidades 13
   1 O declínio da pobreza e o aumento da violência 15
   2 Vivendo na favela no século XXI 33
   3 Comunidades sob fogo 51
   4 Vozes de esperança e renovação 117
   5 Vozes dos líderes comunitários 145

Parte II – Vozes das autoridades de segurança pública 179
   6 Segurança para quem? 181

7 A voz dos policiais   217
8 A voz dos governos   263
Conclusão   335

Referências bibliográficas   345
Índice remissivo   353

Prefácio

Paulo Sérgio Pinheiro[1]

Por mais de um século na cidade do Rio de Janeiro, populações pobres se instalaram nos morros e na chamada Baixada Fluminense, muitas vezes com a tolerância dos poderes públicos, depois de serem expulsas de outras localidades. Durante décadas, tanto o Estado brasileiro ali sediado desde o século XVIII, como as sucessivas administrações municipais, negaram àquelas populações os direitos fundamentais mais básicos. Ao mesmo tempo, a sociedade, aquela do asfalto (como as comunidades faveladas se referem à população que as circunda), se beneficiava

---

[1] Paulo Sérgio Pinheiro, natural do Rio de Janeiro, é integrante da Comissão Nacional da Verdade (CNV). Doutor em Ciência Política pela Universidade de Paris, é professor titular de Ciência Política e pesquisador associado ao Núcleo de Estudos da Violência, da Universidade de São Paulo (NEV--USP). Foi secretário de Estado de Direitos Humanos no governo Fernando Henrique Cardoso. Tem desempenhado diversas funções na ONU, onde preside atualmente a Comissão Internacional de Investigação para a Síria, em Genebra.

de uma mão de obra barata e cativa, e os partidos, de currais de votos, aos quais os políticos dedicavam efêmera atenção durante as eleições, suprema concessão, subindo até os morros. Não foi preciso esperar muito para que, nesses vazios de cidadania, criminosos se instalassem e aplicassem um misto de terrorismo e proteção aos habitantes das favelas, ao lado da corrupção dos agentes do Estado.

Nesse contexto, as classes populares – as classes torturáveis, para falar como Graham Greene – desde quando se fixaram naqueles espaços estiveram submetidas a um estatuto de *extralegalidade* de modo muito mais sistemático que o restante da cidade, além das práticas *normais* de abuso do poder da polícia nos regimes democráticos. Nenhum dos governos após as transições democráticas, depois da ditadura tanto do Estado Novo como dos regimes militares mais recentes, foi capaz de afetar substancialmente o "regime de exceção paralelo" imposto às classes populares, especialmente aos residentes das favelas.

Até o século XXI essa situação foi mantida e reproduzida historicamente pela presença da desigualdade social – apesar da diminuição da pobreza no Brasil nos últimos vinte anos – e pela presença de uma hierarquia social e racial extremamente sólida. Nessa configuração as regras e as leis nunca foram um ponto de referência para as classes dominantes e para os governos em suas relações com as populações faveladas. Seria ilusório esperar que as políticas de segurança não estivessem sobredeterminadas por essa configuração social marcada por desigualdade, racismo e ilegalidade.

Nesse novo século o arranjo precário entre as populações da favela, suas associações, os criminosos e os agentes públicos foi se rompendo por múltiplos fatores. Em boa parte pela tomada de consciência das próprias comunidades nos morros e pelo avanço das exigências dos direitos civis na sociedade brasileira. E de repente se quebrou o instável equilíbrio entre as populações faveladas, em sua maioria composta de afrodescendentes nos morros do Rio de Janeiro, e a sociedade branca da planície. Isso obrigou o Estado, que estivera flagrantemente ausente, a desencadear uma "guerra contra o tráfico" – crime que o Estado deixara se instalar solidamente nos morros, *guerra* que vai atingir pesadamente as próprias populações que pretende proteger.

Maria Helena Moreira Alves e Philip Evanson em seu rigoroso estudo impõem a transparência sobre o processo de tentativa de retomada pelo governo do estado do Rio de Janeiro, por meio de um combate militar, do território dominado pela criminalidade, desvendando os objetivos concretos que o discurso político frequentemente dissimula. A partir de 2007 até o presente, operações combinadas das polícias com o Exército se abatem pesadamente no cotidiano dessas comunidades habitadas sobretudo por jovens – metade de sua população tem menos de 25 anos.

Vivendo no fogo cruzado privilegia uma abordagem original que se poderia chamar de polifônica, pois apresenta uma textura de análise extremamente apropriada para o objeto de estudo em que se combinam diferentes vozes raramente articuladas: a dos residentes das favelas; a dos integrantes dos aparelhos repressivos; a dos governantes – três *vozes* que pouco se interpelam no cotidiano e se expressam preservando cada uma delas o caráter individualizado. Assim, em contraste com a monofonia do Estado, a voz dos residentes com ritmos nítidos e diversos expressa anseios, sofrimentos; e expectativas irrompem em contornos detalhados até então desconhecidos. Com o rigor e a mestria dos entrevistadores, o que poderia ser o registro de uma cacofonia resulta numa formidável

O cotidiano nas favelas em meio ao cenário de guerra.
Crédito: Carlos Latuff.

reconstituição multidimensional das intervenções violentas e armadas do Estado nas comunidades populares, analisando com enorme precisão suas consequências problemáticas para a consolidação democrática do Estado de direito. Sucesso para o que contribui, sem dúvida, o imenso conhecimento de Moreira Alves sobre o funcionamento do Estado brasileiro sob o regime autoritário, do qual aliás ela é uma das mais sofisticadas analistas, o que lhe permite revelar no presente estudo os contornos de um *estado de exceção* nas operações de tomada de território das favelas.

Nas comunidades estudadas prevalece uma *violência sistêmica*: uma forma de violência de caráter endêmico, estruturada tanto por representações sociais como pelas práticas ilegais cometidas regularmente por criminosos e agentes do Estado (muitas vezes em conluio) e que, em geral, não implica punição para qualquer uma das partes. O lugar por excelência dessa violência sistêmica no Rio de Janeiro são as comunidades populares e as favelas onde a população vive num virtual *Estado de guerra*. Para muitos moradores as intervenções policiais e do Exército são apenas o estágio atual dessa violência.

Talvez nada ilustre melhor os ilegalismos que prevalecem no Rio de Janeiro que a dificuldade encontrada por Moreira Alves e Evanson em dar conta dos números de homicídios naquele estado. Um dos principais problemas que se abatem sobre os residentes das favelas é a elevada ocorrência de mortes que deixam de ser registradas como tal por causa da definição estrita de homicídio por parte das autoridades. Um número considerável de execuções cometidas pelas polícias fica sem julgamento, assim como o assassinato de suspeitos e de adolescentes pelas milícias permanece impune.

Policiais atuando fora de serviço, como membros de grupos de extermínio, assassinam cidadãos suspeitos por crimes banais. Frequentemente essa violência atinge lideranças da comunidade comprometidas com organizações civis. As autoridades com frequência deixam de tomar medidas legais contra os autores de tais assassinatos e não levam até o fim suas investigações porque cooperam ou simpatizam com essas práticas dos grupos de extermínio e das milícias. Como esta obra revela, há cemitérios clandestinos no Rio de Janeiro cuja localização é conhecida mas não se torna alvo de investigação por parte do poder público. Não surpreende que apenas menos de 10% dos homicídios sejam elucidados.

A ameaça, que associa a favela ao espaço do crime, mesmo que de forma ambígua, cria uma permanente desconfiança em relação ao "outro", que a qualquer momento pode se revelar perigoso. Há uma similaridade entre atitudes de muita desconfiança, para não dizer racistas e discriminatórias, da população carioca em geral (sobretudo entre os brancos) em relação aos favelados.

Os autores revelam aqui um esforço para entender qual foi o processo de decisão da política de segurança e como se deu a participação das comunidades. E verifica-se que, ecoando o abandono das populações pelas políticas sociais, as intervenções em nome da segurança da cidade como um todo foram marcadas pelo silêncio e por ignorar os saberes das comunidades. Muitas vezes a polícia agiu como se fosse um teatro de operações no qual o sofrimento imposto às populações seria o dano colateral alegadamente necessário para o bem comum, com amplo desrespeito a seus direitos. Decerto essa marca das operações de segurança é homóloga ao recorrente desrespeito histórico do acesso ao conjunto de direitos reconhecidos universalmente e ratificados pelo Estado brasileiro.

Esse surto de atenção do Estado para com o terrorismo diário imposto às populações faveladas pelo crime – em conluio

Blindado da Marinha durante ocupação do Complexo do Alemão em 2010.
Crédito: Valter Campanato / Agência Brasil.

com agentes públicos, paradoxalmente, por conta das condições em que se concretizou – ilumina o profundo contraste entre os bairros das classes médias e dominantes (em sua maioria brancas) e as formas específicas de sua articulação. Sob a aparência de uma "cidade partida", não estamos diante de territórios abandonados pelo Estado, mas sim dominados pelo conluio dos criminosos e dos agentes públicos corrompidos. Na realidade as favelas simplesmente expõem com maior clareza a profunda desigualdade que também marca a sociedade do asfalto; plenamente integrada no funcionamento da economia do Estado, a ruptura na cidade é apenas aparente.

As entrevistas com as populações afetadas pelas operações policiais nas favelas demonstram que, apesar das bem-sucedidas políticas públicas de transferência de renda durante os governos Fernando Henrique Cardoso e Luiz Inácio Lula da Silva, e na presente administração da presidenta Dilma Rousseff, pouco mudou no *modus operandi* dos aparelhos policiais no Rio de Janeiro. Ainda que o discurso de guerra contra o crime agora se apresente sob aparências mais sofisticadas, o enfrentamento das quadrilhas criminosas se dá fundamentalmente pela força, pela violência. As entrevistas deram voz a pessoas que, em 2007, viveram em meio às intervenções da polícia contra as quadrilhas do narcotráfico, no chamado Complexo do Alemão. São testemunhos do terror e da desestabilização que afetaram as comunidades, além de depoimentos com alguma esperança, nada surpreendentes levando em conta as condições de sobrevivência nas favelas.

As conversas com a população aqui registradas deixam patente que, mesmo antes das atuais operações repressivas, os preceitos legais que regulam as prisões, o direito à defesa legal, interrogação e detenção não existem para as comunidades nas favelas. O desrespeito aos direitos civis é a regra que rege as relações entre a polícia e os pobres: seria ilusório que esse desrespeito fosse suspenso pelas sucessivas declarações das autoridades, tranquilizando as populações quanto a seus altos desígnios. Fica evidente que a reiteração dessas ilegalidades quando das operações militares funciona como obstáculo à consolidação de uma sociedade civil no interior das comunidades populares.

E se entendermos a sociedade civil como o quadro institucional de uma vida moderna *estabilizada pelos direitos fundamentais*, tais direitos devem ser considerados como *o princípio organizador* de uma sociedade civil moderna. Se considerarmos o respeito aos direitos como índice do sucesso da consolidação de tal sociedade – não somente no papel (na letra morta das constituições e no desrespeito a todas as convenções internacionais de direitos humanos ratificadas pelo Estado brasileiro), mas como modelo operacional –, o estado do Rio de Janeiro oferece um resultado bastante insuficiente. Isso tanto no que diz respeito à expressão cultural (liberdade de pensamento, de expressão e de comunicação, pois como vimos todas as decisões do poder público sobre políticas de segurança são feitas sem ouvir as comunidades) como no que se refere à integração social (efetiva liberdade de associação não submetida ao controle do terror das quadrilhas criminosas ou das autoridades policiais locais), jamais respeitada pelos policiais nas comunidades populares. O balanço das entrevistas é pesadamente negativo na perspectiva dos direitos de proteção à vida na sociedade – proteção da vida privada, da intimidade e da inviolabilidade do domicílio e da pessoa.

Doravante, depois de *Vivendo no fogo cruzado*, sociedade e governantes podem contar com uma análise rigorosa das operações policiais contra o narcotráfico nas comunidades populares no Rio de Janeiro. Desenvolvida a partir de diferentes perspectivas – dos cidadãos, dos agentes do Estado e dos governantes –, a justificada indignação de Maria Helena Moreira Alves em nenhum momento embaça os contornos implacáveis da realidade. Depois da publicação dos resultados desta monumental pesquisa ninguém poderá alegar não saber o que aconteceu (e o que continua acontecendo) durante a ocupação militar dos morros e comunidades populares na Cidade Maravilhosa.

Genebra, 10 de dezembro de 2012

Nós dedicamos este livro às pessoas que vivem e resistem nas favelas do Rio de Janeiro. Fazemos menção especial às Mães de Acari e a todas as mães que perderam suas crianças para a violência nessas comunidades, especialmente quando a violência partiu de agentes do Estado que teriam o dever de protegê-las. A exemplo das Mães da Praça de Maio, as Mães de Acari dedicam sua vida à luta por justiça e pela elucidação do paradeiro de crianças desaparecidas.

Este livro também pertence a todos aqueles que são vítimas de uma violência induzida pelo Estado, mas que apesar de tudo, continuam a acreditar que o sistema brasileiro pode ser modificado para fornecer segurança para todos os cidadãos, com respeito à democracia e aos direitos humanos.

Prólogo

Maria Helena Moreira Alves
Philip Evanson

Este livro pertence a um momento histórico específico no Brasil. Refere-se ao período do governo federal correspondente à chamada "Era Lula" e, em escala local, remete ao primeiro mandato do governador do Rio de Janeiro, Sérgio Cabral. Havia uma preocupação em Brasília de estabelecer as bases para uma política de segurança pública com cidadania e respeito aos direitos humanos. Assim, foi elaborado o Programa Nacional de Segurança Pública com Cidadania (Pronasci), cuja alma consistia em um projeto de longo prazo que reformulasse no Brasil toda a concepção da segurança pública, com três novidades históricas. Primeiro, ela passaria a ser responsabilidade conjunta da União, dos estados e dos municípios. Segundo, seriam garantidos os direitos constitucionais de todos os cidadãos brasileiros por meio de uma polícia comunitária que trabalharia com a população em cada bairro e localidade, tendo em vista não somente a repressão de crimes, mas principalmente a integridade física a partir da óptica de serviço à comunidade. Finalmente, uma vez reconquistado determinado território, seriam instaladas unidades policiais locais então desmilitarizadas, isto é, trabalhariam com a população sem o uso de armas letais ou táticas militares, tais como o emprego de força nas invasões de domicílios sem mandato judicial e utilização de veículos blindados, popularmente conhecidos como Caveirões, que causam terror às populações de comunidades pobres. Depois que determinada área fosse ocupada pelas novas polícias comunitárias, estaria aberto o caminho para que o Estado entrasse com todo seu aparato político, social, cultural e de desenvolvimento econômico.

Operação conjunta do Exército e da PM em ocupação do Complexo do Alemão em 2010.
Crédito: Vladimir Platonov / Agência Brasil.

A prática da violência cotidiana no estado do Rio de Janeiro, no entanto, levou o governador Sérgio Cabral a decidir, logo no começo de sua gestão, que a prioridade deveria ser um combate militar ao tráfico de drogas e ao crime organizado em territórios específicos. Com essa visão, o governador declarou "guerra ao tráfico", iniciando em 2007 um período sem precedentes de estado de sítio, invasões promovidas por militares e pela PM em favelas, começando com o Complexo do Alemão. Essa política, conhecida como "política de confronto", elevou a violência a ponto de alcançar um grau inaceitável de perdas de vidas humanas. O governo estadual se viu forçado a considerar as opções incluídas no Pronasci, pelo menos quanto à instalação de policiamento local permanente. No entanto, outras características da proposta de segurança pública com cidadania não foram implementadas, tais como: a desmilitarização da polícia; o controle efetivo de armas e munições – tanto da população quanto das próprias forças policiais –; o abandono de táticas

Governo do Rio não seguiu recomendação da ONU e não instalou câmeras no Caveirão para monitorar as ações policiais.
Crédito: Carlos Latuff.

militares de invasão forçada de domicílios, revista de moradores e uso dos Caveirões; e o fim da morte de pessoas consideradas "suspeitas" em confrontos com a polícia. A concepção original de polícia comunitária foi transformada em Unidades de Polícia Pacificadora (UPP). Os Caveirões foram modernizados, mas não receberam os equipamentos para monitorar os policiais – como câmeras de vídeo e áudio –, de acordo com as recomendações do Conselho de Direitos Humanos das Nações Unidas. Esses veículos blindados continuam sendo utilizados com o novo nome de Pacificador.

Na perspectiva atual, em 2012, é possível ver um modelo de implantação das UPPs. Primeiro, as comunidades são invadidas por forças conjuntas policiais e militares. Dependendo do caso, as operações são realizadas pelo Bope e pela PM, com apoio da Força Nacional de Segurança Pública, do Exército e da Marinha. Posteriormente, são ocupadas por tropas da PM, que também incluem o Bope. Fica instalada a unidade física da UPP e o policiamento militar nas ruas e vielas das favelas torna-se permanente. Os moradores passam a conviver cotidianamente com abordagens e revistas constantes, invasões de moradias por PMs em busca de possíveis armas, drogas ou traficantes, e um convívio, muitas vezes hostil, com as forças de ocupação.

Queremos aqui alertar para o fato de que essa situação de ocupação militar de determinadas áreas do Rio de Janeiro está se transformando em um verdadeiro estado de exceção. Nessas regiões os cidadãos não desfrutam de direitos constitucionais, tais como: o direito de ir e vir com liberdade; o direito de proteção de sua integridade física e de sua moradia; o direito de organização e associação; o direito de não ter seus domicílios invadidos por grupos militares sem mandato judicial; e, principalmente, o direito à vida, uma vez que pessoas são mortas e apresentadas ao público como "bandidos e traficantes" sem

Estratégia de governo para a segurança pública insere moradores das comunidades em uma rotina de confronto bélico.

Crédito: Carlos Latuff.

provas. Nesses casos, os moradores das comunidades também perdem o direito constitucional de serem considerados inocentes até prova do contrário.

É importante enfatizar que a implementação gradual do estado de exceção enfraquece o Estado de direito. Não é possível, dentro do Estado de direito, em uma sociedade democrática, ter dois tipos de cidadão: um grupo com todas as garantias constitucionais e outro que convive com um mundo sem lei onde impera a força e não os direitos da cidadania. Quando essa situação persiste e se institucionaliza, a Constituição da nação é, na prática, fracionada e todos os cidadãos passam a ser vulneráveis, independentemente de classe, *status* social ou raça. Essa verdade foi demonstrada com os assassinatos da juíza de Niterói Patrícia Acioli em 2011, da engenheira

Patrícia Amieiro e do menino João Roberto Soares, filho de uma advogada, ambos em 2008 no Rio, e mais recentemente com a execução, em 2012, do publicitário Ricardo Aquino em São Paulo. E existem tantos outros exemplos, como relata a mídia televisiva, escrita e falada quase todos os dias, que muitas vezes chegam a parecer parte da normalidade da vida em uma grande cidade. Mas não é o caso. O uso excessivo da força contra uma população carente específica pelas forças conjuntas da PM, do Bope, da Força Nacional de Segurança Pública, do Exército e da Marinha pode, potencialmente, nos conduzir à Doutrina de Segurança Nacional, com seus "inimigos internos", de tão triste memória.

Abril de 2013

Agradecimentos

Agradecemos à organização carioca Rede de Comunidades e Movimentos contra a Violência. Por meio de seus membros, muitos dos quais são de famílias que foram vítimas de violência policial, tivemos acesso direto a comunidades profundamente traumatizadas pelo conflito. A coragem e a persistência em buscar justiça para as vítimas da violência do Estado e da polícia demonstradas pelos membros da rede são, de fato, admiráveis. Devemos também sublinhar o trabalho do advogado de direitos humanos João Tancredo, que dedica sua vida a defender a de terceiros, e o trabalho do Instituto de Desenvolvimento e Direitos Humanos (IDDH), que ele ajudou a criar no fim de 2007, em um momento em que a defesa dos direitos humanos no Rio de Janeiro tinha praticamente desaparecido da agenda das instituições públicas.

Agradecemos imensamente à Ação Comunitária do Brasil – Rio de Janeiro e à Viva Rio, duas organizações não governamentais (ONGs) que nos ajudaram a conhecer e admirar a população das comunidades nas quais promovem projetos sociais e culturais. Elas nos mostraram a energia, a criatividade e a generosidade das pessoas que vivem nesses locais, orientaram nosso trabalho e nos forneceram contatos indispensáveis para realizarmos a pesquisa e as entrevistas para este livro. Gostaríamos de destacar também a solidária colaboração do fotógrafo Carlos Latuff, que nos permitiu usar gratuitamente registros feitos durante o cerco do complexo de favelas do Alemão em 2007 e nos ajudou a entender melhor as táticas da polícia do Rio de Janeiro em operações de cerco e em incursões às comunidades. Agradecemos também aos professores das escolas que visitamos. Admiramos muito sua coragem e dedicação. Às crianças que falaram conosco e dividiram suas experiências através de seus desenhos, um agradecimento especial.

Somos gratos aos membros do Núcleo de Estudos da Violência da Universidade de São Paulo (NEV-USP), especialmente ao professor Paulo Sérgio Pinheiro e ao então ministro da Justiça, José Gregori, assim como aos estudantes e ativistas de direitos humanos que participaram dos grupos de discussão (Focus Group) para a nossa pesquisa. Também agradecemos àqueles que dividiram seu tempo e sua *expertise* durante as entrevistas. Por fim, não incluímos – e em alguns casos nem sabíamos – o nome de muitas pessoas que contribuíram diretamente para a realização deste livro, dialogando conosco ao longo dessa caminhada. Um líder da comunidade solicitou que os chamássemos apenas de "pessoas" e nós seguimos sua orientação.

Na preparação e estruturação do manuscrito, recebemos o auxílio das seguintes pessoas: José Navarro, que traduziu rigorosamente as entrevistas; Ivan Drufovka, Ph.D. da Bilingual

Media Company, que nos ajudou a editar as fotografias incluídas no livro; Regina Coeli de Azevedo-Evanson, que nos ajudou na transcrição e tradução das entrevistas e que deu importantes sugestões para aprimorar o texto. Devemos um agradecimento especial a James Green, nosso revisor da Temple University Press, que deu importantes sugestões para incorporarmos à revisão do texto. Fomos também ajudados pelos comentários de James Hilty, Joseph Arbena, Gary Wallin, e Francisca L. N. de Azevedo, que leram partes dos rascunhos dos manuscritos. Por fim, agradecemos à ajuda de Janet Francendese, editora-chefe da Temple University Press, e de Arthur Schmidt, editor da série *Voices of Latin American Life*, que enxergou melhor do que nós o que deveria e não deveria estar nesta obra, por lembrar-nos dos prazos e por nos apoiar e encorajar na preparação do manuscrito em suas diversas etapas. Alguns erros e falhas que possam ter passado são de responsabilidade única dos coautores.

Introdução

No dia 2 de maio de 2007, o governo do estado do Rio de Janeiro montou uma ampla operação policial no complexo de favelas do Alemão, localizado na Zona Norte da capital fluminense e composto por dezesseis comunidades com uma população total estimada de cerca de 180 mil habitantes. A operação rompeu com as políticas de segurança pública antes implementadas, pois utilizou técnicas de guerra, incluindo o cerco da área durante quatro meses, até o fim dos Jogos Pan-Americanos, em agosto daquele ano. O governador Sérgio Cabral, que acabara de tomar posse, descreveu a ação como uma declaração de guerra e apelou para o governo federal enviar ao Rio a então recém-criada Força Nacional de Segurança Pública (FNSP), com a atribuição de cercar as dezesseis comunidades do complexo. Os 1.280 homens da FNSP se encarregaram de cercar o complexo – circulando pela área, realizando uma cuidadosa revista de todas as pessoas que entravam e saíam das comunidades, verificando documentos, procurando armas de fogo ou similares. Os moradores das comunidades e os fotógrafos, no entanto, forneceram vastas evidências de que essas tropas especiais, treinadas especialmente para intervir diretamente em áreas de conflito, atuaram também dentro de áreas residenciais. Junto com a FNSP, o governo do estado do Rio de Janeiro empregou os seus próprios soldados – especificamente os da Polícia Militar do estado do Rio de Janeiro (PMERJ) e os da tropa de elite do Batalhão de Operações Policiais Especiais (Bope). Durante o período do cerco, um número significativo de pessoas foram mortas ou feridas sem comprovação alguma de que estavam envolvidas em quaisquer atividades criminosas. Sabe-se que pelo menos dezenove crianças morreram com balas perdidas, incluindo uma de 2 anos atingida na cabeça, dentro de sua casa, enquanto se preparava para dormir. Também faleceu um menino de 3 anos quando brincava em frente de onde morava. Mais 43 pessoas foram mortas desde o início da operação, que durou de maio a agosto, e outras 85 foram contabilizadas como feridas.[1]

 O assalto policial ao Complexo do Alemão foi o maior do gênero com a adoção de táticas de "guerra" e cerco. A estratégia militar de cerco foi única e não se repetiu em outras favelas do Rio de Janeiro. O que permaneceu são as megaoperações realizadas por forças locais da PM, que seguem um padrão previamente definido. Primeiro, o território de determinada favela é invadido pelo Bope e pela PM, com o Caveirão, um veículo blindado. A favela, então, é ocupada, frequentemente sob fogo cerrado. Por fim, as tropas deixam a área, às vezes,

---

[1] Alves, "A Guerra no Complexo do Alemão e da Penha"; Fortes, *Segurança pública, direitos humanos e violência*, p.35-40; United Nations Human Rights Council, "Report of the Special Rapporteur...", p.13-26.

mas não sempre, tendo cumprido a missão de encontrar armas e drogas e prender traficantes. É importante afirmar aqui que, encontrando ou não drogas, armas e traficantes, pessoas inocentes são mortas ou feridas nessas megaoperações.

Com frequência, essas ofensivas são encampadas pela mídia, a qual na prática criminaliza as favelas em nome do combate às facções de traficantes em muitas dessas comunidades. Observadores têm dito que essa é uma forma de criminalização da pobreza. De fato, a ironia e o equívoco da visão preconcebida sobre a favela se mostram no seu desenvolvimento crescente e recorde durante as últimas décadas, com moradores que têm se esforçado, com sucesso considerável, para melhorar sua realidade e a qualidade de vida em suas comunidades. Apesar de as condições de vida variarem na maioria das novecentas favelas do Rio de Janeiro, sabe-se que os frágeis barracos têm sido continuamente substituídos por casas de alvenaria. As favelas estão subindo os morros ou se espalhando pela região metropolitana do Rio, deixando para trás a condição característica propriamente dita, ou seja, de um bairro formado apenas por barracos de papelão ou madeira. Essas casas são fortes o bastante para suportar uma laje, sobre a qual outras casas podem ser construídas. A laje é o símbolo de estabilidade das favelas.

As favelas estão sendo construídas desde o fim do século XIX e a maioria delas passou por um grande desenvolvimento na infraestrutura urbana, com a inclusão de sistemas de água encanada, eletricidade e saneamento básico. Em uma série de reportagens realizadas em 2008, o jornal *O Globo* apontou que somente um terço da população pobre do Rio de Janeiro vivia em favelas e que o aumento da renda alterou a situação de vida de seus moradores. Certamente os bens duráveis estão presentes nas casas das favelas: 97% da população têm aparelho de televisão, 94%, geladeiras, 59% têm aparelhos de DVD, e

55%, celulares. *Lan houses* são comuns. No próprio Complexo do Alemão, 94% dos moradores vivem em casas e mais de 90% destas são de alvenaria; 80% são ocupadas pelos proprietários. Algumas pesquisas afirmam que de 60% a 90% dos moradores da favela dizem querer permanecer nela. Entre os motivos por eles citados estão o alto nível de solidariedade e o espírito da comunidade, como confirmam entrevistas desta obra (Amora et al., 2008; Zaluar, 2007).

Quando o Complexo do Alemão foi invadido, Maria Helena Moreira Alves estava trabalhando com ONGs que mantinham projetos em muitas favelas. Alves conhecia bem o Complexo do Alemão, testemunhou o cerco militar e policial e manifestou sua profunda objeção em dois artigos que publicou. No primeiro deles, divulgado em 24 de junho no site da Rede de Comunidades e Movimentos Contra a Violência, ela perguntava, de maneira provocadora, se a invasão da polícia significava segurança pública ou genocídio. O artigo denunciava a morte de moradores inocentes, incluindo crianças, vítimas de balas perdidas. Também relatava a violenta interrupção da vida comunitária provocada pela ação da PM, especialmente pelo Bope, com operações realizadas com o Caveirão, que abre caminho e ingressa nas comunidades atirando aleatoriamente. De fato, a PM age mais como infantaria do Exército em missões de *search-and-destroy* [busca e destruição] do que como polícia, enquanto a tropa de elite do Bope tem características de uma unidade blindada. Esse artigo foi republicado várias vezes (Alves, 2007; Fortes, 2008, p.35-40).

O segundo artigo de Maria Helena, intitulado "Carta aberta à Executiva Nacional do PT", foi publicado no dia 7 de julho de 2007. Durante dois meses, os moradores do Complexo do Alemão foram privados do abastecimento de água, eletricidade e coleta de lixo. As escolas foram fechadas, e as crianças forçadas a sair da comunidade. Nesse período, a polícia se envolveu em execuções sumárias denunciadas pelas organizações de direitos humanos. Nesse texto, Maria Helena pedia uma alternativa ao programa de segurança pública e propunha o investimento em programas sociais nas favelas, especialmente com o objetivo de resgatar as crianças em situação de risco. Já para o trabalho da polícia, o artigo sugeria a atualização do trabalho de inteligência, melhores salários e treinamento adequado para coibir a corrupção. Em conclusão, o texto fez um apelo para as forças policiais nacionais e estaduais levantarem o cerco ao Complexo do Alemão. E Maria Helena registrou que, em vez disso, seria melhor investir em infraestrutura "para competir com os traficantes de drogas", como havia sublinhado o então presidente Lula.

O cerco ao Complexo do Alemão se prolongou até o fim dos Jogos Pan-Americanos, em agosto de 2007. Até então, havíamos discutido a ideia de escrever um livro que contivesse depoimentos de moradores que vivenciaram o período de ocupação policial. Também procuramos testemunhos de moradores de outras favelas que tinham vivenciado megaoperações. Era importante saber o que têm a dizer esses moradores que vivem justamente nas zonas de fogo cruzado. Por meio da Viva Rio, Ação Comunitária do Brasil – Rio de Janeiro, e especialmente da Rede de Comunidades e Movimentos contra a Violência, e com os contatos que Maria Helena possuía com líderes comunitários, pudemos nos aproximar dos moradores. Juntou-se a nós também, como assistente nas entrevistas, o marido de Maria Helena Moreira Alves, José Valentin Palacios Vilches, sindicalista chileno e ativista dos direitos humanos que fez parte da oposição à ditadura de Augusto Pinochet (1973-1990) e observador atento do Brasil e do Rio de Janeiro há mais de duas décadas. Sua presença foi indispensável na

Revista em um morador do Complexo do Alemão em 2007.
Crédito: Carlos Latuff.

condução de várias entrevistas nas comunidades e com autoridades em Brasília.

O testemunho dos moradores das comunidades foi extremamente importante. Os relatos midiáticos olham a guerra entre a polícia e os traficantes com as lentes do Estado repressor que mata bandidos. Os moradores das favelas tornam-se duplamente vítimas nessa história. Primeiro, eles são literalmente vítimas de conflitos entre facções criminosas que utilizam armamento pesado em favelas densamente povoadas. Segundo, eles são vítimas das reportagens que retratam essas comunidades como territórios ocupados por bandidos. Esse olhar leva as pessoas em geral a ter um pensamento reducionista que classifica esses locais como áreas de crime e nada mais. Além de equivocado, tal entendimento acentua os riscos dos moradores e torna ainda mais difícil a tarefa de ganhar a compreensão e o apoio das comunidades de classe média e classe alta. De acordo com uma pesquisa em Ciências Sociais, menos de 1% dos moradores de favelas integra gangues de drogas ou se envolve em crimes violentos. Os testemunhos dos moradores nesta obra, portanto, foi muito importante no combate à percepção de que eles teriam passado para o lado dos bandidos.

Por outro lado, queríamos entender como foi elaborada e como os moradores receberam a política de segurança. Pelo que pudemos perceber, tudo foi desenvolvido sem consultá-los. Nesse momento, o Brasil se diz democrático; o então governo falava de "democracia participativa" como se as pessoas realmente tivessem permissão para tomar partido das decisões do governo. Se esse fosse realmente o caso – se a população das favelas tivesse participado nas políticas de governo –, seria possível perguntar: Onde está a voz deles? Quem escuta o que eles estão tentando dizer? Onde estão as vozes dos que estão no meio do fogo cruzado dessa suposta "guerra"? Com esse objetivo, ou seja, para compreender a elaboração da política de segurança pública, queríamos entrevistar autoridades e representantes da polícia. Mas era possível? Maria Helena se projetou por sua postura crítica à política de confronto encampada pelo governador Sérgio Cabral e pelo secretário de Segurança Pública, José Mariano Beltrame. Nenhum dos dois parecia muito aberto a dialogar conosco. Mas ocorreu algo que nos ajudou. Em 2007, ao mesmo tempo que a polícia e os membros da Força Nacional estavam invadindo o Complexo do Alemão, o ministro da Justiça, Tarso Genro, lançava, em outra favela do Rio de Janeiro, o Programa Nacional de Segurança Pública com Cidadania (Pronasci). A iniciativa pretendia fortalecer a cidadania da população e se articularia com o Programa de Aceleração do Crescimento (PAC), que reservava recursos para obras de infraestrutura no geral e em algumas favelas,

Soldados ocupam o Complexo do Alemão em 2007.
Crédito: Carlos Latuff.

inclusive o Complexo do Alemão. Também nesse momento, cresciam as críticas ao Brasil de desrespeito aos direitos humanos, e isso culminaria em 2008 com a apresentação do relatório especial de Philip Alston ao Conselho de Direitos Humanos das Nações Unidas sobre Execuções Extrajudiciais, Sumárias ou Arbitrárias. Talvez por isso as autoridades e os representantes da polícia tenham concordado em ser entrevistados.

Em junho de 2008, as autoridades de Brasília demonstraram vontade de conversar com nossa equipe. A viagem realizada por Maria Helena e José Valentin Palacios a Brasília rendeu entrevistas com o então presidente Lula; o ministro da Justiça, Tarso Genro; o secretário Nacional de Segurança Pública, Ricardo Brisolla Balestreri; o secretário especial para os Direitos Humanos, Paulo de Tarso Vannuchi; e o deputado Raul Jungmann, presidente da Comissão de Segurança Pública e Combate ao Crime Organizado da Câmara dos Deputados. A viagem também tornou possível o agendamento de encontros com o governador do Rio de Janeiro, Sérgio Cabral, e com o secretário de Segurança, José Mariano Beltrame, além de conversas com os oficiais da polícia designados para os escritórios do Pronasci no Rio. As conversas com os moradores da comunidade ocorreram sem incidentes, embora alguns tenham exigido anonimato. As entrevistas com os oficiais da polícia, os especialistas em segurança pública e Beltrame foram feitas por Philip Evanson, porque acreditávamos que estes se sentiriam mais à vontade para conversar sobre tais temas com um estudioso norte-americano e estariam mais abertos a seu ponto de vista. A entrevista com Sérgio Cabral foi realizada por Philip Evanson e Maria Helena Moreira Alves. Os depoimentos publicados neste livro foram colhidos entre setembro de 2007 e fevereiro de 2009. Expressamos os nossos mais profundos agradecimentos às muitas pessoas que nos atenderam e permitiram que gravássemos suas declarações. Muitos outros deram-nos o seu depoimento pessoal, ajudando-nos a compreender a complexidade da vida sob fogo cruzado. Suas ideias são refletidas neste livro, tendo claro que seria impossível contemplar todos, devido a uma questão de espaço. Nosso objetivo foi contribuir no debate dos direitos humanos e segurança pública no Brasil, acreditando que um não pode existir sem o outro.

Notas metodológicas

Durante a elaboração deste livro, pesquisamos o tema das políticas de segurança pública no Brasil a partir de relatórios nacionais e internacionais, documentos governamentais, divulgações e comunicados de diferentes movimentos sociais, reportagens veiculadas na imprensa, pesquisas acadêmicas em livros e artigos que contivessem informações atualizadas.

Testemunhos e entrevistas. Os indivíduos foram selecionados e os depoimentos colhidos a partir de encontros com Maria Helena Moreira Alves, Philip Evanson e José Valentin Palacios. Alves e Evanson, no entanto, assumem integralmente a responsabilidade pelo conteúdo publicado. A técnica da observação participante foi de vital importância para a obtenção dos testemunhos dos moradores das comunidades. Já as declarações dos quatros professores foram colhidas a partir de grupos focais. As entrevistas realizadas com as autoridades têm critérios distintos e se basearam em perguntas preparadas com antecedência por Alves e Evanson. Determinados protocolos oficiais foram cuidadosamente seguidos; os depoimentos foram gravados e, no caso do presidente Luiz Inácio Lula da Silva, um estenógrafo registrou as declarações. Apesar disso, todas as entrevistas quase sempre ocorreram sob um clima de troca de ideias, permitindo a espontaneidade dos interlocutores e avançando além do roteiro preestabelecido. Em algumas ocasiões, as conversas com as autoridades permitiram um debate de alta qualidade, pois acabaram por ser uma oportunidade para questionar e refletir sobre determinadas políticas de segurança, sobretudo quando acontecimentos contradizem as expectativas e o planejamento. Na entrevista com Tarso Genro e Paulo de Tarso Vannuchi, estavam presentes Alves e Palacios, mas apenas Alves fez as perguntas.

Observação participante. Para colher os depoimentos e conversar com os moradores de favelas envolvidas em conflitos armados, Maria Helena Moreira Alves e José Valentin Palacios viveram em três comunidades diferentes por um período de seis meses entre 2007 e 2008. Eles realizaram 61 entrevistas, muitas das quais focadas no confronto que começou com o cerco das comunidades do Complexo do Alemão. Eles testemunharam seu cotidiano nesse ambiente violento, bem como tiveram acesso a munições deixadas no local após os tiroteios e a passagem do Caveirão.

Grupos focais. Fizemos sessões com diferentes grupos para permitir o debate e o diálogo e, assim, obtermos uma imagem mais nítida da realidade. Um desses casos foi a sessão do grupo focal com professores de uma escola primária em um momento em que estava particularmente vulnerável ao fogo cruzado. Também realizamos um grupo focal com os advogados que tentam defender as famílias das vítimas. Isso foi importante para interpretar melhor o sistema jurídico e entender as dificuldades para se fazer justiça. Também foi realizado um grupo focal com as crianças, no qual discutimos as suas perspectivas e as suas experiências em meio a tal guerra cotidiana. A metodologia para a realização de grupos focais com moradores das comunidades, que são altamente vulneráveis e traumatizados (especialmente as crianças), era necessariamente diferente da utilizada para conduzir debates de grupos focais com advogados e ativistas de direitos humanos. O primeiro grupo precisava de uma preparação e uma abordagem cuidadosas para estabelecer um clima de confiança que propiciasse a livre troca de opiniões, enquanto, no segundo, a metodologia necessitava principalmente de um papel de liderança na condução do debate. Outro grupo focal de destaque foi realizado em torno da apresentação de fotografias e material de vídeo do Núcleo de Estudos da Violência, da Universidade de São Paulo (NEV-USP), em junho de 2008, organizado pelo professor Paulo Sérgio Pinheiro, secretário de Direitos Humanos no governo Fernando Henrique Cardoso, e incluindo, entre outros, José Gregori, ministro da Justiça também na administração de FHC. Também estiveram presentes estudantes da USP que trabalhavam com políticas públicas e um oficial da Polícia Militar de São Paulo. A discussão desse grupo focal nos forneceu contribuições de perspectivas acadêmicas e dos direitos humanos.

Trabalho de campo. Alves fez o trabalho de campo no Rio de Janeiro de 2002 a 2009, convivendo diretamente com líderes comunitários e moradores de diferentes projetos das ONGs Viva Rio e Ação Comunitária do Brasil-Rio de Janeiro. Ela, assim, contou com o apoio dessas organizações para entender a realidade e os problemas enfrentados por quem vive nas muitas comunidades da região metropolitana do Rio de Janeiro. O contato com membros de famílias que foram vítimas da violência e da brutalidade da polícia teve particular relevância para nós, assim como o contato com os líderes comunitários, que trabalham na Rede de Comunidades e Movimentos contra a Violência. A participação deles neste livro não foi importante apenas pelo vasto material fornecido por suas experiências, mas também porque tiveram um papel fundamental como canal de diálogo com moradores das comunidades que não estavam ligados a ONGs que trabalham nas favelas, mas que tinham um papel chave nos acontecimentos diários onde viviam. Nós somos muito gratos a todos que dedicaram seu tempo para compartilhar a realidade de viver no fogo cruzado.

Parte I
Rio de Janeiro
A Cidade Maravilhosa e as suas comunidades

Capítulo 1
O declínio da pobreza
e o aumento da violência

Cidade Maravilhosa

Espremido entre o oceano e as montanhas, o Rio de Janeiro é bonito, e suas áreas protegidas são conhecidas em todo o mundo. A cidade oferece praias espetaculares de areia branca, águas oceânicas profundamente azuis e impressionantes complexos de condomínios, com jardins cuidadosamente mantidos e vistas inesquecíveis. Esses são prazeres diários para os moradores da Barra da Tijuca, de Botafogo, de Copacabana, da Gávea, de Ipanema, do Jardim Botânico, da Lagoa, das Laranjeiras, do Leblon, do Leme e da Urca, os chamados bairros nobres da Zona Sul da cidade. Entre os que vivem nessa região estão algumas das pessoas mais ricas do planeta. Seus filhos estudam em escolas particulares, muitos podem completar seus estudos universitários na Europa e nos Estados Unidos. Moram em apartamentos revestidos de mármore, em edifícios com piscinas, áreas esportivas privadas e varandas cujos jardins remetem aos fabulosos jardins suspensos da antiga Babilônia. Mas está claro que, para manter toda essa maravilha, são necessárias muitas mãos invisíveis. Elas pertencem a porteiros, motoristas, jardineiros, e ao pessoal de manutenção dos prédios. Além deles, cada família tem diversos empregados domésticos para ajudá-la nas tarefas diárias. São faxineiras, babás rigorosamente selecionadas, cozinheiras e empregados para servir a mesa tão bem treinados que rivalizam com o *gentleman's man* britânico pela discrição e boas maneiras.

A topografia do Rio é, de fato, peculiar. Há uma ínfima porção de terra entre o oceano azul e as montanhas íngremes de granito que se erguem na Zona Sul. Isso levou à construção, ao longo da praia, de edifícios residenciais e hotéis cada vez mais altos, mesmo que alguns arquitetos e urbanistas procurassem estabelecer uma altura limite para os projetos, a fim de preservar a vista dos morros a partir da praia. O desenvolvimento urbano gerou uma enorme destruição do terreno montanhoso da cidade. Na década de 1950 e no início da de 1960, um morro veio abaixo para a construção do Aterro do Flamengo – um parque planejado que soterrou boa parte da Baía da Guanabara. O imenso trabalho paisagístico foi do arquiteto Roberto Burle Marx, famoso pelo trabalho paisagístico do edifício do Ministério da Educação, centro do Rio, e de jardins em Brasília. Uma das principais atrações desse vasto parque é que ele contém apenas árvores nativas, constituindo-se em um importante jardim botânico. Leme, Copacabana, Ipanema, Leblon também foram transformados com projetos de recuperação de áreas, o que fez as praias avançarem em direção ao Oceano Atlântico, abrindo espaço para novas avenidas, mas prejudicando os banhistas, que enfrentam as fortes correntes marítimas logo depois de entrar no mar. A Barra da Tijuca foi o maior projeto de engenharia de todos do gênero. O aterramento dessa área – originalmente formada por numerosos lagos e lagunas que se ligavam ao mar – foi provavelmente o maior projeto de desenvolvimento urbano para as classes média e alta do Rio de Janeiro.

O desenvolvimento da cidade está diretamente associado à enorme acumulação de riqueza, proporcionada pela exportação do café das enormes fazendas da aristocracia no século XIX, e ao fato de ter sido a capital do Brasil desde 1763 até 1960. Os contrastes sociais e econômicos podem ser vistos em todas as áreas do município. Diferentes mundos existem lado a lado. Um é rico e bem-educado; as pessoas moram em edifícios com arquitetura do mais elevado padrão internacional em bairros com ruas pavimentadas, sistema de esgotos (saneamento básico), eletricidade, TV a cabo, e os mais modernos sistemas de comunicação, incluindo internet e comunicação *wireless* via satélite. O governo fornece os serviços básicos de coleta de lixo e limpeza das ruas, os serviços financeiros e acesso facilitado a cartórios de registro. O outro mundo – o das favelas – rasteja pelos íngremes morros, olhando para os condomínios das classes média e alta, praias, restaurantes, hotéis e lojas que ilustram os cartões-postais do Rio de Janeiro. As ruas não estão pavimentadas; na verdade, algumas não são nem ruas, mas becos. Por essa razão eles se referem àqueles que vivem embaixo como o "povo do asfalto". São os próprios moradores das favelas que fornecem a maior parte da infraestrutura e dos serviços do local. Eles fazem isso com uma estreita organização comunitária, com trabalho coletivo que é a norma. Constroem suas próprias ruas, fazem a coleta do lixo, e distribuem até as cartas. A eletricidade chega às casas por meio de *gatos*. O sistema de água construído pelos moradores desce o morro para eventualmente se interligar com o sistema de água potável da cidade no asfalto. Com o desenvolvimento da televisão a cabo e da internet de banda larga, um novo tipo de *gato* chegou à favela, o chamado "gatonet" ou "gatocablenet". Esse "serviço" pode ser fornecido aos "clientes" pelos barões das drogas e, cada vez mais, por membros das milícias – na sua maioria policiais ou ex-policiais – que estão deslocando os chefes do tráfico de muitas dessas áreas. Eles exigem uma taxa para instalar o gatonet, uma tarifa mensal pela utilização do serviço. São os mesmos que fornecem os botijões de gás aos moradores, mediante pagamento pela entrega realizada no morro. Nos últimos anos, outro serviço passou a ser oferecido nessas comunidades, uma modalidade de transporte alternativo por micro-ônibus que também são geralmente controlados por traficantes ou integrantes das milícias.[1]

Em uma pesquisa realizada em 2008, 73% dos cariocas disseram que estavam orgulhosos da sua cidade, mas que naturalmente são conscientes não só das muitas maravilhas do Rio de Janeiro como também dos seus paradoxos. Esses paradoxos incluem algumas das taxas de homicídios mais altas do mundo, registradas em determinadas áreas da mesma cidade que, segundo um artigo da revista *Forbes* de setembro

---

[1] Outra modalidade recente de transporte popular, realizado por pequenos empresários privados que não estão necessariamente ligados aos traficantes nem às milícias, é o moto-táxi. Empresários da favela da Rocinha foram pioneiros em instalar essas pequenas empresas que fornecem transporte rápido pelas ruas e becos apertados dessa comunidade de quase 100 mil habitantes. Viajar na parte de trás de um moto-táxi é como andar em uma montanha-russa, subindo e descendo as ruas lotadas, com curvas bruscas para evitar quedas ou acidentes. Os pequenos empresários da Rocinha foram ágeis em perceber o potencial do turismo de aventura neste e noutros morros da favela mais famosa do Rio de Janeiro. Importantes agências de turismo organizam visitas guiadas à Rocinha, incluindo a escola de samba "Acadêmicos da Rocinha".

de 2009, é a "mais feliz" do mundo, devido principalmente ao seu espetacular Carnaval e a seu povo alegre e comunicativo.[2]

Com mais de 6 milhões de pessoas em 2008, o Rio de Janeiro é o município mais populoso do estado, enquanto Tanguá, com cerca de 30 mil moradores, é o menor, segundo o Instituto Brasileiro de Geografia e Estatística (IBGE). Já a população da área metropolitana – instituída em 1974 e que reúne outras dezenove cidades – reúne mais de 11 milhões.

Dois milhões de pessoas dizem viver em favelas no Rio, uma condição que se amplia mais rapidamente que a do restante da população. Na década de 1990, o número de moradores de favelas se expandiu a uma taxa anual de 2,4%, enquanto os que se encaixam em outras situações (incluindo a classe média e a classe alta) cresceram apenas 0,4%. Além disso, ao mesmo tempo que o estado do Rio de Janeiro apresentou, desde 1980, uma das menores taxas de crescimento econômico entre todos os que compõem a República Federativa do Brasil, uma região localizada sobretudo na Baixada Fluminense tem mostrado dinamismo tanto em crescimento populacional como em desenvolvimento urbano.[3] Trata-se de uma faixa interior plana entre a Zona Sul e as cidades da região serrana do Rio de Janeiro, Petrópolis, Teresópolis e Nova Friburgo, cuja população, segundo o Censo de 2010, é de cerca de 3,3 milhões de pessoas. O mais importante desses municípios, e um dos representantes da nova economia do estado, é Duque de Caxias,

---

2 Disponível em: <http://www.forbes.com/2009/09/02/worlds-happiest--cities-lifestyle-cities.html>.
3 No início de 2011, o período de baixo crescimento econômico parecia ter terminado. O planejamento para a Copa do Mundo de futebol de 2014 e os Jogos Olímpicos em 2016, assim como grandes investimentos em perfuração de petróleo em águas profundas e na indústria petroquímica, deram novo ânimo não só para o Rio de Janeiro, como levou todos os estados brasileiros a criar novos empregos no final de 2010.

que, ao lado do Rio de Janeiro, ocupa lugar de destaque no ranking da produção econômica das cidades brasileiras – o sexto e o segundo lugares, respectivamente. A Baixada consiste, assim, na nova área de crescimento econômico e populacional da região metropolitana do Rio – que, por sua vez, é a segunda mais importante do Brasil, atrás apenas de São Paulo, e a terceira da América do Sul.

Crescimento econômico: o declínio da pobreza e o aumento da violência no Rio de Janeiro

Essa diversificação econômica da região metropolitana gerou emprego para uma vasta classe trabalhadora e manteve a prosperidade das classes média e alta. Seus municípios continuam atraindo migrantes do Norte e Nordeste do país e da vizinha Minas Gerais. Para eles, o Rio de Janeiro é sempre acolhedor, possui comunidades onde vivem parentes, amigos e conterrâneos, além de apresentar boas oportunidades educacionais e de emprego não encontradas em seu local de origem. Esses migrantes relativamente jovens, por sua vez, ajudam a manter a região vigorosa e atraente para o investimento, estimulando a criação de postos de trabalho. Barra da Tijuca, Ipanema, Copacabana, Botafogo, Laranjeiras e Glória, na Zona Sul e no centro do Rio, contam com um grande *mix* de atividades comerciais e áreas residenciais das classes média e alta, mas que dependem cada vez mais da capacidade produtiva das classes operárias e da população da favela.

Têxteis, roupas, cosméticos, sapatos, móveis e outros produtos são componentes importantes do crescimento econômico da Baixada Fluminense. O desenvolvimento econômico está baseado na ideia de polos diferenciados de crescimento e *clusters* industriais situados em variadas localidades, cada um com pelo menos uma dúzia de fábricas ou unidades de produção. Duque de Caixas é um centro de processamento de gás, petroquímicos e plásticos, além de abrigar uma das maiores refinarias do Brasil. Campo Grande possui a maior fábrica de camisas do Brasil, a Fred Vic, produzindo 35 mil unidades por mês. O elevado desenvolvimento e a importância industrial e comercial da Baixada Fluminense são características marcantes da realidade socioeconômica da Grande Rio de Janeiro. No entanto, tal qual a história do desenvolvimento urbano de outros lugares do Brasil, a extrema concentração de renda gerou baixos índices de desenvolvimento em termos de expectativa de vida, nível educacional e salário. Bolsões de pobreza na Baixada contribuem para a formação de novas favelas, seguindo os padrões inicialmente estabelecidos das que surgiram na Zona Sul e no centro da cidade. Tudo isso constitui uma enorme força de trabalho silenciosa e mal paga que torna possível o ritmo acelerado de desenvolvimento dos serviços, indústria e setores comerciais. Desigualdades no acesso a moradias, renda e educação estão presentes, como nas favelas da Zona Sul. A segurança pública, porém, é muito pior em diversas áreas da Baixada. Estudos estatísticos realizados desde 1991 mostram que as taxas de homicídio da região são de 20% a 40% maiores que as da cidade do Rio.[4] Os moradores da Zona Sul desfrutam de um elevado índice de desenvolvimento humano, que acaba tendo como efeito padrões diferentes de comportamento tanto da polícia como do tráfico de drogas. Como observou a repórter policial Dimmi Amora, na Zona

---

4 Centro de Estudos de Segurança e Cidadania (CESeC), "Estado do Rio de Janeiro: número e taxa de homicídios dolosos registrados pela polícia civil por regiões".

Norte, onde os índices de desenvolvimento humano são bem inferiores, o nível de violência é muito mais alto. Segundo a jornalista, os bandidos da Zona Norte tendem a viver encerrados nos guetos das favelas, exceto quando nas primeiras horas da manhã assaltam pessoas que pegam ônibus para o trabalho. Eles queimam pessoas por meio de uma técnica batizada de "micro-ondas", a qual consiste em prender alguém vivo dentro de uma pilha de pneus e, depois, incendiá-lo, em um ato de cremação. Eles são conhecidos por decapitarem policiais. Já a PM, por sua vez, mata muito mais pessoas na Zona Norte que na Zona Sul, proporcionalmente. Entretanto, os bandidos da região mais rica se infiltraram na polícia para se manterem bem informados sobre as ações planejadas e, assim, conseguirem se proteger.[5] Não se vê na Zona Sul a violência homicida e sádica encontrada em algumas áreas da Baixada e em outros setores da zona metropolitana do Rio.

Uma cidade dividida ou integrada?

O dramático aumento do crime violento nas favelas coincide com o surgimento das facções do tráfico de drogas na década de 1980. Ao lado da polícia, esses agrupamentos criminosos desorganizaram a vida comunitária, o que culminou com uma nova era de estigmatização das favelas por parte da mídia e das classes média e alta. Nas décadas de 1960 e 1970, o Estado formulava políticas a fim de transferir os moradores de favelas para áreas suburbanas. No entanto, a remoção não melhorou as condições de vida das pessoas realocadas. Muitos não podiam arcar com as despesas do financiamento de uma moradia nos

---

5 Amora, "Czar de drogas: um general diante da guerra da vez".

conjuntos habitacionais. Ao mesmo tempo, as manifestações sociais ampliavam-se e, com o retorno da democracia, a política pública de "remoção para urbanização" foi alterada. Logo após ser eleito pelo voto direto em 1982, o governador do Rio Leonel Brizola proclamou que a favela era a solução, e não o problema.

Na década de 1990, essas comunidades passaram a ser cada vez mais identificadas com o crime e a violência, quase excluídas de qualquer outra caracterização. A mídia retratava a violência da guerra entre as facções ou com a polícia como se os homicídios e o tráfico fossem endêmicos nas favelas. Em sua versão mais simplista, os meios de comunicação construíam uma narrativa segundo a qual essas comunidades estariam infestadas de criminosos e dominadas por bandidos bem armados, em contraste com o restante da sociedade, localizado na parte de baixo da cidade do Rio, que zelaria pelas leis. Isso incentivou a opinião pública a fazer distinções nítidas entre quem vive nos morros e as classes média e alta, que residem nos bairros do asfalto. A polícia, assim, entrava nos morros para reprimir os bandidos e, muitas vezes, se envolvia em tiroteios que acabavam por matar inocentes. Essas ações também geravam repercussões negativas. Alguns jornalistas escreveram sobre *chacinas* recorrentes, e as pessoas bem informadas sabiam que policiais extorquiam dinheiro dos traficantes e que vendiam armas para eles. Estava em construção uma perversa estrutura de crime, que envolvia traficantes e agentes da polícia estadual. As baixas foram inúmeras em ambos os lados, embora tenham morrido muito mais bandidos e jovens inocentes que policiais. De acordo com uma notícia publicada, em 2007, 41 civis foram mortos por oficiais de polícia do Rio de Janeiro, quatro vezes a média internacional.

A obsessão da mídia em estabelecer uma narrativa de guerra da polícia contra os traficantes e criminosos satisfez a opinião pública, mas acabou contribuindo para o aumento dos níveis de violência. A imprensa do Rio foi acusada de dar cobertura excessiva a esses confrontos, quando comparada com a de São Paulo ou a de Belo Horizonte, duas cidades que também vivenciaram episódios de ação das quadrilhas de traficantes e de truculência policial. Nesse sentido, há quem argumente que o noticiário ampliou a sensação de insegurança no Rio e ajudou a estabelecer as condições que favorecem uma repressão maior no Estado, acarretando violações dos direitos humanos e perdas de vidas. O argumento mais sinistro que observamos é o de que a polícia precisa conduzir essas guerras como parte de uma estratégia bem-sucedida para dar uma resposta às críticas da sociedade e, assim, evitar que as próprias instituições sejam reformadas. A opinião pública aplaude a guerra da polícia contra os bandidos do tráfico em bairros pobres, desde que o conflito não se estenda para as regiões nobres de classe média e classe alta.[6] Por isso, não é surpreendente quando Zuenir Ventura, um proeminente jornalista do jornal *O Globo*, publica *Cidade partida* em 1994, para transmitir a ideia de uma cidade fracionada em duas partes.

Ventura escreveu o livro na sequência de uma das maiores *chacinas* da PM. Em retaliação ao assassinato de dois soldados em 1993, vários PMs foram para a favela de Vigário Geral e dispararam contra 21 pessoas que não tinham ligação com o tráfico. Foi um ato de represália selvagem contra toda a comunidade. Ventura ficou chocado com o caso e decidiu investigar. Passou vários meses na favela, entrevistando moradores. O resultado do livro é a descrição de uma comunidade ignorada pelo Estado, em que as pessoas vivem à sombra de uma

---

6 Holston, *Insurgent Citizenship: Disjunctions of Democract and Modernity in Brazil*; Lembruger, "Segurança pública é responsabilidade de todos(as)".

poderosa facção de drogas, mas não se desesperam nem se rendem. A maior parte delas deseja se mudar para a parte mais rica do Rio. Essa ambição, ele descreve, era especialmente importante para os mais jovens. Ele sugeriu que as elites da cidade poderiam ajudar, apoiando projetos de urbanização e culturais, bem como o trabalho de ONGs nas favelas. A *Cidade partida* foi um dos motes para um movimento da elite carioca criar a ONG Viva Rio, em 1994, com sede na tradicional Zona Sul, no bairro da Glória. A organização tornou-se uma presença constante em Vigário Geral e, para completar o círculo, os moradores da comunidade se envolveram no trabalho da ONG.[7]

O conceito de "cidade partida" enfatiza a grande diferença entre as classes média e alta dos bairros nobres e as mais de novecentas favelas da área metropolitana. A realidade econômica, sociológica e política da região, entretanto, sugere uma cidade muito mais integrada. Muito tem sido escrito sobre esse assunto que questiona o paradigma da cidade fracionada, assinalando que o Rio é, de fato, uma cidade integrada econômica e socialmente – isto é, o mundo de asfalto e o mundo da favela dependem um do outro. O trabalho dos pobres supostamente ignorados e abandonados é crucial para a manutenção não só do estilo de vida dos ricos, mas, sobretudo, para o funcionamento global da economia da região metropolitana do Rio de Janeiro.

Cientistas sociais que trabalham diretamente com as comunidades das favelas, tais como Jailson de Souza e Silva, coordenador do Observatório de Favelas, uma ONG com diversos projetos na Maré e em outras zonas pobres da Baixada Fluminense, defendem enfaticamente essa linha de pensamento. Seu artigo "Adeus *Cidade partida*", publicado em 2003 no site da ONG, defende uma cidade integrada – os ricos

---

[7] Ver Vieira, "Paz entre bárbaros", a respeito de *Cidade partida*.

com os pobres, o desenvolvido com o subdesenvolvido.[8] Esse artigo começa lembrando um acontecimento que chocou a cidade do Rio: em 30 de setembro de 2002, o chefe do tráfico de drogas Fernandinho Beira-Mar, da cadeia, ordenou a alguns empresários que fechassem os seus estabelecimentos em sinal de obediência e de "luto" após a polícia ter matado alguns dos seus comparsas. O Rio de Janeiro testemunhou algo então inimaginável: a atividade comercial parou em até quarenta bairros da cidade, muitos deles nobres. Essa demonstração da enorme capacidade de intimidação dos traficantes trouxe à tona um velho fantasma, que supostamente assombra a elite do Rio: o medo de o povo descer o morro para exigir compensação pela enorme desigualdade social e injustiça que faz parte do cotidiano da cidade. Esse temor se encaixa na ideia de "cidade partida", segundo a qual distinções geográficas, econômicas e culturais marcam o território de diferentes grupos e são suficientes para fragmentar a cidade. Os meios de comunicação social tinham apoiado e reforçado essa ideia. Souza e Silva levantou, então, a seguinte questão: como uma cidade pode estar cindida quando os moradores das favelas continuam a produzir e são, por isso mesmo, econômica e culturalmente parte importante da identidade e do desenvolvimento da cidade? Na verdade, o Rio de Janeiro foi pluralizado, não fracionado. A análise de Souza e Silva realizada em 2003 continua relevante.

Urbanização. Da década de 1950 à de 1970, as elites e muitos especialistas difamaram as favelas. Em uma extravagante metáfora, essas comunidades foram comparadas a

---

8 Souza e Silva, "Adeus *Cidade partida*". Ver também Souza e Silva; Barbosa. *Favela: alegria e dor na cidade*.

infecções no corpo de uma bela mulher. O primeiro censo nas favelas, realizado em 1948, dizia que elas haviam "infestado" a cidade. A solução foi a sua remoção, pelo menos da Zona Sul, como se tentou fazer a partir dos anos 1960. Entretanto, no final dos anos 1970, as perspectivas mudaram, e as favelas passaram a ser vistas como locais ocupados por pessoas que tentam melhorar sua própria vida por meio do trabalho árduo, do estudo e da economia.[9] O governador Leonel Brizola dedicou atenção especial no seu governo à construção de escolas em favelas, conectando-as aos serviços públicos que forneciam água e eletricidade.[10] A urbanização prosseguiu na década de 1990, quando o Estado implementou sistemas de esgoto, creches, postos de saúde, praças públicas e áreas de lazer. Assim, um número crescente de favelas começou a ter acesso a alguma infraestrutura pública, e a questão da qualidade dos serviços oferecidos pelo Estado tornou-se importante.

Atividade comercial. O comércio cresceu, especialmente nos setores de alimentação, vestuário e entretenimento. As *lan houses* chegaram às favelas ao final dos anos 1990, década em que se viu também o desenvolvimento de organizações sociais fundadas por indivíduos isoladamente ou em grupos, da própria comunidade ou de outros lugares – é dessa época que data a chegada das ONGs e, em menor medida, de algumas iniciativas privadas. Sem dúvida, a principal exceção em relação a esse progresso foi a segurança pública, que não evoluiu.

Valores da terra. A carência de moradias (déficit de cerca de 800 mil unidades em 2009) e a relativa falta de atenção dos urbanistas às necessidades das classes populares são duas

---

9 Ver Perleman, *The Myth of Marginality*; sobre o ponto de vista de Perleman três décadas após a publicação desta pioneira obra, ver *Favela: Four Decades of Living on the Edge of Rio de Janeiro*.
10 Ver Arias, *Drugs and Democracy in Rio de Janeiro*.

das razões do surgimento de prédios nas favelas mais antigas. Muitas das pequenas casas nas encostas íngremes foram construídas de maneira sólida o bastante para suportar resistentes lajes de concreto e andares adicionais, que podem ser usados para gerar renda. Alugar quartos ou casas tornou-se um excelente negócio. Alguns empreendedores locais constroem pequenos edifícios residenciais nas comunidades mais bem estabelecidas, como, por exemplo, a grande e ainda crescente Rocinha, que dá vista para bairros de elite, entre eles, São Conrado e Barra da Tijuca. Como esses proprietários prosperaram, alguns acabaram promovendo uma ocupação acelerada de outras áreas da cidade, principalmente nas planícies de Jacarepaguá, Baixada Fluminense e Zona Oeste. As favelas cresceram, assim como a renda movimentada em seu interior, e acabaram tornando-se mais visíveis na paisagem geral do Rio. Uma série de reportagens feita por *O Globo*, em 2008, estimava que 2 milhões de habitantes dessas comunidades recebiam R$ 10 bilhões ao ano e que, destes, R$ 300 milhões eram gastos no interior das favelas – o que já basta para atrair o interesse de uma ampla gama de empresas e investidores. Tudo isso mostra como é difícil determinar quantos moradores das favelas são, de fato, pobres. Estima-se que 8% têm renda de classe média. Na verdade, nas favelas, a maioria dos seus moradores – de 60% a 90% – não quer sair de lá. Eles querem, de fato, mais segurança e serviços urbanos ou, em outras palavras, favelas melhores.[11]

Educação e produção cultural. Cursos comunitários para preparar estudantes para o vestibular cresceram vertiginosamente nas favelas. Além disso, música, teatro e grupos de dança, cursos de cinema, vídeo, informática e internet surgiram para os jovens na década de 1990. A introdução de gêneros

---
11 Amora et al., "Favela $.A.".

musicais internacionalmente populares, como o funk e o hip hop, provocou uma revolução silenciosa nessas comunidades. Tomado em conjunto, esse processo gerou novas condutas sociais, particularmente entre os jovens, que em geral se tornaram mais críticos em relação à desigualdade social.

Associações de moradores. Essas associações tiveram um papel importante nas favelas, já que articularam as demandas dos moradores. Entretanto, na década de 1980, seus líderes começaram a desenvolver laços fortes com os partidos políticos e, por isso, se tornaram líderes comunitários "profissionais". Na década de 1990, essa liderança foi obrigada a recuar, diante do poder do tráfico de drogas, e formou outro tipo de parceria com estruturas de poder tanto municipal como estadual. Assim, as associações de moradores deixaram de promover eleições e começaram a perder sua legitimidade, o que as transformou em organizações que trabalham mais fornecendo serviços locais – funcionando, de certo modo, como ONGs.

Tráfico de drogas. O aspecto da vida na favela mais enfatizado pelos meios de comunicação é a influência do tráfico de drogas, resultado não só do confronto entre diferentes facções criminosas, mas também da atividade policial dedicada exclusivamente à repressão. As ações da polícia são ineficazes diante dos papéis complexos que os traficantes desempenham numa favela, que podem variar desde mediar disputas comunitárias e as relações com o poder estatal para selecionar os projetos de obras públicas até o patrocínio de entretenimento público e a mobilização de apoio para políticos. Eles mantêm ligações obscuras com policiais corruptos, há muitos exemplos de colaboração, mas pouca confiança entre eles. Além disso, a polícia é ineficaz quando confrontada com o poder de fogo dos criminosos; ela pode entrar nas favelas e travar algumas batalhas, mas não fica para ganhar a guerra.

Milícias. Desde 2002, milícias compostas sobretudo por policiais da ativa e aposentados cresceram dramaticamente nas favelas. Isso introduziu algo que os traficantes nunca alcançaram: uma estrutura de crime organizado. As milícias prometem segurança e impõem um severo regime de lei e ordem sobre os residentes e os traficantes, estabelecendo regras para a venda e o uso de drogas. A motivação das milícias é econômica. Estabelecem uma modalidade letal de segurança; monopolizam determinadas atividades econômicas, tais como a distribuição de botijões de gás; tornam-se fornecedores clandestinos de TV a cabo e detêm o controle do transporte de passageiros com frotas de vans. Os moradores devem pagar por todos esses "serviços". Em 2009, as milícias afirmavam dominar cerca de duzentas das mais de novecentas favelas da zona metropolitana e sua renda anual foi estimada em 140 milhões de dólares.[12] Estenderam suas atividades para a política e conseguiram eleger representantes para a Assembleia Legislativa e a Câmara Municipal. Em uma entrevista incluída neste livro, o secretário de Segurança Pública do Rio de Janeiro, José Mariano Beltrame, afirmou que não havia crime organizado nas favelas, exceto o praticado pelas milícias. Sentindo uma ameaça crescente, em 2008 e 2009, o governo do Estado finalmente tomou medidas sérias contra as milícias instaladas nas favelas. Claudio Ferraz, que dirigiu a Delegacia de Repressão às Ações Criminosas Organizadas (Draco), descreveu as milícias como dez vezes piores que os narcotraficantes: elas estão inseridas na política partidária, controlam votos e ganham eleições. Em 2009, Ferraz previu que, se nada fosse feito, "metade da Assembleia Legislativa

---

12 Ibid., p.17.

estaria composta por integrantes das milícias. A classe política já está vendo isso acontecer".[13]

Todos esses aspectos demonstram que houve mudanças nas favelas do Rio de Janeiro, que vão além da homogeneidade implícita em velhas explicações centradas no fenômeno da pobreza. Também não é possível entender as favelas pela percepção monolítica de que os moradores seriam potenciais criminosos ou vítimas passivas. A violência criminal – em particular, a que está ligada ao tráfico de drogas e às milícias – não é intrínseca a essas comunidades, é parte da dinâmica social da cidade e das suas estruturas políticas e policiais. Os moradores das favelas são cidadãos brasileiros e, como tais, devem exercer os seus direitos e deveres como *cariocas*. Na realidade, as favelas do Rio de Janeiro fazem que a cidade seja cada vez mais *carioca*.

---

13 A polícia não considera as descentralizadas facções do tráfico como crime organizado. Os agrupamentos podem controlar territórios, mas eles não se envolvem em lavagem de dinheiro ou acumulam e investem capital, assim como as milícias, que, por exemplo, adquirem imóveis (Conde, "Rodrigo Pimentel, roteirista do *Tropa de Elite*, diz que é preciso transformar a PM do Rio").

Capítulo 2
Vivendo na favela no século XXI

A força das favelas reside na própria história de seu desenvolvimento. Como são amplamente autossuficientes, quase não têm representado ao longo do tempo um fardo para um Estado quase sempre ausente que, apenas nas últimas décadas, tem se mostrado hostil em relação a essas comunidades. Desde a irrupção das facções do tráfico de drogas na década de 1980, o Estado não cumpre com sua responsabilidade de garantir a segurança nas favelas, deixando-as à mercê dos criminosos, da intimidação das milícias ou da violência policial. Apesar disso, essas comunidades continuam a crescer, e as pessoas não estão abandonando-as. As favelas se tornaram uma solução ideal para 2 milhões de pessoas da região metropolitana do Rio de Janeiro, uma vez que nelas estabeleceram um modo de vida baseado na ajuda mútua e encontraram solidariedade nesses locais, além de um rico legado cultural. Também têm a vantagem de sua relativa juventude: 50% da população dizem ter menos de 25 anos, enquanto, no resto da zona metropolitana, 50% são jovens com menos de 37 anos.[1] É o povo da favela que fornece a energia da juventude ao Rio de Janeiro, onde o envelhecimento da população é grande.

Legados e tradições

Os mais antigos moradores de favelas do Rio de Janeiro parecem ter sido negros livres ou escravos fugitivos, que estabeleceram bairros africanos no século XIX. No fim da década de 1890, soldados empobrecidos retornaram da guerra contra os seguidores de Antônio Conselheiro na cidade de Canudos, na Bahia e se instalaram no morro da Providência, no centro do Rio de Janeiro. É daí que deriva o termo "favela": aquele íngreme morro lembrava para alguns deles o monte da Favela, da Guerra de Canudos. Assim, a favela da Providência foi a primeira da região e permanece ali até hoje, mostrando que, uma vez estabelecidas, não desaparecem jamais. Novas favelas foram surgindo em outros morros que davam vista para a cidade do Rio. Na primeira década do século XX, no entanto, o prefeito obrigou milhares de pobres a abandonar suas moradias rumo a bairros periféricos, que também estavam lotados. As favelas em torno da área do porto, situado na região central, estavam sendo demolidas em um esforço para eliminar a febre amarela que assolava essas áreas e para que, assim, o Rio de Janeiro pudesse se tornar uma capital cosmopolita. A nova cidade teria grandes avenidas na linha do porto desenhadas seguindo a arquitetura da Belle Époque. Assim, muitas famílias pobres se mudaram para os morros e geraram um crescimento

---

1 Zaluar, *Condomínio do diabo*, p.12.

das moradias lá instaladas. Ex-escravos e descendentes de africanos já *cariocas* tinham grande representatividade, mas portugueses e descendentes de índios também passaram a ter presença significativa nessas comunidades, que cresceram ainda mais ao longo do tempo, por meio de um fluxo constante de migrantes provenientes de Minas Gerais e do Nordeste. Em 2007, a população das favelas tinha aproximadamente 60% de negros ou mulatos e 40% de brancos – mais ou menos o contrário do resto do Rio de Janeiro.[2]

A resistência – um capítulo importante da história das comunidades afro-brasileiras – está presente, naturalmente, na trajetória das favelas. No caso da escravidão, essa resistência foi tanto física como social. Física porque os escravos fugidos formaram aldeias independentes que se transformaram em quilombos; e sociais porque geraram o fortalecimento de laços comunitários entre os diferentes grupos tribais, com a criação de uma base de solidariedade firmada na sobrevivência daquele agrupamento e no trabalho coletivo. O governo brasileiro reconheceu oficialmente as comunidades que descendem diretamente dos quilombos e elas estão espalhadas por todo o país.[3] Os movimentos urbanos também surgiram inspirados na história da resistência dos quilombos, mantendo suas raízes artísticas tradicionais e incorporando músicas e estéticas contemporâneas internacionais, como o hip hop, o rap e o grafite. A característica mais forte desses movimentos – especialmente em sua expressão artística e musical – é o orgulho pela sua cultura e sua habilidade para se adaptar a condições adversas, mantendo certos legados culturais intactos.

---

2 Zaluar, op.cit., p.12.
3 French, *Legalizing Identities: Becoming Black or Indian in Brazil's Northeast*.

A forte conexão com a raiz cultural e histórica está presente na dança, na música, na pintura e escultura, e nas religiões afro-brasileiras, tais como candomblé, macumba e umbanda. A capoeira foi desenvolvida pelos escravos para ser utilizada como sistema de defesa pessoal, e hoje é reconhecida oficialmente como parte do patrimônio histórico e artístico do país. Mas o aspecto importante a esse respeito e o que caracteriza essas comunidades é o legado do trabalho coletivo, como um povo resolvendo os seus problemas de forma solidária. Talvez a expressão mais visível desse aspecto tenha sido o *mutirão*, no qual as pessoas se reúnem para construir casas, pavimentar estradas, instalar sistemas de esgoto, limpar ruas, ou fazer qualquer trabalho que possa ser mais bem executado coletivamente. Dessa forma, os vizinhos se ajudam e, ao mesmo tempo, fortalecem os laços que os unem e formam o espírito dessas comunidades. Isso preenche o vazio deixado em um contexto de guerra contra os traficantes, quando o Estado torna-se presente na forma de um agente de repressão violenta. Mesmo a coleta de lixo acaba sendo feita, muitas vezes, pelos moradores ou organizadas pela associação de moradores.

Quem é "de fora" geralmente usa a palavra "favela" de modo pejorativo, associando-a à violência, ao crime, à pobreza, à falta de ordem e às pessoas de pele escura. No entanto, para aqueles que vivem nesses locais, o termo transmite uma sensação de história, de conexão com o passado. No Rio de Janeiro, os moradores das favelas dizem que fazem parte da "comunidade tal e tal" e perguntam: "em que comunidade você mora?". Eles também sentem que são diferentes em relação a quem mora em bairros de classe média e alta. O forte vínculo social nessas comunidades às vezes contrasta com o convívio característico das regiões nobres da cidade: não se pode, por exemplo, dizer que alguém pertence à comunidade de Ipanema, Leblon ou Barra da Tijuca. Assim como nas grandes e modernas cidades de todo o mundo, nesses lugares, os vizinhos muitas vezes não se conhecem e têm uma percepção coletiva reduzida do que é uma comunidade. Ao mesmo tempo, o sentimento de pertencimento na favela é uma das principais razões para que os moradores não queiram deixá-las.

Nas favelas, em contraponto, o sentimento de comunidade é reforçado pela forte cultura local, que inclui também a torcida por times de futebol ou a participação numa escola de samba. Turistas que visitam o Rio de Janeiro para os desfiles do Carnaval na Avenida do Sambódromo raramente percebem como são profundas as raízes culturais e criativas que tornam possível tal espetáculo magnífico. As escolas surgiram em conexão com o trabalho realizado nas comunidades de preparação para o Carnaval e, durante todo o ano, estão envolvidas com o tema, promovendo, por exemplo, ensaios para crianças e adultos. Elas também realizam concursos para escolher o *samba-enredo*, com a participação dos moradores. São uma enorme fonte de energia e criatividade: para os *designers*, para as costureiras que fazem as fantasias, para os escultores que criam as figuras reluzentes nos carros alegóricos, e para aqueles que pesquisam e escrevem a história que será narrada pela escola de samba. Seria improvável que a escola de samba existisse sem o legado histórico dos escravos, assim como tampouco poderiam existir sem o sentido de comunidade e de trabalho coletivo que se expressa na tradição do *mutirão*.

O Rio de Janeiro não tinha facções antes do surgimento dos traficantes de droga; em vez disso, as pessoas se uniam em grupos de carnaval e escolas de samba. Elas ainda o fazem. Assim, embora se possa afirmar que as pessoas das favelas são fruto de uma história de exclusão, exploração e resistência, deve-se também ter em vista seus surpreendentes esforços de criatividade individual e coletiva, além da persistente manutenção das tradições da comunidade. No seu melhor, as favelas oferecem ao resto do Brasil lições de espírito comunitário e força que vêm da união com os vizinhos. São exemplos de pessoas que trabalham juntas, superando conceitos de raça e laços regionais. E promovem um contagioso sentimento de alegria e energia que muitos se atrevem a designar como o "espírito dos *cariocas*".

As favelas são as senzalas do século XXI?

Hoje em dia, quando muitas favelas estão sob o estresse produzido por grupos criminosos e pela polícia, ouve-se às vezes que elas se tornaram as *senzalas* do século XXI.[4] "*Senzala*", termo este africano cuja chegada ao Brasil data do século XVI, remete às barracas e aos espaços de dormitório dos escravos que viviam sob o domínio da *casa-grande*. Um pelourinho era erguido em frente de cada *senzala*. Os escravos deixavam a *senzala* para trabalhar nas plantações de açúcar, mas passavam o resto do seu tempo dentro delas. Se esse conceito for aplicado à favela atual, a referência sugere espaços superlotados, onde inúmeras pessoas vivem em dormitórios e comunidades voltadas para si próprias, ao mesmo tempo que, do lado de fora, uma estrutura policial de repressão permanece pronta a intimidar, bater ou matar.

Essa ideia de "senzala atual" explica-se, em parte, porque os que moram no asfalto tendem a ignorar a repressão e os assassinatos ocorridos próximo da região onde residem. E

---

[4] Luz, "A favela é a senzala do século XXI". Disponível em: <http://www.politicaetica.com/2009/10/21/a-favela-e-a-senzala-do-seculo-xxi>.

justamente o outro lado da moeda é a mentalidade daqueles que vivem na *casa-grande*. Pode-se de certo modo comparar muitos moradores da rica Zona Sul com os ocupantes dos antigos casarões do senhorio rural. E, seguindo essa imagem, o Estado, com sua política de incursões armadas, pode ser comparado ao *capitão do mato*, então enviado para a floresta a fim de capturar escravos fugitivos. É bem verdade que o alvo é outro: a polícia entra nesses locais, agora redefinidos como uma "aglomeração subnormal", para prender traficantes e apreender drogas e armas.[5] Assim, eles preferem ver os moradores como cúmplices, do mesmo modo que o *capitão do mato* via todos os escravos como prováveis fugitivos. É patente a semelhança com a Polícia Militar e o Bope, responsáveis pelo cumprimento das ordens para reprimir e manter a ordem nas favelas, contendo-os dentro de certos limites territoriais e se certificando de que não causem desordem nas áreas mais ricas da cidade.

Essas imagens terríveis, que remetem à repressão da imensa população escrava, são revividas pela repressão acarretada pela controversa política de segurança de confrontação. Segundo o governador Sérgio Cabral, todos partilham no Rio o estresse provocado por tal confronto. Tal pensamento, no entanto, é um engano: qualquer pessoa pode ver que favelas sob cerco policial sentem muito mais as consequências dessas operações do que bairros do asfalto ou da Zona Sul, como Copacabana, Ipanema e Leblon. Em 2007, em entrevista à

---

5 "Aglomerados subnormais" são definidos pelo conjunto de mais de cinquenta unidades habitacionais, dispostos de uma forma "desordenada e densa" em terra que não lhes pertence e que carece de serviços essenciais. Essa definição, aprovada pelo Programa de Assentamentos Humanos das Nações Unidas e aceita pelo Instituto Brasileiro de Geografia e Estatística (IBGE), dificilmente se aplica às favelas, com as suas casas de tijolos com água corrente, eletricidade e sistemas de esgotos, embora o direito da propriedade da terra dos ocupantes não possa ser plenamente estabelecido por lei.

revista *Veja*, o secretário de Segurança do Rio, José Mariano Beltrame, afirmara que o Rio chegara a um ponto em que sacrifícios eram necessários e que, embora fosse difícil de aceitar, vidas teriam de ser "dizimadas" para acabar com o poder de fogo dos bandidos. Esses sacrifícios, no entanto, são feitos nas favelas. Em 2008, o mesmo secretário declarou, durante o Fórum de Segurança Pública, que as crianças das favelas já surgem do ventre de suas mães criminosas por conta do ambiente ao redor, uma vez que nele seria tão normal ver bandidos empunharem armas automáticas como pessoas utilizarem telefones celulares.[6] Além disso, em uma entrevista em 2007, Cabral referiu-se ao *bestseller Freakonomics* para utilizar o argumento de que a legalização do aborto nos Estados Unidos fora uma bênção, pois permitira que as mães pobres pudessem interromper uma gravidez indesejada e reduzir, assim, o conjunto de prováveis criminosos.[7] Para coibir o crime, explicou Cabral, as mulheres pobres das favelas necessitam do mesmo acesso ao aborto que as mulheres de classe média e alta possuem. Em 2008, Marcelo Crivella, bispo da influente Igreja Universal do Reino de Deus, levou essa ideia um passo adiante, ao propor quando concorria à prefeitura que a idade de esterilização voluntária de homens e mulheres fosse reduzida de 25 anos para 18 anos. Embora esses pontos de vista tenham sido contestados, poucas pessoas e instituições proeminentes

---

6 A Lei do Ventre Livre, aprovada pela Câmara dos Deputados em 28 de setembro de 1871, declarou livres todas as crianças nascidas de mães escravas a partir de então, condenando a escravidão à extinção. Quando se considera que uma criança possa sair do ventre como bandido – uma espécie de Lei do Ventre Bandido –, condena-se a favela a ser uma espécie de berçário de bandidos, o que serve para justificar a retórica de esterilização de homens e mulheres ou o assassinato de jovens.

7 Levitt; Dubner, *Freakonomics: A Rogue Economist Explores the Hidden Side of Everything*.

ficaram a favor dos moradores das favelas e contra seus proponentes. O apoio veio principalmente dos defensores de direitos humanos, algumas ONGs e um punhado de pesquisadores de segurança pública que condenavam a violência da polícia e a política de confronto adotada pelo governo estadual. Os moradores da favela prosseguiram protestando contra a morte de vizinhos inocentes nas suas comunidades, especialmente crianças e adolescentes, mas por grande parte do tempo estiveram praticamente sozinhos em uma luta desigual para tentar provar que os mortos não eram criminosos.[8]

Em 2009, Cabral e Beltrame criaram as Unidades de Polícia Pacificadora (UPP), designadas para ocupar as favelas e expulsar ou reprimir as facções do tráfico. Foi uma resposta ao clamor para que o Estado "reconquistasse" o território perdido para os criminosos. As UPPs, comandos da Polícia Militar compostos por soldados recém-recrutados, treinados e comandados por oficiais cuidadosamente selecionados, ocupavam ou estavam em processo de ocupação de nove favelas no final de 2009; Beltrame, então, estimou que 300 mil moradores das favelas estariam vivendo sob as forças de ocupação de uma UPP até o final de 2010. No entanto, como este livro foi escrito no início de 2010, muitas questões permaneciam em aberto. O governo do Rio de Janeiro continuaria criando e encampando as UPPs? Será que as UPPs poderiam se tornar protagonistas de uma alternativa de policiamento das favelas do Rio a ponto de seus moradores poderem esperar, no futuro, menos invasões policiais e menos tiroteios travados em nome da confrontação com bandidos? Finalmente, os policiais militares especialmente treinados para as UPPs resistiriam à tentação

---

8 Freire, "Cabral defende aborto contra violência no Rio de Janeiro". Soares, "Entrevista: José Mariano Beltrame".

de se envolverem no crime, ganhando, dessa forma, a confiança dos moradores, ou sucumbiriam, assim como já acontece com outros grupos de policiais?

As favelas seguem o dinheiro

As favelas surgem e avançam onde as oportunidades econômicas se apresentam. O crescimento contínuo da renda nos bairros de classes média e alta da Zona Sul trouxe ampliação ainda mais rápida das populações das favelas, em decorrência da expansão do trabalho no setor de serviços. É comum ouvir isso entre os moradores das favelas da Zona Sul, seja da Rocinha, Chapéu Mangueira e Cantagalo, que trabalham como empregados domésticos nas residências de famílias mais abonadas. Naturalmente, as favelas situadas na encosta dos morros dão aos seus moradores uma visão espetacular das praias, dos hotéis e dos condomínios. Mas está claro que esse privilégio não responde às necessidades dos moradores das favelas, que precisam morar o mais próximo possível do local de trabalho, uma vez que o transporte público é caro e muitas vezes pouco acessível.

Portanto, o crescimento das favelas não é, principalmente, o resultado da leniência ou da irresponsabilidade de governos passados, que permitiram a ocupação irregular desses territórios, como muitos políticos afirmam. Pensamos que, na realidade, existem sólidas razões econômicas por trás desse contínuo crescimento das favelas do Rio de Janeiro. Viver fora da Zona Sul pode significar duas horas ou mais de viagem para ir e voltar do trabalho em Copacabana, Leblon ou Barra da Tijuca. Além disso, os usuários pagam passagem cada vez que mudam do metrô para um ônibus ou de um ônibus para outro;

e muitas vezes são três conduções para chegar ao trabalho e outras três para regressar. O custo é tão alto que não raro trabalhadores dormem fora de casa durante a semana. Em 2008, Hélio Luz, ex-chefe da Polícia Civil, definiu a Federação das Empresas de Transportes de Passageiros do estado do Rio de Janeiro (Fetranspor) como uma espécie de Estado paralelo ou máfia, que pressiona os governos e impede que sejam postos em prática programas que ofereçam um transporte acessível.[9] Oito mil ônibus circulam pelas ruas do Rio de Janeiro em um dia de semana normal, constituindo-se na maior causa de congestionamento na cidade. Esses ônibus trafegam muitas vezes lado a lado e quase vazios, congestionam as ruas da Zona Sul, mas raramente percorrem alguns subúrbios distantes. Isso levou as milícias a lançar uma operação ilegal de vans como alternativa de transporte nesses lugares. Governos anteriores tentaram contornar esse problema aprovando uma lei que obriga os patrões a pagar o transporte dos seus empregados. No entanto, na prática, isso acabou desfavorecendo quem trabalhava em locais mais distantes, pois o empregador não queria arcar com o custo adicional de passagens. A instituição do bilhete único, com o direito a múltiplas integrações e outras formas de subsídios, foi uma ajuda para os trabalhadores, mas as empresas privadas de ônibus têm feito oposição sistemática a tais alternativas. O poder dessas companhias sobre os políticos e o Estado parece ser esmagador.

As favelas no Rio de Janeiro, no entanto, se estabeleceram e a pressão de seu crescimento permanecerá, apesar do discurso a favor da construção de um muro para conter sua expansão ou mesmo das ameaças de uma nova rodada de remoções. No entanto, a urbanização chegou às favelas, muitas vezes

---

9 Luz, "A favela é a senzala do século XXI".

com o Estado como protagonista. O Programa de Aceleração do Crescimento (PAC) do governo federal, iniciado em 2007, destinou projetos de obras públicas para as favelas nas áreas de habitação, saneamento, saúde, educação, serviços sociais, pavimentação, esporte, lazer e reflorestamento. No Complexo do Alemão, um teleférico com várias estações foi construído, capaz de transportar 30 mil pessoas por dia. Isso mostrou que, apesar do histórico recente de conflito entre polícias e traficantes de drogas, é possível promover o desenvolvimento urbano em benefício de todos. O confronto, ao que parece, é muito mais a opção por uma política de segurança do que uma necessidade.

O crescimento significativo das favelas

Os moradores das favelas estão adquirindo mais peso demográfico e importância social. E as expectativas são de que as condições de vida continuem a melhorar. Como dissemos antes, muitas favelas deixaram de ser um conjunto de barracos para se constituírem em conjuntos de habitação mais sólida em comunidades, reconhecidas. O Estado tem assumido mais e mais responsabilidades pelo desenvolvimento de infraestrutura nessas comunidades, incluindo, desde 2009, a construção de muros para impedir a sua propagação para o alto dos morros. Essa medida foi tomada em nome da preservação do que restou da mata nativa, para controlar o acesso da segurança pública, para controlar o acesso e o ingresso das facções do tráfico.

Raça e cor também já não são tão importantes desvantagens como foram algum dia. Muito mudou desde que o governo fez o primeiro censo nas favelas do Rio de Janeiro em 1948, que registrou:

O fato de negros e mulatos serem maioria nas favelas não é surpresa. Hereditariamente atrasados, com falta de ambição e mal adaptados às modernas demandas sociais, eles provêm o maior contingente para as classes mais baixas da população.[10]

Publicar uma declaração com um teor tão descaradamente racista nos dias de hoje sujeitaria o autor e o editor a processos criminais. Foram colocadas em prática políticas para reverter o histórico de discriminação e desigualdade racial. Negros e mulatos obtiveram importantes avanços em relação aos brancos nos governos democráticos a partir de 1988, especialmente no início dos anos 2000. Um estudo do Instituto de Pesquisas Econômicas Aplicadas (Ipea), de 2008, mostrou que a diferença na renda e educação entre negros e mulatos de um lado, e brancos do outro, diminuiu significativamente desde 2001.[11] O constante aumento real do salário mínimo e as iniciativas do governo, como o Programa Bolsa Família, tiveram um importante significado na renda dos brasileiros pobres, muitos dos quais são negros e mulatos. A diferença na educação primária passou a ser combatida ainda na década de 1990, quando o ensino foi universalizado. Agora, a posição oficial é de que todos os brasileiros são capazes de ler e escrever aos 16 anos de idade, talvez uma avaliação exageradamente otimista. Os brasileiros negros e mulatos eram quase invisíveis nas universidades em 1988. Embora eles ainda frequentem o ensino superior em número significativamente menor do que os brancos, as cotas para negros e para alunos de escolas públicas começaram a mudar essa tendência. E mais, alguns negros e mulatos estão começando a aparecer em lugares

---
10 Amora et al. "Favela $.A." *O Globo*, 24/8/2012 – 1º/9/2012.
11 Instituto de Pesquisa Econômica Aplicada (Ipea), 2008.

onde nunca antes tinham estado, como no Supremo Tribunal Federal (STF).

Como consequência de tudo isso, a população negra e mulata está crescendo muito mais rapidamente que a população branca. Em parte essa situação se deve à maior taxa de natalidade, mas também ocorre porque mais brasileiros estão se identificando como negros e mulatos. O que marca uma inversão de importância histórica, uma correção das práticas do passado, quando as pessoas mostraram uma preferência para identificar-se como brancos por causa da discriminação e da pobreza que marcou o legado de escravidão. Estimava-se que logo os negros e mulatos se tornarão maioria na população brasileira. Lá se foram os dias em que um documento publicado pelo Ministério das Relações Exteriores poderia alegar que a população brasileira era branca e que o número de negros ou pardos era pequeno.[12]

Prosperidade sem paz

Os programas governamentais de combate à exclusão racial e de redução da pobreza, com o crescimento da renda e do tamanho da população das favelas, deixaram o sistema político mais atento às necessidades dessas comunidades. Desde 2007, isso tem sido demonstrado mais claramente com projetos de obras públicas de urbanização, tais como o PAC promovido pelo governo federal. Porém, a política de segurança pública mudou muito pouco. As autoridades responsáveis do estado do Rio de Janeiro insistem na opção da utilização da força e do confronto armado para combater as facções de traficantes.

---

12 Ministério de Relações Exteriores, *Brazil 1966*, p.125.

As favelas poderiam estar compartilhando a prosperidade e o crescimento da economia brasileira, mas a polícia ainda chega atirando. Em 1991, o então governador Leonel Brizola afirmou que em nenhum lugar do mundo tantas pessoas morrem como no estado que ele governava pela segunda vez. As vítimas, disse ele, eram "na sua maioria negros e pobres".[13] Um estudo realizado em 2008 pelo Centro de Estudos de Segurança e Cidadania (CESeC) da Universidade Cândido Mendes, com base em dados fornecidos pela Polícia Civil do Rio, mostrou que, entre 1991 e 2007, nunca houve menos do que 5.741 (1998) ou mais de 8.438 (1994) homicídios em um determinado ano. *Esses números não incluem pessoas mortas quando resistiram ou enfrentaram operações policiais, nem pessoas que desapareceram.* Se esses números fossem somados na contagem oficial de homicídios, o número anual é superior aos 10 mil. A mais elevada taxa de homicídios no estado do Rio de Janeiro durante esse período foi de 63 (1994) para cada 100 mil habitantes, e a mais baixa, de 38 (2007) para cada 100 mil habitantes. E se pegarmos o menor índice ainda assim será significativamente mais alto do que a média para o Brasil como um todo, já que em 2007 esta era de 25,7 para cada 100 mil habitantes.[14] Um relatório das Nações Unidas (ONU) sobre execuções sumárias e extrajudiciais no Brasil, lançado em 2008, observou que o país teve uma das maiores taxas de homicídios do mundo. Esse documento afirmava que "assassinatos por facções, presidiários, policiais, esquadrões da morte e jagunços são regularmente manchetes dos jornais no Brasil e ao redor do mundo" e que, dos estados

---

13 Citado no *Jornal do Brasil*, 12/8/1991, p.1.
14 Centro de Estudos de Segurança e Cidadania, "Estado do Rio de Janeiro: Número e taxa de homicídios dolosos registrados pela polícia civil por regiões, 1990-2007".

brasileiros, o Rio de Janeiro tinha um dos piores resultados.[15] Esmagadoramente, as armas utilizadas para matar eram armas de fogo. As vítimas eram principalmente homens jovens, com idades compreendidas entre os 15 e 30 anos. Em alguns anos desde 1990, a taxa de homicídios entre os homens dessa idade alcançou 200 e, mais tarde, 300 em cada 100 mil habitantes, taxas comparáveis com as registradas em zonas de guerra na Iugoslávia durante a década de 1990 e no Iraque depois da invasão dos Estados Unidos, em 2003. Homens negros e mulatos têm duas ou três vezes mais probabilidade de morrer do que um branco da mesma faixa etária.[16] Esses homens vivem em comunidades pobres, especialmente nas zonas Norte e Oeste da cidade do Rio de Janeiro e na Baixada Fluminense.

Evidentemente, o homicídio tem características tanto etnográficas como geográficas. Certo dia de 2008, nós tivemos uma breve conversa com um desconhecido no elevador de um grande edifício de escritórios do centro do Rio. Ele, de repente, nos contou que morava há anos em uma comunidade e que seu filho de 18 anos havia entrado na universidade. Disse também que 60% dos homens da turma de seu filho tinham morrido. E concluiu afirmando que as autoridades em Brasília deveriam se preocupar em resolver esse grave problema em vez de desperdiçar tempo roubando dinheiro público. O elevador chegou ao térreo, a porta se abriu, a conversa acabou, e o pai preocupado foi embora.

As entrevistas que se seguem contêm testemunhos de pessoas que vivenciaram as ações policiais no complexo de favelas do Alemão em 2007 ou que, de alguma maneira, ainda vivem à sombra do conflito entre a polícia e as facções de traficantes.

---

15 Conselho de Direitos Humanos das Nações Unidas, "Report of the Special Rapporteur on Extrajudicial...", p.2.
16 Cruz; Batitucci (orgs.), *Homicídios no Brasil*.

São relatos do terror e do rompimento da vida em comunidade. No entanto, duas conversas são especialmente esperançosas, exemplo de tenacidade e determinação, descrevem os inúmeros obstáculos superados e as dificuldades da vida em favelas; mas falam também sobre as vantagens e as satisfações da vida em comunidade. Os relatos nos deram também um panorama das instituições que funcionam nas favelas e que trabalham para orientar, empregar, treinar e educar os moradores das comunidades. Duas entrevistas com líderes comunitários nos deram a perspectiva do crescimento da criminalidade e da violência ao longo do tempo e do fracasso do Estado em estabelecer uma presença constante, bem como em implementar, em parceria com as comunidades, um programa de segurança pública bem-sucedido. Finalmente, um padre de uma paróquia da Zona Sul descreve a sensibilização da comunidade para com o Estado depois de um momento de crise violenta, e a resposta do Estado, que levou à ocupação da favela por uma UPP em 2009 e ao esforço das autoridades para colocar em prática uma nova política de segurança nas comunidades selecionadas.

Capítulo 3
Comunidades sob fogo

Quatro professores: uma conversa com Maria Helena Moreira Alves e José Valentin Palacios
20 de maio de 2008

Visitamos uma escola de ensino fundamental em uma área de grande conflito. Essa entrevista foi realizada com a condição de não revelar a identidade dos professores participantes. Eles temiam retaliações das autoridades estaduais ou da polícia, entre outras autoridades governamentais, bem como de membros da milícia local, e até mesmo dos traficantes que atuam na região. Queremos deixar claro que essa escola não está localizada no Complexo do Alemão. Além disso, por causa do nosso compromisso com a segurança de quem prestou depoimento e das suas famílias, fizemos questão de disfarçar todas as evidências que pudessem permitir que agentes estatais responsáveis pela violência identificassem os professores ou a própria escola.

Apesar do medo, nós percebemos a dedicação dos professores e dos pais dos alunos da escola. Todas as crianças usavam uniformes – alguns deles com sinais de remendos – muito bem limpos e passados a ferro com cuidado. As meninas usavam tiaras ou faixas no cabelo. Os sapatos estavam engraxados e, quando era o caso, bem remendados, a ponto de mal podermos ver os buracos nas solas. A comunidade era pobre, e muitas das crianças aproveitavam os uniformes que pertenceram a seus irmãos mais velhos.

Nós notamos que a escola servia um excelente almoço e comentamos isso com a diretora. Ela sorriu com orgulho e nos respondeu que a alimentação, assim como a boa apresentação dos alunos e professores, eram parte fundamental na educação das crianças, e que isso era especialmente importante, dada a extrema violência de seu cotidiano. "Isso os ajuda a aumentar a sua autoestima", disse ela. "E também mantém os pais perto da escola, acreditando que, através da educação, seus filhos podem vir a ter um futuro melhor."

Pediram-nos para não tirar fotos, com exceção dos buracos de bala e das balas de rifle 76 extraídas das paredes e que serviam como evidência da guerra. Mesmo uma fotografia de uma jovem, cujo longo cabelo estava trançado com uma fita cor-de-rosa, foi apagada a pedido da sua mãe. Embora a imagem mostrasse a menina apenas de costas, a mãe tinha medo de que ela pudesse ser identificada pela fita e o penteado.

Professora V: Olha, a cada ano que passa os desafios aumentam. Tenho laços de ternura com esta escola aqui. Porque eu cresci aqui, meus irmãos também, ainda temos um apartamento aqui, alugado, aqui se formaram muitas pessoas, temos muitas gerações que têm a escola como referência. É uma escola pública, depende do Estado, mas sempre foi muito importante. Sempre foi uma referência para toda a comunidade. E ainda, apesar de todos os problemas, continua referência. Nós temos muitas pessoas formadas, muitos alunos que continuaram os estudos e depois foram à universidade, hoje são profissionais, técnicos. Pessoas que conseguiram avançar na vida. Mesmo agora, temos muitos alunos que estudam no nível superior, alunos que fizeram exames para escolas técnicas e passaram, outros para a universidade. Mas o que está acontecendo neste ano é o que realmente tem dificultado nosso trabalho e isso está piorando.

Maria Helena: As dificuldades realmente são maiores neste ano [2008]?
Professora R: Não, a questão da violência está presente já faz tempo. Começou em 1989. Depois, em 1990, 1991, 1994, 1995, 1996, tivemos episódios muito duros. Por conta de um elemento muito louco, bandido, que não tinha harmonia nem com os outros da própria facção dele, e aí tivemos muitos episódios de tiros. Mas nada que se compare com o que nós vivemos agora. O que a gente está vivendo agora é uma coisa completamente atípica, fora do comum.

Maria Helena: Você quer dizer "agora" no ano passado, desde 2007?
Professora R: É, de um ano para cá. Antes tínhamos alguns episódios de tiro, mas era algo esporádico, casos eventuais. Em 1994, 1995 e 1996, mas a gente nem considerava, porque tinha no Rio de Janeiro todo. Só que, do ano passado para cá, a gente chegou ao fundo do poço. A escola está, de verdade, na linha de tiro. Desde o ano passado a escola vem sendo alvejada diretamente. Temos marcas de balas por todas as paredes e posso lhe mostrar. Na parte lateral, principalmente, que dá para o morro; tivemos de blindar e exigimos que a prefeitura erguesse um muro de cimento, senão teríamos que fechar a

escola. Tivemos que pedir para fechar tudo. No ano passado, em 2007, de maio até julho, ficamos alojados em um Centro Integrado Educação Pública (Ciep), porque não podíamos ficar aqui. E aí, a minha condição para voltar a abrir a escola foi exigir que se cercasse a escola com muros blindados para dar um pouquinho mais de segurança às crianças. Um mínimo de segurança, porque eram tiros a qualquer hora do dia e durante as aulas, direto. Fizeram novas paredes, muros de concreto, para resistir a balas de fuzil. Porque a escola era muito aberta, com tijolos antigos, o original, e a gente ficava muito exposta ali. A gente ficava no meio, entre dois morros, e vinham tiros de lá para cá, e de cá para lá, e a gente não tinha um mínimo de segurança, mesmo durante as aulas. Aí veio uma equipe da prefeitura, e eles ficaram aqui com a gente e fecharam os lados da escola, e foi o que nos deu um pouquinho mais de segurança, porque os episódios continuaram.

Maria Helena: E era dia e noite?
Professora V: A qualquer hora. Não tem hora marcada. Você não sabe quando acontece. Quem nos traz informação são os responsáveis pelas crianças. Chegam e dizem: "olha, professora, parece que hoje vai ter alguma coisa". Eles ficam em contato com a "rapaziada" e ficam de olho para preservar a escola. E eu mantenho um contato com a comunidade, com os pais, porque são eles que são portadores das informações para mim, e não deixo de ter informações nunca. Mesmo quando estivemos fora da escola, fizemos reuniões com o comandante do batalhão da PM, na época era o comandante Ubiratan.[1] Gostava

---

1 O coronel Ubiratan Ângelo foi comandante da Polícia Militar do Estado do Rio de Janeiro em 2007-2008 e um forte incentivador do policiamento comunitário.

muito dele, mas na verdade ele não podia fazer muito. Eu ia para lá com a esperança de que alguém pudesse fazer alguma coisa por nós, mas ele dizia "tem de continuar, porque é uma situação de enfrentamento". E ele esteve aqui inclusive para ver se a gente podia voltar para a escola, para ver a reforma que fizeram. E viu as marcas de balas nas paredes. Mas a luta entre a polícia e os marginais continuou e é horrível. No ano passado, ficamos três meses fora da escola porque estivemos com o comandante do 16º Batalhão, que é o mais pertinho da gente, e eles mesmos nos disseram "olha, não voltem, porque a gente não tem condição de dar segurança para vocês". O próprio comandante do batalhão chegou para mim e perguntou onde se localizava a escola. Porque aqui nós somos uma escola que está no meio de tudo. Do lado de cima tem uma boca de fumo, em frente tem outra, do outro lado também vai ver que tem. E ele queria saber onde se localizava cada uma, onde precisamente ficava a escola. Aí ele viu que o problema era muito grande e os tiros vinham de vários lados. E agora, o que é que acontece? A polícia vem dentro do Caveirão já dando tiros. Primeiro, entravam pela rua em frente à escola atirando. Depois, passaram a entrar pelo portão principal da escola para dentro do pátio com o Caveirão e daqui de dentro davam tiros para os diferentes lados onde estavam os marginais. A coisa ficou insustentável. Porque quando os bandidos estão sozinhos, não atiram na escola, mas quando o poder constituído estabelece um enfrentamento, usando a escola como um escudo, os policiais entram no pátio e depois fazem um tiroteio com duas escolas no meio. São duas escolas, com quase dois mil alunos, o poder constituído faz isso, eles não querem saber se tem criança, se estão em aula, se os professores, as mães estão no meio dos tiros. Eu já conversei muito com eles para entender o que eles pensam: "Como podem fazer isso?". Porque os

Blindado do Bope utilizado em operações nos morros do Rio de Janeiro.
Crédito: Neimar de Oliveira / Agência Brasil.

bandidos estão lá mesmo, mas agora, eles, o poder do Estado, entram nas escolas para atirar... Então, realmente não dá. Nós não estamos conseguindo mais trabalhar.

Maria Helena: Quando você fala com eles, o que dizem? Que é necessário porque é um enfrentamento?
Professora V: Sim. Essa foi a fala repetida que nós tivemos no Batalhão, do comandante Ubiratan, e ele sempre disse que não era conveniente nós voltarmos a trabalhar na escola, que tínhamos que ter um pouquinho de paciência. "Mas o que é que a mãe queria? A mãe queria viver numa comunidade pacífica ou queria viver numa comunidade dominada pelo tráfico, pelos bandidos?" O comandante falava isso, que era preferível perder alguns dias de aula a viver numa comunidade em que os bandidos estavam dominando todo o espaço social. Então tinha que ter um enfrentamento para retirar todos os bandidos da área.

Maria Helena: Mas o interessante é que eles não estão conseguindo fazer isso.
Professor H: Olha, quero dizer que eles pensam que têm de agir somente com armas, e armas de guerra. Isso não vai resolver nada nunca. É um pensamento bélico. A única forma de atuação do Estado aqui na comunidade é a guerra, o que vai permanecer enquanto tivermos essa ideia de, como diz o governador, que o Complexo é um antro de marginais, é o "inimigo do Estado". Me parece que é uma visão bem excludente, fascista mesmo, porque os pobres são todos inimigos e todos considerados bandidos. Então não importa se é uma escola, se tem mil crianças lá dentro, porque todos são marginais. Você vê, é uma política completamente excludente, e a gente tem um tratamento puramente bélico, sem respeito algum.
Maria Helena: Tem se falado muito de que não existe presença do Estado nas comunidades pobres, que a única presença do Estado é a repressão.
Professor H: Olha, a única presença do Estado aqui é mesmo a policial. Não tem posto de saúde, não tem lugar de administração local, nem para tirar documentos. Não tem nada. Até a coleta de lixo parou porque estavam recolhendo no meio de fogo cruzado, e os garis não queriam mais correr perigo. Tiveram de fazer um acordo com a Associação de Moradores e são os moradores que fazem a coleta e deixam lá na estrada, longe, para que a prefeitura retire. Então, a comunidade se organiza para tudo, todo mundo junto, até para a coleta do lixo, para manter a água, a luz, porque eles (a PM) cortaram água e luz e foram os próprios moradores que ligaram de novo e fazem a manutenção.

Maria Helena: Então, além da escola, não tem presença do Estado?
Professores: Verdade. Só tem a escola e armas. Olha, nem telefone tem. Agora as pessoas só usam celular, porque o fixo tem que ter manutenção e não existe isso. Tudo aqui é assim, e a

comunidade é que acaba ajudando a resolver em conjunto. Até aqui na escola, dependemos dos pais, que se organizam entre eles em grupos para trazer as crianças com segurança para a escola. E, quando tem tiroteio e o Caveirão entra aqui dentro da escola, chamamos os pais e eles se organizam para levar as crianças, em grupos, quando o tiroteio diminui ou para um pouquinho para que possam correr para retirar as crianças.

Maria Helena: E água e luz também?
Professores: Olha, no ano passado eles estouraram os transformadores e ficamos dias sem água e sem luz. Foi um tiroteio de três dias direto. Então agora os moradores se ajudam e fazem as manutenções eles mesmos, porque nem a Cedae, nem a companhia de luz, nem a Comlurb, para o lixo, querem vir para cá. Nem os Correios temos mais. Os moradores têm de levar as coisas, as cartas, ou para o Correio Central ou para o Correio em Olaria, onde fazem a triagem, separam as cartas, e os moradores se organizam para irem lá buscar a correspondência que vem para a comunidade.

Maria Helena: Então, como fica a vida em geral?
Professor H: Mudou muito desde que eles decidiram reunir várias comunidades em áreas administrativas, até hoje não entendi por que e como fizeram isso, ficaram várias comunidades reunidas no que chamam de "complexo". O "Complexo do Alemão", o "Complexo da Penha" e por aí vai. E cada "complexo" reúne várias comunidades. O do Alemão, por exemplo, são mais de onze. E assim a vida de bairro, de cada comunidade, ficou mais difícil e o Estado se ausentou cada vez mais porque as áreas administrativas que criaram não estão ligadas à vida comunitária, e junta tudo, tirando a possibilidade de cada comunidade se ajudar e se organizar. No Complexo da

Penha há várias associações de moradores, tem pelo menos cinco ou seis. Então, agora, para resolver o problema do lixo, as comunidades se organizaram com cada associação, que faz um convênio com a Comlurb, e ela repassa uma verba para compra de material, e os moradores se organizam para a coleta do lixo.

Maria Helena: Então, fora a escola, não tem nenhuma presença do Estado? Ao todo são quantas crianças nessas escolas?
Professora R: Olha, aqui, na nossa escola, a gente atende mil alunos. Mas a gente só atende dois segmentos. Nós aqui só fornecemos o estudo fundamental, nossos estudantes têm entre 6 anos e 12 anos mais ou menos. O ensino médio funciona numa escola bem pertinho lá também estão aprendendo a lidar com as dificuldades dos tiros. Mas é mais fácil para eles funcionarem normalmente porque ficam mais para baixo, mais na Penha. Só que os alunos, quando há conflito, não podem ir, porque ninguém sai em um momento de conflito. Mas no geral estão funcionando, é uma escola grande, muito antiga, importante dentro da comunidade.

Maria Helena: E vocês podem agora funcionar normalmente?
Professora R: Olha, a gente funciona um dia de cada vez. Eu digo agora que o lema da escola é "somente por hoje vamos sobreviver".

Maria Helena: Por quê?
Professores (todos): Porque não tem mais horário de tiroteio. Um dia, às oito da manhã, quando as crianças estão na rua a caminho da escola; outro dia, na hora do recreio, quando estão no pátio e entra o Caveirão atirando.

Maria Helena: Mas, meu Deus, por que eles fazem isso?
Professores: Porque não tem uma política. Não tem nada a não ser enfrentamento. É a política de guerra mesmo. É guerra, e na guerra não tem hora, nem cuidado com crianças.
Professora V: Eu disse uma vez ao comandante, "olha, eu entendo o problema de vocês, porque eu como moradora da Penha sei que é difícil para a polícia entrar. Tem muitas saídas para todos os lados e os bandidos se metem nelas. O comandante me disse, "professora, é mais difícil a gente ocupar a Penha que a Rocinha, lá na Rocinha tem poucas saídas, mas aqui é um leque; na Vila Cruzeiro, por exemplo, tem várias saídas, preciso de muitos homens e não tenho efetivo para isso". Por isso ele não ataca de noite, nem domingo, não tem os efetivos para isso, foi o que falou. E o comandante me respondeu, "Domingo tem muita gente na rua, as pessoas tomando cerveja, andando por aí, e eu teria de arriscar muitas vidas". E o comandante me perguntou qual era minha sugestão. Eu disse, "não é a minha função, sou professora, não sou agente de segurança, não entendo de segurança, mas me parece que poderiam avisar, até para a gente poder se preparar, não deixar as crianças no meio do tiroteio, para tirar as crianças da escola. Sabe? Porque é muito difícil segurar um grupo de até quinhentos alunos no meio de um tiroteio". Em maio atiraram uma granada aqui dentro! Sim, uma granada que explodiu aqui dentro e espatifou as salas.

Maria Helena: Jogaram uma granada dentro da escola? Quem jogou, os marginais ou a PM? Como você sabe?
Professora V: Olha, eles ficam lá no portão da escola, os PMs, atirando para o morro, que fica atrás da escola.

Maria Helena: Então, a PM não entra na escola.
Professora R: Não entrava. Agora ela entra no pátio, sim. Sobe a rampa e entra no pátio para poder se posicionar melhor contra o morro que está aqui atrás. Aí é que eu digo que eles não estão preocupados com as crianças aqui da escola. No pátio eles entram com o Caveirão e tudo. O Caveirão no tiroteio estaciona dentro do pátio, fechando a porta, e a gente tem de ir pedir para ele sair, para a gente fugir com as crianças. Sabe, é o que digo, não dá mais para a gente ficar aqui. Ficar é correr risco de vida. Antigamente, eles não faziam isso. Agora é uma total falta de respeito. Tem sido muito difícil. A gente ficou sem poder dar aula em 2007 de 2 de maio até final de junho. Depois tínhamos um processo de dar duas horas de aula cada dia, para poder dar algum atendimento aos alunos. Agora voltamos à escola e estamos tentando manter um horário normal. Bem... "normal" dentro dessa situação de conflito, quando a gente pode mais ou menos trabalhar.

Maria Helena: E eles continuam falando que esse enfrentamento deve continuar?
Professor H: Olha, a única política deles é a de embate bélico. Não existe uma polícia de inteligência, de investigação, então eles só sabem mesmo é atirar. O Estado considera que todos são marginais. Não tem distinção nenhuma. E, olha, tem profissionais de todos os ramos aqui na comunidade, sem a menor segurança. As pessoas tomam bala perdida aqui, morrem e são tidos como marginais. Outro dia mataram um barbeiro aqui quando estava no trabalho. Falaram que era marginal. Não era! O cara estava trabalhando, morador daqui há mais de 30 anos. Mataram, invadiram a casa dele. Ele chegou em casa e foi recebido à bala pela PM, estava trabalhando.

Professora V: E eles fazem isso, entram nas casas dos alunos. Eles nos contam. Eles invadem as casas das pessoas, tomam iogurte, comem queijo, até obrigam as mães a cozinhar para eles.
Professor H: Pois é. No dia 11 de abril eles invadiram a casa de um amigo meu. Comeram tudo que tinha na geladeira, jogaram tudo no chão, sujaram tudo, quebraram muitas coisas dele. O rapaz não estava em casa. Sorte dele porque, se estivesse, talvez nem estivesse mais aqui para contar a história, pois eles matam mesmo.

Maria Helena: E, no ano passado, a Força Nacional de Segurança Pública também fez isso?
Professores: Não, a FSN não, só a PM.

Maria Helena: Como é que foi o cerco da Força Nacional de Segurança Pública?
Professor H: Eles ficam às margens, ficam nas entradas principais, nas principais entradas e ruas do Complexo do Alemão, mas na periferia. Eles não entram na comunidade, quem entra é a PM.

Maria Helena: E vocês têm algum apoio de organizações de direitos humanos, da OAB, de outras organizações da sociedade civil?
Professor H: Não. Alguns anos atrás houve uma reunião com a Associação dos Jornalistas, quando o Tim Lopes[2] foi assassinado. E eles queriam fazer uma manifestação. E vieram representantes de várias comunidades, que não estavam a favor de que houvesse a manifestação, porque teria um caráter político eleitoral, já que era ano de eleições. Mas continuaram a organizar a manifestação, que acabou não acontecendo. Tudo

---

2 Jornalista do jornal *O Globo* sequestrado e brutalmente assassinado enquanto trabalhava na apuração de um crime no Complexo do Alemão.

porque os marginais ficaram sabendo e deram uma prensa na Associação de Moradores para impedi-la.

Maria Helena: Então os marginais mandam e deixam ou não deixam?
Professor H: Claro, e eles não gostam de manifestações nas comunidades, porque atrapalham o trabalho deles. Mas as organizações não estão ajudando em nada. Até a Secretaria de Educação também impede contatos, impede que a gente fale, por exemplo, com as igrejas. Porque eles querem passar a imagem de que tudo está normal, tudo está bem. Mas a verdade é que tem piorado muito. O governo de Sérgio Cabral, em um ano, já matou mais do que nos nove anos anteriores dos governos Garotinho. Saiu uma reportagem no *Jornal do Brasil* sobre o hospital perto daqui, o Hospital Getúlio Vargas, que recebe as pessoas feridas e tem o maior índice de pessoas que chegam baleadas.[3]

Professora V: Quando eu era criança, esta escola já era uma referência na comunidade. Cresci aqui, fui criada aqui, e fiz meus estudos aqui. Mas era muito diferente. Na época era tudo tomado por favelas. E minha mãe me mandava ir à favela comprar ovos. Porque havia moradores que criavam galinhas, que vendiam ovos e outras coisas, que tinham horta. Então nós íamos sozinhos comprar coisas na favela. Minha mãe dizia "vai comprar alface, vai comprar ovos na casa da fulana". E íamos às casas das pessoas que conhecíamos. Havia muita pobreza, mas não esta violência de hoje, em hipótese alguma. Isso veio aos pouquinhos, e acredito que dos anos 1990 para cá piorou muito. Já nos anos 1980, na passagem da ditadura, veio

---

3 O Hospital Getúlio Vargas serve a população da Zona Norte, incluindo áreas ocupadas, como o Complexo do Alemão.

piorando, e nos 1990 muito mais. Hoje, então, nem se fala. De 2000 para cá piorou muito mais.

[Entra na sala a professora E, que defende a saída da escola da comunidade.]

Maria Helena: Professora E, você acha que a escola deveria sair daqui, fechar, é isso?
Professora E: Sim, acho. Porque dentro da comunidade não temos condições. Como é que nós vamos servir de "bucha de canhão" para os bandidos e para a polícia? Não acho que a gente tenha de viver esse papel. Esse não é o papel da educação.

Maria Helena: Todas as cinco escolas deveriam ser fechadas?
Professora E: Todas deveriam ser *transferidas*. No mesmo bairro, mas para um lugar mais seguro, já que a polícia não consegue conter os bandidos. Transferidas para outro local. Por exemplo, a prefeitura podia alugar um prédio no Centro, ou podia até construir um prédio lá e colocar os alunos lá e os professores, nem que fosse provisoriamente, até que a violência seja contida aqui. Mas só que eu não acredito que a violência seja contida. Porque o poder público só está presente com a polícia, e não com os outros serviços públicos. Você não tem saneamento básico, não tem posto médico, não tem trabalho, não tem transporte de qualidade, então como é que você quer "vencer os bandidos"?, não tem como. O que é que adianta você reprimir – e só? A única presença do poder público é a polícia. E a polícia chega aqui, sem dar a mínima importância a quem está no caminho – e aqui são cinco escolas –, troca tiros com os bandidos e vai embora deixando um campo de matança. Até hoje não aconteceu nenhuma morte aqui dentro da escola por milagre. Porque se você for olhar a escola, vai

ver o monte de buracos de tiros que estão aí. Qualquer bala dessas podia ter atingido alguém, uma criança, um professor, uma pessoa da direção da escola. Acho uma temeridade, uma falta de respeito, porque é uma escola muito procurada pela comunidade, porque o trabalho é bom, porque tem uma direção que tem a escola na mão, que tem a comunidade na mão, que tem um bom relacionamento com a comunidade, senão a escola não seria procurada. As duas diretoras foram da escola e depois trabalharam na escola como professoras, conhecem as crianças pelo nome, sabem da vida das pessoas na comunidade, conhecem as mães, muitas já foram alunas da escola, e agora seus filhos são alunos da escola. Eu estou aqui há apenas seis anos, mas elas não, elas têm uma vida dedicada a esta comunidade.

E eu acho uma falta de respeito. Cada vez que tem um tiroteio a gente fica aqui, abandonada, vivendo horas de horror. Porque não tem ninguém que se importe com a nossa vida, com a nossa situação, *ninguém*. Nem a prefeitura, nem a Secretaria de Educação, nem a Coordenadoria Regional de Educação (CRE), que é quem é diretamente responsável pelas escolas de uma determinada área, inclusive a nossa, e que não se importa. Não dá a menor atenção. Nós já enviamos documentos para a CRE, a diretora já conversou, várias vezes, a respeito da situação que a gente vive, nós já vivemos horas de terror, debaixo de tiros, e ligamos para lá pedindo "socorro, pelo amor de Deus, tomem uma atitude". E não acontece nada. E isso está se repetindo com uma frequência cada vez maior. Antigamente era só à tarde, depois das cinco horas. Uma coisa eventual. Hoje, não. Depois passou a acontecer à tarde no horário de aula, do meio-dia às cinco. Depois de manhã, de tarde, a qualquer hora e quase diariamente. Sem aviso, a toda hora. Tem semana que passamos dois ou três dias com tiroteio.

Olha, que vou contar um detalhe, confidencialmente, já que não vou ser identificada. As crianças, quando chegam à escola às sete horas da manhã, já sabem que vai ter operação. Elas já sabem. Eu me lembro uma vez que a PM chegou às nove e pouco e não deu certo a operação da polícia, e o secretário de Segurança falou que a culpa do fracasso era da comunidade, porque os bandidos tinham sido avisados. E é verdade, todos sabiam, muito antes de eles chegarem as crianças já sabiam. O que me leva a crer que os bandidos são alertados por alguém de dentro da polícia. "Olha, em tal hora a polícia vai aí." Aliás, me leva a crer não, tenho certeza, todos sabemos. Só não posso acusar ninguém porque não tenho como provar. É lógico que os bandidos sabem. Já começam a preparar as barricadas, os paredões, muito antes de a polícia aparecer. Então, o que quero dizer é que é uma imensa falta de respeito com a escola. Porque eles sabem que os bandidos sabem, e não são capazes de nos retirar antes. Vai entrar em confronto com os bandidos, então retira a população. Tira as crianças do caminho, os professores, a população do perigo. Suspende as aulas. Que respeitem nossas vidas. "Olha, a polícia vai hoje aí. Vamos ter enfrentamento. Feche a escola." Cerca tudo e dá um tempo para quem quiser se retirar. Já que quer estabelecer um confronto, o que eu acho um erro. Porque antes de você chegar e dar tiro em todo mundo, tem que primeiro oferecer aquilo que a Constituição garante a qualquer cidadão. Mas não, aqui não tem nada. Não tem hospital, não tem posto médico, não tem nem Correios, nem coleta de lixo. Nada. O poder público não está presente na comunidade. Não adianta ter cinco escolas se essas escolas não têm apoio nenhum, sem segurança, não têm o poder junto delas. Estamos abandonados. Vocês estão no tiroteio? Morreu, morreu, acabou. Mais uma estatística de bala perdida. A gente já viu isso acontecer em outras escolas. Crianças baleadas. E daí? Deu em quê? *[As professoras mostram as balas que encontraram no pátio da escola. Só em um dia, 72 balas.]*

Maria Helena: E esse novo programa do governo federal, o Pronasci, vocês acham que pode funcionar? Tem muitos projetos para as comunidades.
Professora E: Eles dizem que vai mudar alguma coisa. Eu, francamente, não sei. O que a gente vê aqui, diariamente, é tiroteio. Esse PAC, para esta comunidade não tem nada. O que tem mesmo é no Complexo do Alemão. Parece que vão fazer um teleférico que vai de Bonsucesso até a comunidade. Só isso. Falaram em escolas, em saneamento, em um posto médico. Mas não vai ter para nossa comunidade nem outras que sabemos. Vai ter só no Complexo do Alemão, em Ramos, Manguinhos. Aqui a gente não tem ouvido falar sobre PAC sobre nada.
Professora E: Então, Maria Helena, o seu livro é sobre a gente pobre, que não tem nada a ver com a bandidagem, gente que consegue sobreviver. E a gente conhece as pessoas da comunidade. E é uma covardia. Porque a situação deles é terrível, terrível. Além de faltar tudo, ainda tem de conviver com a violência. As crianças, quando começa um tiroteio, e imagino que isso se repita na casa delas, choram, riem, gritam, elas se abraçam com a gente. Porque têm muito medo.
E você sabe qual o medo que a gente tem também, além do medo de morrer? Porque eu vou confessar que tenho medo de morrer. Eu vim aqui para trabalhar, somos professoras. A gente não veio aqui para enfrentar bandido, esta não é a nossa área. Eu não sou polícia! Agora o meu medo é que uma dessas crianças seja atingida. Porque nessa situação, mesmo que eu sobreviva, se uma criança for atingida por uma bala, acabou a minha vida. Imagine vivenciar isso, um aluno meu atingido por

uma bala, morrendo ali, sem eu poder ajudar nem fazer nada. Acabou a minha vida. Eu sei que não sou responsável, mas a gente se sente responsável por eles. Eu não sou responsável pela morte da criança, mas eu vou me sentir culpada por não ter sido capaz de protegê-la, entende? Nem eu, nem as outras professoras, nem as diretoras, nem ninguém aqui! Porque a gente não sabe de onde vem o tiro. A gente não sabe a hora que vai começar. Você está dando aula e de repente os tiros começam... A qualquer minuto podem pegar uma criança, esse é meu maior medo. De passar o resto da minha vida chorando, me sentindo culpada por uma coisa que eu não fiz, que não é responsabilidade minha. Porque eu não tenho segurança para trabalhar. E as crianças não têm segurança para estudar. E eles só sabem reclamar do resultado da escola pública e esquecem que, aqui, quem depende da escola pública é justamente a criança pobre. E uma criança, submetida diariamente a uma violência dessas, como pode aprender alguma coisa? Eu ainda fico admirada de ver que alguns aprendem!

Professora V: O ir e vir já prejudica a criança.

Professor E: Eles vêm para a escola tropeçando em cadáveres, pulando barricadas, com bandidos armados até os dentes, que dizem para eles, "olha, hoje vai ter tiroteio, passa pela rua tal porque aqui não pode passar não".

Maria Helena: E as crianças estão começando a se adaptar a essa violência, como se fosse uma coisa normal da vida?

Professoras (todas): Não. Eles ainda estão chocados, e reagem da mesma maneira. Porque na hora do recreio você vê que eles brigam, se atracam à toa. Essa violência está, ao contrário, influenciando o comportamento deles para fora do normal. Quando eles brigam, querem logo dar soco na cara, ou então imitam uma arma e dizem que vão matar. Fazem como se estivessem atirando no colega. Eu já vi isso. E qualquer coisinha..., esbarrou, já viram a mão. O diálogo, a conversa, deixa de existir, porque é o que vivenciam todos os dias.

Professora V: Olha, ela trabalha com crianças menores. Eu trabalho com adolescentes. Eles ficam às vezes conversando com a gente. Muitas vezes sem dormir, porque a casa foi invadida pelos policiais. Têm medo do ir e vir, têm medo do que pode acontecer com o pai, que está chegando do trabalho, se chegar e os policiais estiverem em casa. Têm muito medo de tudo, por causa do conflito que está acontecendo. Medo mesmo. Vivem em pânico. Têm o celular com eles e ficam dizendo "me deixa ligar para minha mãe, minha mãe vai sair para trabalhar", "meu pai vai chegar do trabalho e se encontrar os policiais podem matar ele". Realmente ficam em pânico, sabe? É de cortar o coração conversar com os alunos, ouvir os depoimentos deles. Realmente é muito triste.

Professora E: E você então não consegue trabalhar. Porque começa um tiroteio, no meio da aula, os alunos começam a gritar, começam a chorar, os professores também, alguns, naquele estado de nervos, todos correm, se jogam no chão, não sabem onde se esconder, tiros por todos os lados. E a gente tem de se manter calma, não tem direito de chorar. Muitas vezes depois eu me escondo no banheiro e choro. Choro muito. Mas na hora nem isso posso fazer, porque não posso abandonar as crianças, abandonar o navio. Se eu fizer isso na hora me desestabilizo. Agora, depois, que sinto como se passasse um trator sobre meu corpo. Eu reajo na hora, eu dou força, eu ajudo. Mas, depois, fico muito mal. Porque a gente é muito exigida emocionalmente. E aquela impotência. Vou fazer o quê? Eu não posso fazer nada. É esperar para ver se a gente pode sair daqui, entregar a última criança. Porque, às vezes, os pais não podem chegar.

Na quarta-feira houve um tiroteio, uma criança ficou aqui mais de três horas depois que a escola fechou. A mãe não pôde vir buscar. Tinha tiroteio na rua dela e não podia passar. Fomos obrigadas a ficar para cuidar da criança. Vou deixar a criança como? Porque muitas vezes os pais não podem vir buscar os filhos porque estão impossibilitados de sair de casa. Sair é arriscar a vida. E muitas vezes eles têm outras crianças menores. E, então, pensam que a criança está na escola e as professoras estão lá e acham que fica mais segura lá. Tem sido muito complicado. Muito complicado mesmo. E o pior é que a gente sabe que isso não vai parar. A gente sabe "nós vamos viver isso mais vezes". Porque como a gente falou, a gente tem medo de uma criança ser atingida por uma bala. E isso é uma pressão horrível. Estamos com o ditado do Alcoolicos Anônimos: "Somente por hoje vou trabalhar. Somente por hoje vou sobreviver". É assim que a gente está vivendo.

E não podemos programar nada na escola, de repente tem tiroteio. Prefiro programar para fora da escola, para que as crianças possam sair da comunidade um pouco, ver outras realidades. Aqui é assim, tiro todo dia. Violência. O Caveirão. O Caveirão é o símbolo, o símbolo da temeridade. Quando ele chega, todo mundo se apavora porque, segundo as crianças, eles falam coisas horríveis independente de quem é. Se é bandido, se é morador da comunidade, não importa. Dizem "vou te pegar, vou te matar, vou sugar a tua alma". As crianças têm pavor do Caveirão. Como se fosse um ser de outro mundo, quando falam "o Caveirão chegou", é o fim do mundo, entram em pânico. E a gente tem de ajudar, tem de tentar acalmar, proteger. E as mães, quando ouvem falar que chegou o Caveirão na comunidade, vêm correndo, entram nas salas para levar as crianças, em pânico. As pessoas se organizam entre os vizinhos, cada um leva as crianças de sua rua, se os vizinhos estiverem

trabalhando, para fugir antes que o Caveirão possa entrar na comunidade. É o pânico na escola.
E sabe o que acontece no final? O bandido acaba tendo mais respeito da comunidade do que a polícia. Porque como a polícia chega, e fala dessa maneira, e trata os moradores dessa maneira, e o traficante não trata – porque se não atravessar o caminho dele, ele não faz nada contra a comunidade, porque para ele é bom que a comunidade esteja do lado dele. Então, o bandido não vai atingir ninguém da comunidade se não tiver algum problema com aquela pessoa, mas a polícia chega agredindo, falando coisas terríveis para os moradores! Quer dizer, a polícia não sabe quem é e quem não é bandido – mas trata todo mundo como se fosse. Então, a comunidade acaba ficando contra.

Maria Helena: É verdade que eles entram com o Caveirão ameaçando, cantando uma música?
Professoras [com ênfase]: Isso tudo é verdade. "Sai da frente. Eu vou sugar sua alma", xingam de vagabundo, as mulheres de piranhas. Isso tudo é real. É um blindado, falam lá de dentro. É até uma covardia. A gente nem vê o rosto dele. E ele pode ficar falando o que quer, tocando a música. E de repente atira para todos os lados lá de dentro. Ele se sente poderoso para fazer isso... está protegido. E as crianças contam isso, e a gente vê também eles entrarem.
Agora, tem solução? Você pode pedir aos empresários que venham para as comunidades dar emprego para a população. O governo pode oferecer isenção de impostos. "Durante dez anos não vai pagar imposto nenhum, desde que você construa sua empresa ou fábrica aqui e dê emprego para a comunidade." E principalmente, o poder público presente, uma delegacia local, com muitos policiais que conheçam a comunidade, posto médico para tomar conta da população, hoje o morro todo precisa descer, quando

há feridos, para ir ao Hospital Getúlio Vargas, e ele não dá conta! Porque é muita gente e as doenças que não são complicadas, não são para hospital, têm de ir para lá mesmo porque não há posto médico. Por que não fazem um lá em cima? Por que as escolas não têm segurança? A gente fica aqui, como alvo dos bandidos e da polícia. É como se o poder público dissesse assim, "olha, professor, é assim mesmo"; então a gente tem de proteger os alunos.
Professora V: Outro dia mesmo, na quarta-feira, os bandidos fecharam o morro. Colocaram um ônibus fechando uma entrada e pegaram um caminhão da Comlurb e fecharam a de baixo. Não passava ônibus, não passava van, não havia nenhum transporte. E o Caveirão circulando, dando tiros, e os bandidos também. E agora são três ou quatro blindados. É o caos.

Fernando, um professor da Baixada Fluminense: uma conversa com Maria Helena Moreira Alves e José Valentin Palacios
10 de junho de 2008

Esta conversa com Fernando, professor do ensino fundamental, esteve centrada nos desenhos que os alunos fizeram sobre suas vidas e a violência que os rodeia. Fernando explicou que ele reuniu várias classes para discutir os frequentes tiroteios que ocorrem perto da escola e as muitas incursões do Caveirão, que chegou a disparar perto ou mesmo nos portões da escola. O Caveirão vinha atirando em alvos no morro onde acreditava estarem escondidos traficantes de drogas. O fogo cruzado alcançava as salas de aula. As crianças tinham que se esconder nos armários, atrás dos muros, nos banheiros. Fernando nos contou que muitas crianças entraram em choque; algumas ficaram com problemas nos ouvidos; e o medo que elas sentiam tornou o ensino muito difícil – e algumas vezes até impossível. No entanto, o professor decidiu usar uma técnica comum da psicologia – a dos desenhos – para fazer que os estudantes expressassem suas mais profundas ansiedades e medos. Ele pediu que os alunos respondessem a três questões: "Você acha que o que está acontecendo aqui é normal?"; "Você acredita que a sua escola pode ajudar e ter alguma influência para mudar as coisas?"; "Se você tivesse a chance e fosse capaz de mudar as coisas, o que você faria?".

Algumas das respostas o espantaram; outras o entristeceram. Apenas uma criança acreditava que a escola poderia alcançar as autoridades e ser ouvida para que a violência parasse. Houve até mesmo uma criança que acreditava que isso iria acontecer somente se o diretor da escola pudesse falar pessoalmente com o presidente Lula. Muitas crianças responderam à questão sobre o que fariam para mudar as coisas falando de paz, em trabalhar pela paz, e desenhando pombas brancas. A resposta de um aluno de 10 anos destacou-se: ele disse que a única coisa que desejava era deixar o local onde vivia e se mudar para o "outro lado", para a região das pessoas ricas, com prédios altos e finos condomínios de apartamentos.

Pais, professores e psicólogos discutem o que irá acontecer com essa geração que cresce em meio a tal violência. Se eles sobreviverem até os 20 anos, já estarão prejudicados para sempre. Como podem aqueles que trabalham com eles, os que os amam, os pais deles que procuram guiá-los para fora daquele inferno que estão vivendo, curá-los daquele trauma profundo?

Pergunta: Essas megaoperações são uma mudança na política de segurança pública do atual governo?
Fernando: Com certeza. Desde o cerco do Complexo do Alemão no ano passado (2007), ficou claro que houve uma mudança muito forte. Grandes operações policiais passaram a ser frequentes.

Pergunta: Qual é sua experiência com a escola? E a sua experiência, no geral, com a vida das pessoas da comunidade?
Fernando: Essa é a nona escola em que trabalho, já trabalhei na Cidade de Deus, em Batan, na Vila Cruzeiro, em muitos lugares. Vim para esta escola porque gosto de mudar, me interessa conhecer outras comunidades e outras crianças. Fui chamado pelo professor de teatro, tinha ido algumas vezes lá, tinha dado uma ajuda, participando do teatro. Fui à escola há uns três anos, para um conselho de classe, e fui chamado para trabalhar lá, onde fui muito bem recebido pelos professores, pelos pais, pelos alunos. Essa é uma escola como qualquer outra de comunidade. Acho interessante o respeito que a comunidade tem pela escola, para eles é uma escola de qualidade, boa, a imagem é muito importante para as pessoas. É uma escola participante, tem problemas de disciplina de alunos, mas como qualquer outra, uma briga aqui, outra ali, nada sério. Inclusive a reportagem que saiu no *Jornal do Brasil* era para ser sobre violência escolar, mas não tem tanto isso. Foi o que falei para a jornalista e ela se interessou pelos desenhos dos alunos: "Não tem violência escolar. Temos violência externa". O problema é a escola estar em uma área que passou a ser eleita pelo governo como área de violência. Então, como você pode dizer que uma área é mais violenta que outra na cidade do Rio de Janeiro? Depois do caso do jornalista Tim Lopes, que foi assassinado, essa área foi eleita pelo governo como área especial de violência.

Cheguei nesta escola em fevereiro do ano passado. Em maio começou a operação policial, com granada, Caveirão, fuzis, com tudo. E, no quarto ou no quinto mês, a escola teve de sair dali. Fomos transferidos para fora da comunidade e a escola ficou fechada por muito tempo.

Pergunta: Antes disso não tinha tanta violência policial?
Fernando: Que eu saiba, não. A maior prova que se tem é que a escola teve de passar por algumas mudanças físicas, teve de colocar paredes novas de cimento, de concreto, por causa das balas que vinham direto contra ela. Antes as paredes do corredor eram com janelas abertas para a comunidade. Aquilo dava luz e ficava um corredor aberto de um lado e as salas de aula de outro. Tiveram de fechar tudo e fazer respiradouros que, inclusive, já foram também alvejados com tiros, e os lugares abertos, os pátios de recreio dos alunos e de esporte, tiveram de ser fechados e agora não são usados, porque são muito vulneráveis a tiros.

Pergunta: Como é a relação com as mães, com os pais, com a comunidade?
Fernando: Eu tenho mais contato com as crianças, mas estive em várias reuniões com os pais e somos tratados com o maior respeito, com muita tranquilidade. É até engraçado porque muitos pais são bem mais velhos do que eu, mas me chamam com muito respeito de "senhor", e me tratam como alguém especial. Os alunos também. É uma escola com muita dignidade, com uma imagem muito legal ali dentro.

Pergunta: Nós temos notado como as crianças nas escolas em que visitamos vêm todas arrumadas. O cabelo das meninas com fitas e presilhas, com trancinhas, a roupa toda limpa, bem passada. Sentimos o carinho dos pais, dos professores.
Fernando: Pois você vê que a imagem da escola, para as comunidades, é muito importante. As pessoas veem na escola uma referência importante para a qualidade do ensino, e fazem um esforço, às vezes impressionante, para o cuidado dos seus filhos. Também é comum ver a dedicação dos professores, até do pessoal das merendas escolares, que faz comida com carinho, feijão como em casa. A escola é o centro da comunidade

e muito respeitada. É interessante ver que as pessoas têm enorme respeito pela escola. A polícia é que não tem e invade a escola, dá tiro ali perto a qualquer hora. Fiz uma pergunta para os alunos – vocês podem ver em alguns desenhos – sobre o que achavam que a escola poderia fazer para acabar com a violência. Achei interessante como todos falaram: "Nada". Fiz três perguntas: primeiro, se achavam que era normal o que estava acontecendo, com as invasões, a violência. Segundo, se você tivesse algum poder para mudar, o que mudaria? E a terceira pergunta era: o que a escola pode fazer para mudar isso? Acha normal? Todos responderam que não acham normal. Até quem disse "é normal" falou que muita gente morre. Lendo o que escreveram, entendo que estavam, na verdade, dizendo: "eu tenho que me adaptar". Já ouvi muito isso de alunos: "Não tem jeito. Não tem como mudar. Não tem chance". E todos falaram que a escola não pode fazer nada. Duas respostas foram um pouquinho diferentes. Uma menina colocou que a escola deveria sair dali, isso para mim é sintomático. E outra menina falou que a diretora da escola poderia falar com o presidente Lula e com o governador.

Pergunta: Com o presidente?
Fernando: Sim, com o presidente e com o governador. Quem tem poder, que para ela é a diretora, fala com quem tem poder. Quem manda fala com quem manda. Porque, para ela, não é a escola como instituição. A escola não influi em nada. A diretora é que pode fazer algo se fala com quem manda mais. É interessante com quem ela acha que deveriam falar, porque não acham que tem diálogo com a polícia. Com a polícia não dá para falar, com o traficante também não, então, o melhor é falar com quem manda. A escola não pode fazer nada, então vamos direto ao governador e ao presidente.

A diretora já falou várias vezes, não com o governador, mas sim com o [Marcus] Jardim, o comandante do Batalhão, hoje ele é do Comando da Capital. Ela falou várias vezes e pelo que eu soube, ele disse que não pode fazer nada, que não pode garantir a segurança. Quando a gente saiu dali, e foram seis escolas para o Ciep, ele disse "se quiser voltar é por conta própria", porque ele não podia garantir nada.

Pergunta: Foi quando tiraram vocês do Ciep?
Fernando: A movimentação não foi essa. Foi diferente, depois de quatro semanas de cerco do Alemão a preocupação da Coordenadoria Regional de Educação era só uma: onde estão cumprindo horário de aulas. Era essa a única preocupação. De cair granada dentro da escola, e ligar de lá perguntando se tem professor cumprindo horário de aula. De ter tiroteio de manhã, e os alunos ficarem presos até as quatro da tarde, e a Coordenadoria ligar perguntando se suspenderam as aulas no turno da tarde. A ponto de a diretora dizer: "Pelo amor de Deus! Como vamos poder ter aulas no turno da tarde com esse tiroteio?!". Daí é que saiu uma declaração da Coordenadoria nos jornais, e foi a única declaração, dizendo que as aulas tinham sido suspensas no turno da tarde. Então a preocupação era só essa. Onde estão cumprindo horário. Nós passamos um mês e meio ali sem dar aulas. Tínhamos que ir só para cumprir o horário no Ciep. Ridículo, completamente ridículo, mas foi verdade.

Pergunta: Vocês iam ao Ciep e não podiam dar aulas?
Fernando: Somente para cumprir horário, e aí, depois de muita pressão, inclusive do Sindicato dos Professores, a meu ver equivocadíssima, porque pressionava a direção das escolas para saber se os professores estavam dando aulas. Por favor! Aí saiu nos jornais "crianças estão sem aulas". A preocupação

era essa, não com os tiros, com as granadas dentro das escolas não se importavam. Nesse momento retiraram as seis escolas de onde funcionavam para este Ciep, fora da linha de tiro. A solução negociada foi de que iriam funcionar todas as escolas no mesmo espaço e cada uma daria duas horas de aula por cada turno. Cheguei a dar aulas para 80 alunos em uma sala de aula, juntando dois ou três turnos, por uma hora, depois trocava de sala para juntar outros três turnos para outra hora. Um negócio muito louco. Só para poder dizer que as crianças não estavam sem aulas.

Pergunta: Ficaram as seis escolas no mesmo Ciep? Mais de 4,2 mil crianças em um só lugar?
Fernando: Isso só para constar na Coordenadoria Regional de Educação que a região estava sem suspender aulas, mas esquecem que a escola tem vários papéis na comunidade. Um deles é: "fui trabalhar e deixei meu filho na escola" porque essa é, na realidade, uma função da escola também. Quando matriculam a criança, os pais já estão contando com isso para poder trabalhar com tranquilidade. Chega ao meio do ano e dá nisso, tiroteios, as crianças têm de ser levadas somente por duas horas para fora da comunidade. As pessoas, os pais e as mães, estavam apavorados, não sabiam como fazer. Vamos deixar as crianças onde? Tinham medo de perder o emprego se ficassem em casa, e os alunos sentiam também muita falta da escola. [Eles demonstravam] uma enorme alegria de nos ver, uma coisa muito tocante mesmo.

Pergunta: Por quanto tempo ficaram sem poder voltar para as suas escolas nas comunidades?
Fernando: Começou no dia 2 de maio [2007], depois do feriado, com a megaoperação policial e o cerco. Só começamos a voltar,

pouco a pouco, em agosto, no segundo semestre do ano, depois dos jogos Pan-Americanos. Aí as escolas começaram a voltar para seus prédios na comunidade.

Nesse tempo houve um caso que foi patético, e mostra bem a relação com o Estado. Durante essa megaoperação, a polícia entrou na escola, passou pelo pátio e tirou até parte do telhado para subir e fazer uma tocaia para pegar um bandido que estava do outro lado, no morro. Eles foram surpreender o cara, e os traficantes no dia seguinte vieram tomar satisfação com a direção da escola. "Que é isso? Deixou a polícia entrar? Nós não entramos. Nós respeitamos a escola. Como que vocês deixam a polícia entrar?" O chefe reclamou com a direção e a diretora disse: "Como posso impedir a polícia de entrar na escola? Nós não estávamos aqui!" A polícia entrou na escola para fazer a emboscada sabendo que não estava sendo usada, e a direção ainda teve de dar explicações ao chefe do tráfico. Que situação! Difícil, a direção sendo pressionada pela Coordenadoria Regional de Educação, pelo Sindicato dos Professores e até pelo tráfico!

Pergunta: Pelo que sabemos, uma vez a polícia colocou vários professores dentro de uma sala junto com bandidos. Como foi isso?
Fernando: Não foi na minha escola, foi em outra. Durante a megaoperação, policiais colocaram todas as professoras e professores numa sala e depois trouxeram vários bandidos algemados e ameaçaram matar todos. Na minha escola tivemos ocasiões muito constrangedoras também durante a megaoperação. Faziam as mães colocarem as mãos na cabeça e se encostarem à parede para revista; quando saíam da escola, humilhavam, chamavam de piranha, de "mulher de bandido". Nas revistas foram muito brutos, não há distinção, tratam todos os moradores da comunidade como se fossem bandidos.

Pergunta: Gostaria de saber como é a vida das pessoas nessas comunidades. Ficam escondidas?
Fernando: Não, não ficam escondidas. Acabou o tiroteio e está todo mundo na rua, tomando sua cervejinha, indo fazer compras no supermercado, saindo para trabalhar. Circulando normalmente. As pessoas acham que têm de continuar a viver normalmente, moram na comunidade há muito mais tempo que o período de invasão policial e de conflito com bandidos. São avós, pais, muitas crianças. Têm de continuar vivendo de alguma maneira. Fogem na hora do tiroteio, se organizam para que alguns venham buscar as crianças em grupo, e depois do tiroteio saem novamente para fazer as coisas que são normais e necessárias no dia a dia.

Pergunta: Durante o tiroteio, o que fazem?
Fernando: Se escondem onde dá. Quando perguntei para os alunos: "o que é que a escola pode fazer?", achei triste a resposta. Quando, por exemplo, tem um problema grande como uma enchente, todos vêm para a escola. É um prédio público que acham que pertence à comunidade, mas com as invasões policiais e os tiros as crianças dizem que a escola não pode fazer nada. Quer dizer, perderam a escola que é importante para elas. Eu me pergunto, como é que nós criamos uma imagem dessas? Não há nada a fazer, o Estado entrou para dar tiro e não tem nada que fazer. Muito triste.

Pergunta: A comunidade se organiza? Tem reação?
Fernando: Organização, manifestação, como estamos acostumados, só na época do assassinato do jornalista Tim Lopes, porque veio muita gente de fora organizar. Em geral, as pessoas se escondem e têm outra maneira de ver a organização. Por

exemplo, se ajudam muito uns aos outros, é uma coisa muito comunitária, principalmente com as crianças, e para levar e trazer as crianças da escola. Como falei, quando tem tiroteio, se sabem antes, eles se organizam para que um grupo vá buscar as crianças dos vizinhos que podem estar trabalhando e as escondem até que os pais possam voltar para casa. Às vezes não podem voltar para a casa se tem tiroteio até o dia seguinte da ocupação pelos policiais e as crianças ficam com parentes, com vizinhos, com amigos. Também se organizam para fazer compras de comida uns para os outros. Durante a megaoperação, houve uma época em que as pessoas não podiam sair para comprar comida, e os que podiam compravam para vizinhos e vice-versa.

Eles sabem que não adianta fazer manifestação. Sabem que não têm voz, então se organizam de maneira silenciosa. Se tem feridos, vão sempre em grupo procurar nos hospitais, no Instituto Médico Legal. Mas sabem que é o Estado que faz isso, de que adianta fazer protesto se ninguém lhes dá atenção? Só quando foi um jornalista famoso, aí teve muita repercussão lá fora e na imprensa. Se são pessoas da comunidade, não adianta fazer nada.

Mas vemos a organização deles quando tem tiroteio. Quando isso acontece, e depois dá uma parada pequena, chegam pais e mães que não sabemos de onde brotam. Pegam o filho deles, dos vizinhos, de parentes, e daí a pouco, quando vemos, a escola está vazia. Às vezes somos pegos de surpresa com o tiroteio, mas muitas pessoas já estão sabendo e a corrente que fazem é rápida para retirar as crianças do perigo. A organização dos moradores é impressionante. É a sobrevivência, chegam à escola de todos os lados e já vão dizendo: "tem tiro lá na Grota, lá na Fazendinha, lá para o lado da Vila Cruzeiro. O Caveirão entrou e está dando a volta não sei onde". Eles sabem, circula a notícia rapidinho, e aparecem para pegar as crianças. A comunidade avisa os professores, às vezes um aluno me fala onde vai ter tiroteio e quando desço para falar, a direção da escola já sabe, já foi avisada e já está organizando a retirada das crianças. Eles têm uma organização muito grande, e a direção não libera as crianças para qualquer um. Todo mundo se conhece e tem um esquema para as emergências quando tem conflito e tiroteio com a polícia. Muita da importância que tem a escola passa pela direção, pela relação que tem com a comunidade. A diretora tem um trânsito com as pessoas da comunidade, tem uma relação de respeito com os alunos, tem uma imagem impressionante. Poucas vezes vi isso como professor.

Ilustração de uma criança retrata, em uma visão panorâmica, o conflito entre a polícia ("P") e os bandidos ("B") na favela. À esquerda da imagem, é possível identificar uma metralhadora alvejando o helicóptero policial; ao fundo, a escola.

Pergunta: Tem uma boa merendeira!
Fernando: Tem essas coisas. Muito importante para a imagem da escola. As crianças têm de vir arrumadinhas, limpinhas, com o cabelo arrumado e a roupa bem lavada e passada. A diretora diz que é importante para a autoestima das crianças, especialmente em uma situação tão difícil de violência, e a comunidade apoia e se esforça muito.
E quando tem teatro no final de semana, a escola se enche de pais e mães, fica muito bonito, todo mundo contente, vendo os filhos no teatro, rindo, batendo palmas. O teatro também é muito importante, e às vezes eles mesmos escrevem as histórias sobre a sua vida. O teatro acabou virando um teatro mesmo, conhecido como "O Teatro da Laje", profissional, com muitos ex-alunos. O nome é legal. Porque a laje é muito importante na vida da comunidade. Lá se namora, se toma banho de sol, se faz churrasco, se faz festa. Quando vai "virar a laje", todo mundo sabe que vai ter festa, no mínimo uma rabada. É impressionante como tudo acontece na laje.
Uma das primeiras peças de teatro foi uma releitura de *Romeu e Julieta*, de Shakespeare, *Monteques, Capuletos e Nós*. Foi uma adaptação de *Romeu e Julieta* para a favela, a partir das brigas entre facções do tráfico. Deu muito o que falar na comunidade, vieram atores e gente conhecida do teatro e da televisão, fizeram palestras para os alunos, ajudaram a montar a peça, e a organizaram no refeitório da escola, tiraram todas as mesas para ter espaço físico, armaram um palco, e depois cobraram um real de entrada e toda a comunidade veio.
Foi importante para os alunos ganhar dinheiro e se sentir profissionais. Foi o começo para o grupo ficar forte e acabou sendo um caminho profissional para muitos alunos. O grupo se descolou da escola, está para além da comunidade, mas é importante para outros alunos que seguem e formam outros

grupos de teatro. Eles voltam para ajudar a formar outros grupos na escola. Agora que são famosos, voltam. Fazem oficina de teatro para os alunos, ajudam muitos a fazerem testes na companhia deles e em outras, até no Teatro Municipal. Eles ajudam outros alunos a escreverem peças. Temos ex-alunos que estão para fazer o vestibular para poderem ser escritores. O grupo de teatro está sempre ligado à comunidade e à escola. Eles abraçam a comunidade e a comunidade os abraça.

Uma mãe do Complexo do Alemão: uma conversa entre Maria Helena Moreira Alves e José Valentin Palacios
12 de junho de 2008

Essa entrevista com uma mãe do Complexo do Alemão foi feita sob a garantia de manter o seu anonimato. A mãe concordou em participar somente depois que amigos explicaram para ela os propósitos do nosso livro e falaram sobre a importância de pessoas de fora de sua comunidade conhecerem depoimentos como o dela. Ela se identificou como uma moradora comum e nos contou como viveu, com seu marido e quatro filhos, as invasões da Polícia Militar e do Bope em sua comunidade em 2007 e 2008.

Mãe: Eu moro lá desde pequena. Tenho três filhos e meu marido sempre trabalhou. Também trabalhava, mas desde que aumentou a violência tive de parar, porque tenho de ficar com meus filhos, um de 6, outro de 8, uma de 9 e uma adolescente. A gente vive aí porque não tem poder aquisitivo para viver em um lugar melhor. Pelo menos, com o esforço de anos, a casinha é nossa, é ao lado da casa de minha sogra. Minha cunhada também mora perto e todo mundo ali é muito amigo, todos se ajudam. Temos vontade de nos mudar por causa das coisas que estão acontecendo, mas a gente vai para onde? Não temos lugar para ir, a casa é nossa e não podemos largar tudo... e ir para onde?

Eu fui aluna da escola onde estão meus filhos, só que no meu tempo não era como é hoje. Quando era pequena, ia sozinha para a escola, agora não, tenho uma filha de 12 anos e tenho de levar e buscar. É muito perigoso.

Maria Helena: Quando você era pequena não tinha tanto tiroteio?
Mãe: Tiroteio, não. Problema de droga, de traficante tinha, mas era assim, a autoridade não olhava para isso, não se dava conta do que ali existia. De vez em quando aparecia um morto. Hoje não, [a polícia] mata e a polícia mesmo carrega o morto. Antigamente a polícia vinha, matava muitos e deixava os corpos todos lá. Mas não tinha bandido armado. Não tinha o confronto que tem hoje.

Maria Helena: Menos tráfico ou menos polícia?
Mãe: Menos tráfico, e eles respeitavam os moradores. Hoje não há respeito. É na frente de todo mundo, bandido passeando com armas, vendendo drogas na frente de todo mundo. Antes não tinha isso, a polícia entrava e sabia quem tinha que matar. Chegava já sabendo quem eram os bandidos, hoje não tem mais esse respeito de ambos os lados, nem dos bandidos, nem da polícia. Lá dentro, para a polícia todo mundo é traficante. Não tem mais a distinção, não. Todo mundo para eles é bandido.

Maria Helena: Vocês estão na linha de fogo?
Mãe: É, moro num beco. No lado onde moramos não tem rua, só tem becos. É assim, tem as casas de um lado, depois um buraco no meio para passar só uma pessoa, e de lá de cima eles dão tiro na polícia. Bloquearam o beco, fizeram um buraco

grande, com um bloco de concreto de um lado, outro bloco de concreto de outro, e só um espaço pequeno para podermos passar ao lado. A primeira casa da esquina é a da minha sogra e a outra é a minha, subindo a ladeira há muitas casas e muitas crianças. Eles ficam no buraco dando tiro quando a polícia sobe o morro. Eu moro no miolo.

Maria Helena: O Caveirão sobe e eles mandam tiros?
Mãe: Não, lá é muito pequeno, não sobe Caveirão. A polícia sobe a pé.

Maria Helena: Eles atiram na polícia e vice-versa. Um tiroteio?
Mãe: Claro, eles se escondem no buraco.

Maria Helena: O que você faz durante o tiroteio?
Mãe: Eu me escondo. Vamos para os fundos da casa e nos escondemos. É mais protegido, ficamos no chão, juntos, no canto, no chão, atrás das paredes.

Maria Helena: E se você estiver na rua, o que faz?
Mãe: Deus me ajuda porque nunca me pegou assim na rua, não. Mas também é porque não tenho mais uma vida normal. Antes saía na rua e não tinha medo. Agora tenho e só saio para levar as crianças para a escola e comprar comida. Às vezes, minha filha diz: "Mamãe, vamos ali na feirinha?". Eu digo, "Vamos fazer o que na feirinha dia de sábado?", porque aí está o perigo, de repente tem tiroteio na feirinha e os Caveirões invadem.

Pergunta: Os Caveirões invadiram a feirinha em um sábado?
Mãe: Invadiram a feirinha com todo mundo da comunidade lá. Muitas mães e crianças. Não têm respeito, não, eles mandam bala. Não se incomodam, não.

Criança desenha conflito na favela: a paz entre um policial e um bandido mortos.

Maria Helena: Se não podem ir à feirinha, fazem compras onde?
Mãe: A feirinha de que falamos é um lugar onde vendem roupas, sapatos, artigos assim. Sempre vamos aos sábados porque tem coisas bonitinhas, e é mais barato. Já para o mercado para

comprar comida só podemos ir quando está tudo bem. Ligamos e perguntamos: "Está bom? Está tranquilo?". E aí vamos fazer compras correndo, vai todo mundo para o mercado. Agora, quando a polícia invadiu, cercou e começou o confronto, ficamos sem comida. Sem nada de comida, não tinha como sair de casa, principalmente no tempo mais bravo do tiroteio. Foram quatro dias de terror. Meu marido ficou três dias sem sair de casa, sem poder ir ao trabalho, e eu, com quatro crianças, escondida nos fundos, sem poder sair de casa.

Maria Helena: Sem comida e água?
Mãe: Sem água, não, porque tinha da bica. Só em alguns lugares cortaram a água. Mas estávamos sem comida porque não podíamos sair de casa.

Maria Helena: Quando foi isso?
Mãe: Foi em maio (2007), quando começou a operação. Ficamos encurralados. Ficamos presos nos fundos da casa, no chão, mais de quatro dias inteiros, e depois pelo menos uma vez por dia. Depois veio abril de 2008, que foi muito duro também, mataram muitas pessoas. Ficamos encurralados no meio dos tiros. Meu marido ligava para gente que mora lá embaixo. "Dá para sair?" Quando não dava, não dava, e ele perdia o dia de trabalho. E quando saía para o trabalho, depois, quando chegava, ligava de novo antes de subir: "Como é que está aí? Dá para voltar para casa?". Todo dia, toda hora, ele liga e vem sempre ligando, e com o "radinho" de pilha do lado. Às vezes sabemos antes, porque ele vai subindo e vai ligando para nos informar onde está a polícia, para nos preparar e esconder as crianças. Ele agora sempre liga e fica com o rádio, porque se não dá para subir para a casa, tem de dormir no trabalho ou mesmo na rua. Tem muito trabalhador daqui que dorme a semana inteira nas ruas no Rio.

Maria Helena: O que você fez com as quatro crianças, quatro dias sem comida, com todo esse medo? Eu sou mãe e não consigo imaginar como é viver assim.
Mãe: Vai comendo o que tem até acabar. Não se pode nem pensar bem, tentávamos ir à casa dos vizinhos para juntar a comida que todo mundo tinha, mas às vezes nem isso dava para fazer. Já falei com a minha sogra para abrirmos uma porta da casa dela para a nossa. O pior que já passei foi uma vez que teve um tiroteio muito forte e estava com meu filho de 6 anos. O meu outro filho estava na escola, e quando consegui chegar lá, ele estava parecendo um bicho acuado. Estava abaixado debaixo de uma mesa do refeitório, com um banco de concreto. Estava ali, tremendo todo, entre a mesa e o banco, parecia um bichinho. Eu comecei a chorar porque estava vendo meu filho ali... Um bichinho tremendo de medo, e as minhas outras crianças maiores lá em cima chorando, uma se escondeu dentro do armário do professor. A professora chegou para mim e falou assim: "Mãezinha, mãezinha, calma", mas se eu não desse força pra meus filhos ali, quem ia dar? Tinha um helicóptero disparando, eu tive que tirar a força não sei de onde. Engoli, respirei muito fundo para poder ser forte. O pequenininho, tadinho, não sabia o que estava acontecendo, não tinha noção do que era aquilo tudo. Ficou ali porque a professora o mandou ficar ali, estava com muito medo com os tiros todos e o helicóptero.
A minha filha de 9 anos teve que ficar no hospital sob observação. Ela teve um ataque cardíaco, teve esse problema cardíaco de medo, agora ela faz exames e não tem nada. A médica me falou, "Quando acontecer isso, traga a menina imediatamente para o hospital". Minha outra filha, a mais velha, que está em outra escola já cursando o [ensino] médio, passou pior. A sala dela, onde eles estavam todos estudando, foi atingida. Foram tantos os tiros que as balas bateram nas paredes da sala e os

estilhaços feriram crianças. Um pedaço bateu na orelha dela, e também teve de ir para o hospital. Ela tem pânico agora. Uma coisa terrível. Basta lhe contar que o Caveirão chegou à escola, arrombou o portão, tanto o portão do pátio quanto o portão mais de dentro da escola. Invadiram a escola, arrebentaram salas, arrebentaram portas, com metralhadoras na mão. Quebraram as portas das salas de aulas onde estavam as crianças, quebraram os computadores. Subiram nas mesas e tiraram os telhados para poderem dar tiro de cima do telhado da escola.

Maria Helena: A Polícia Militar ou a Força Nacional de Segurança Pública?
Mãe: Foi o Bope. O Bope faz coisas horríveis. No lugar onde moro eles arrombam as casas, botam abaixo as portas e vão entrando. Se tiver homem lá dentro, matam. Graças a Deus, nunca pegaram meu marido dentro de casa, porque se pegarem homem dentro de casa, matam. Não querem nem saber quem é. Matam direto. Mulher e criança, eles batem, eles xingam, eles falam palavrões, e às vezes violam e matam. Não têm respeito nenhum. Houve um caso com uma amiga minha. Ela estava com uma blusa preta e eles arrancaram a blusa dela e bateram muito nela. Disseram que não pode usar preto porque preto é deles. Só deles. Deixaram a mulher só de sutiã. Ela ficou calada. Quero ver se vierem aqui, eu vou usar uma blusa preta e não vou ficar calada, porque acho um absurdo, o maior abuso! Agora nós temos que ter roupa da cor que eles querem para poder usar! Dentro de nossa própria casa!

Maria Helena: Está brincando!
Mãe: Não estou brincando. É verdade. A minha mãe veio uma vez me visitar, de Minas [Gerais]. Mas só que ela não sabe como é no Rio. Foi abrir o portão e eles entraram. Eu falei

para ela: "Não abre o portão, fica quieta pra que não pensem que tem alguém em casa. Mas, se eles mandarem cozinhar, a senhora cozinha, não enfrenta eles, porque eles batem até nas velhinhas". Eles entram, comem tudo, sujam tudo, usam o banheiro, deixam tudo sujo. Mas na minha casa não entraram não, entraram em outras de vizinhos. Deus nos tem protegido muito, mas muito mesmo. Eu rezo muito e na minha casa ainda não entraram, mas já entraram em casa de muita gente que eu conheço.

Eu já falei para minha sogra que ela vai ter de blindar as paredes da casa dela. Tem tiro para todos os lados. A casa dela não está resistindo. Outro dia caiu uma granada, uma granada dos bandidos e uma bomba de gás da polícia. A nossa sorte foi que a porta estava fechada. Eu estava com a minha filha mais velha dentro da casa quando escutei: "olha, qualquer coisa a gente mete o pé nesse portão". Eu fiquei apavorada de que fossem arrombar e entrar na minha casa. Aí fechei tudo rapidamente, e fui me esconder lá nos fundos. Aí começaram os tiros, foi muita, muita bala. Depois escutei assim "Bum!" no portão, bateu no muro, e escutei "zzzzzzzzz". Falei "caiu uma bomba aqui". Só que não explodiu, e eu não sabia que tipo de bomba, não é? No final de semana, quando meu marido foi limpar o quintal ele achou. Foi sorte, era de gás. A outra não caiu dentro do meu quarto porque tem uma tela. Caiu debaixo da escada que vai para a laje. Ia cair dentro do meu quarto.

Maria Helena: Os dois jogam bombas?
Mãe: Jogam sim. Uma vez a diretora estava com medo durante um tiroteio na escola, e ela pediu que eu fosse buscar a minha filha. Eu falei para ela: "Não tem condição. Não dá para sair de casa". E ela falou: "Então vamos esperar mais um pouco".

Depois, me ligou de novo dizendo que estava difícil na escola, e tive de responder novamente: "Não tenho condições de sair". Foi um desespero, porque ali na minha esquina, a polícia fica escondida de um lado e os bandidos ficam de outro. Quem aparece leva bala. Sair de casa é morrer. Se eu sair por trás também tem polícia e podemos morrer de um jeito ou de outro ali.

Maria Helena: Como é que faz para ir buscar sua filha na escola?
Mãe: Quando está calmo, não tem problema. Nós vamos tranquilos. Mas deu tiro, e eu já falei para ela: "Não tem como". Como é que a gente faz? Se de um lado estiver dando tiro, as pessoas daquele lado não podem sair, e não podem buscar os filhos na escola. Mas se do outro lado não estiver dando tiro, então as pessoas correm e vão buscar as crianças, e pegam as crianças que moram onde está tendo tiro também. Às vezes minha filha fica com vizinhos muitas horas, até melhorar a coisa para o nosso lado.

Maria Helena: Então são os próprios moradores que se ajudam nessas emergências? Às vezes a sua filha está no colégio e não pode voltar para casa?
Mãe: Às vezes os tiros são de todos os lados e ela não pode voltar para casa. Tem de ficar escondida na escola, mesmo que também tenha tiro dentro da escola, porque se sai na rua, morre. Não querem nem saber se é criança ou não. Apareceu na rua, leva bala. Dos dois lados, da polícia e dos bandidos. Às vezes eu vou buscar e quando chego na escola começa o tiroteio. E aí não podemos sair da escola também, fica cheia de mães, de professores, de crianças gritando.

Maria Helena: Escondidos na escola. Já lhe aconteceu isso? Até acabar o tiroteio?
Mãe: Já, várias vezes. Quando vemos que acalmou um pouco, corremos, mesmo correndo risco com a filha, até chegar em casa. Até porque tenho o problema que três de meus filhos estudam em uma escola, de ensino fundamental, e a mais velha já estuda em outra, de ensino médio. Então tenho de correr risco para buscar os quatro. E você vê como é difícil. São escolas separadas. Eles estudam de manhã e ela estuda à tarde, passamos o dia nesse nervosismo cada vez que tenho de ir buscar em uma escola ou outra. Será que vai ter tiroteio? O que vou fazer com as crianças? Se deixo os pequenos em casa para buscar minha mais velha, fico apavorada com a ideia de que vai ter tiroteio na minha casa, e eles lá sozinhos. Se os levo comigo, corro o risco de tiroteio na rua e eu com três crianças pequenas.

Maria Helena: Eu conheço mães na Maré que fizeram um escudo de alumínio, assim bem grande, para três ou quatro pessoas. Elas vão com os filhos atrás do escudo, contra as paredes, para se proteger dos tiros. Vocês já fizeram isso aqui?
Mãe: Aqui não adianta, é pior do que na Maré porque são tiros de fuzil. Passa por tudo, até paredes. Só não passa por cimento, concreto, mas mesmo assim às vezes passa. Que adianta um alumínio? Pensamos em fazer isso porque as mães nos contaram que na Maré faziam isso. Mas é muito fininho. Temos mesmo de rezar para que fique calmo quando estamos na rua com as crianças. O pior aqui é que o tiroteio é de dois lados. Às vezes de manhã, na hora de levar as crianças para a escola, chegamos e vemos os pedaços de parede, de madeira, do chão, estilhaços de tiros por todos os lados. Aí nem dá para levar as crianças para a escola. Fica todo mundo em casa, escondido, no chão, nos fundos da casa. Até acalmar um pouco.

Maria Helena: Você me contou que quando era criança ia para a escola sozinha. A violência é nova?
Mãe: Antes também tinha violência. Tinha bastante também. Não quando eu era criança, mas de tempos para cá. A polícia agora usa a escola como escudo. Eu acho um absurdo que um poder que tem que nos proteger entre arrombando a escola, quebre coisas, e até roube equipamentos. Quando, na verdade, eles falam tão mal dos bandidos, mas eles nunca entraram na escola. Isso se tem de dizer que é verdade. Nunca fizeram isso. Muito pelo contrário. A lei que eles têm é de que ninguém pode mexer na escola. A escola tem computador, tem muita coisa de valor. E esta de que estou falando fica no miolo, dentro mesmo, e nunca roubaram a escola. Agora, chega a polícia, a Polícia Militar, e faz tudo isso. O Caveirão fica parado na porta da escola, em muitas escolas. O Caveirão entrou lá, arrombando os dois portões e dando tiro para todos os lados de lá de dentro mesmo. Ficou a marca dele nas paredes. Na escola dos meus filhos o Caveirão fica na porta. Eu fico apavorada porque fica dando tiro no portão e já sabemos que na outra escola ele arrombou e entrou, temos muito medo do Caveirão. Nós já chamamos a Secretaria de Educação e nada foi feito.

Maria Helena: Esta é uma escola pública?
Mãe: A escola é da Prefeitura do Rio de Janeiro, mas nunca ajudaram em nada. Ligamos, pedimos socorro à Secretaria de Educação, mas nunca nada foi feito. Nós estamos entregues, "ao deus-dará".

Maria Helena: Você só sai quando não tem jeito e quando pode? Sai correndo, vai comprar comida e volta para casa?
Mãe: Não, o passeio acabou. Meu marido até, na sexta-feira, tinha falado para descer que ele queria levar as crianças a um

cinema. Mas quando chegou a tarde, teve de vir correndo para a casa porque o Caveirão chegou e foi muita bala. Muita bala mesmo. Ele apenas conseguiu subir a tempo para ficar comigo e as crianças. Não sei como chegou em casa! Veio correndo, porque foi muita bala. É uma ladeira grande, e subiu aquilo correndo. Nós não temos mais direito de andar, de ir e vir, porque não tem mais direito não, não tem mais nada, a qualquer momento tem tiroteio, tem Caveirão, tem confronto. O pior é que a Polícia Militar, o Bope, pressionam os moradores, com armas na mão, ameaçando se não disserem quem é quem, onde estão escondidos, onde tem ponto de fumo, onde tem armas.

Maria Helena: Eles obrigam as pessoas, na ponta da arma, a denunciarem? Isso coloca as pessoas em perigo.
Mãe: Pois é, a gente vai fazer o quê? Se ameaçam matar se não contamos nada e os outros ameaçam matar se contamos?

Maria Helena: Que absurdo. Eles não fazem o seu trabalho de inteligência e querem que o povo faça para eles.
Mãe: Eles falam assim: "Encosta aí na parede. Vocês sabem onde é que fica. Sabemos que vocês sabem, não querem é falar. Vamos arrancar isso de vocês".

Maria Helena: Já houve casos de tortura?
Mãe: Sim, tem uma professora, que era muito a favor da invasão do Bope, mas mudou de ideia quando viu um grupo de moradores, muitos que eram pais de alunos dela, que foram espancados e torturados na praça, para todo mundo da comunidade ver. Para que ficassem com medo e contassem o que sabiam. Mas as pessoas têm medo de contar porque também

os outros ameaçam. E os dois lados, a Polícia Militar e os bandidos, ameaçam levar para o micro-ondas.[4]

Maria Helena: Claro, todos têm medo.

Mãe: Outro dia eu estava subindo com as minhas três crianças pequenas, tinha um grupo de policiais ali na barricada, e vieram falar com as crianças. Um deles brincou com o pequenininho, falou com ele, comigo também. Eu fiquei com medo, porque a gente é proibida de falar com eles. E depois, como fica se me veem falando com eles e como ficam meus filhos? Quem vai cuidar da nossa segurança? Eles são os primeiros a denunciar moradores para os bandidos, porque tem muita conivência. Esse é o problema, tem muita conivência.

[Por exemplo] quando tem baile funk, aí eles não aparecem. Tem o confronto de manhã, mas é para forçar os bandidos a darem o dinheiro para poder ter o baile. Todo mundo sabe disso. Não tem baile se não tiver o dinheiro deles. Eles recebem o dinheiro deles, dão uns tiros para dizer que teve operação e vão embora, com Caveirão e tudo, e ainda saem "dando boa-noite".

Maria Helena: E a Associação de Moradores, o que faz?

Mãe [rindo]: A Associação de Moradores? É conivente. Eles não podem, está entendendo? Não tem mais eleição. Tem algumas comunidades que sim, que, tem eleição e uma Associação de Moradores que representa as pessoas. Mas em outras, como aqui, já não tem mais eleição. Tem uma pessoa escolhida, que fica ali vários anos.

---

4 Referência ao modo pelo qual vítimas são carbonizadas no Rio de Janeiro – sendo presas no interior de uma pilha de pneus em chamas –, com o objetivo de dificultar a identificação dos corpos.

Maria Helena: E a pessoa que fica ali é a mando do tráfico ou da polícia ou dos dois?

Mãe: É uma pessoa da comunidade em que os dois mandam, sabendo que fica ali, que não vai causar nenhum problema, que não vai os impedir de fazer nada. Está lá enquanto querem, só para dizer que tem Associação de Moradores.

Maria Helena: A Associação de Moradores organiza algum curso?

Mãe: É, agora a Associação de Moradores está fazendo um projeto do Estado. É um projeto muito bom. Mas só para distrair as crianças. Tem curso de natação, de judô, de capoeira. Tem curso para reforçar as aulas. Mas o que a comunidade quer não tem, um curso profissionalizante, não tem um curso que ajude a encontrar trabalho para os jovens, nem cursos que possam tirar os jovens do tráfico. Não tem um programa de emprego especialmente para os jovens. E é isso que ajudaria a resolver o problema do crime. Eles têm a visão de que o importante é distrair as crianças. Mas não tem um telecurso, não tem supletivo, não tem preparação para emprego.

Maria Helena: Tem posto de saúde na comunidade?

Mãe: Na nossa comunidade, não. É fora. Eu pensei que com a vinda do PAC eles fossem colocar um posto de saúde ou uma escola técnica. Mas não tem nada.

Maria Helena: Que está tendo com o PAC no Complexo do Alemão? Só o teleférico, ou está chegando o posto de saúde?

Mãe: Eu acho um absurdo esse teleférico. Eu e muita gente da comunidade achamos um absurdo. Um dinheiro jogado fora. O pobre não precisa de um teleférico. Ele quer saúde, quer uma educação melhor, quer ter o direito de um curso profissionalizante para seu filho. Outras oportunidades e experiências para nossos filhos, porque como pai e mãe temos medo de que os nossos filhos comecem a achar que aquilo tudo é normal, que a violência, o que vivemos todos os dias, é normal. Eu peguei meus dois filhos menores e falei: "Se você entrar na droga, não tem jeito. O bandido te mata. A polícia te mata. A própria droga te mata. Você morre também se for preso, porque te matam porque você é fraco. Então não use droga, isso não é normal". Eu tenho muito medo. Muitos pais também passam a ter medo de os filhos acharem isso normal, as crianças passarem a achar que o bandido é o mocinho, porque ele é quem manda, que tem roupa bonita, que tem as meninas mais bonitas. Está entendendo?

Esperávamos que o PAC fosse enfrentar essas coisas, com muitos cursos profissionalizantes, escolas, apoio social para as crianças, abrir caminho com as empresas para que as crianças conhecessem outras experiências. Para que serve tanto dinheiro em um teleférico, se as crianças crescem sem nunca sair disso? Se as empresas e o governo estivessem usando o PAC para dar outra experiência aos jovens, e outras oportunidades de estudo, de trabalho, com o dinheiro que estão usando no teleférico, seria muito melhor para a comunidade e poderia ajudar muito mais a combater isso aí. As crianças não podem crescer achando que existe só o bandido e o policial, e tiros.

Maria Helena: Você acha que eles suspendem o tiroteio de propósito para deixar as pessoas voltarem para suas casas?
Mãe: Eu acho que sim. Dá uma parada porque tem muito morador que tem de subir depois do trabalho.

Maria Helena: Tem horário agora?
Mãe: Não tem horário certo, mas às vezes param para que não tenha tanta confusão lá embaixo, na avenida, com tanta

gente parada, esperando para poder voltar para casa. Mas tem muitas vezes que os moradores ficam muito tempo esperando, ligando pelo celular para a família, para saber como está a coisa perto da casa deles e por onde eles podem subir. Também tem momentos em que a polícia não deixa nem descer e nem subir. Muitos moradores acabam tendo de dormir na rua. Dormem na rua, às vezes muitos dias seguidos. Você pode ver debaixo das pontes quantas pessoas dormem no chão, mas estão com seus uniformes de trabalho penduradinhos para não estragar. São moradores que não podem voltar para casa por causa do confronto e têm medo de perder o trabalho se sobem e depois no dia seguinte não podem descer.

Maria Helena: A megaoperação começou com as duas forças – a Polícia Militar e a Força Nacional de Segurança Pública, certo? A Força Nacional de Segurança Pública ficou quanto tempo na comunidade?
Mãe: A Força Nacional de Segurança Pública nunca entrou. Ela ficou somente no entorno, cercando. Lá dentro somente o Bope. A Polícia Militar tinha um posto lá em cima que não tem mais. Eles invadiram uma casa lá em cima, colocaram a bandeira preta do Bope. A família teve de sair correndo, largou tudo. O Bope botou a polícia para correr também. Não tem mais o posto em cima porque o Bope tirou a polícia de lá.

Maria Helena: Não entendi. O Bope tirou a Polícia Militar de lá?
Mãe: É, o Bope tirou a Polícia Militar.

Maria Helena: Está tendo rivalidade entre o Bope e a Polícia Militar?
Mãe: Claro. Eles dizem que a PM é corrupta e que eles não são e têm de tomar o pedaço.

Maria Helena: E agora, como é que está? Você pode sair? Pode levar seus filhos para o colégio tranquilamente?
Mãe: Agora está calmo. Mas é nessa calmaria que a gente acha que tem mais perigo, porque a qualquer hora pode começar de novo e aí pode pegar todo mundo na rua. Porque quando está tendo o confronto, já sabemos como nos organizar, assim, entre todos na comunidade, temos um respaldo com os vizinhos, já tem aquele cuidado. Agora não, agora é de surpresa. Estão mais escondidos. No meu setor eu já perdi a conta de quantos já morreram. No meu portão mesmo já jogaram corpos muitas vezes, a ponto de eu ter de chegar e pular por cima com as crianças, porque ficam bem na frente do meu portão de casa.

Maria Helena: Jovens ou adultos?
Mãe: Jovens, todos jovens. O último que morreu tinha 14 anos.

Maria Helena: São todos negros?
Mãe: Não tem cor. Eles matam todos. Esse que morreu estava mesmo trocando tiros com a polícia. É garoto que se mete com o tráfico, como soldado. Alguns têm só 10 anos. Eu falo muito com eles. Se se meterem vão morrer ou com tiro da polícia ou mesmo com os bandidos entre eles que brigam muito. Mas sabe por que tenho medo dessa calmaria? Um dia estava dentro de minha casa com meu filho menor. O portão estava com um cadeado, mas não estava fechado. Eu estava dentro da casa encadernando os livros de escola dele, e de repente começou o tiroteio, com tiros entrando na minha casa. Eu corri para os fundos e peguei minha sobrinha de 5 anos que estava aqui comigo, botei todo mundo escondido nos fundos e coloquei uma mesa em cima. Aí ouvi uns gritos que tinham matado um, e um policial gritou: "Pega ele que temos de tirá-lo daqui"

e arrastaram na frente de todo mundo até o Caveirão, que fica lá embaixo porque não pode subir aqui. Fui com cuidado para fechar a porta da sala e o cadeado do portão. Quando fui chegando, vi que ele entrava, o que chamam de "Matador", um homem imenso, imenso. Estava no meu portão e queria pular na escada. Aí eu parei e fiquei mole. Ele parou, olhou para mim, olhou toda a minha casa, e foi embora.

Maria Helena: Esse que é conhecido como o "Matador" é do Bope?
Mãe: É sim. Ele voltou outro dia, no outro beco, e pegou os moradores e meteu todos contra a parede, e disse: "Isso aqui é um esconderijo. Vocês sabem onde estão escondidos. Fala!". O morador ficou lá, em pânico, e disse: "Senhor, eu não sei de esconderijo aqui não", e [o Matador] bateu nele e disse: "Não, tem sim!". Chegou outro policial que falou: "Tem, sim. Quantas pessoas moram aqui?". O meu vizinho falou: "Moro eu, meu irmão, minha irmã, minha mãe, minha cunhada". O oficial disse: "Mas o que vocês têm escondido aqui?". "Não tem nada, tem nosso armário, roupas, as coisas da casa." Aí veio o outro e disse: "Vamos embora para o outro lado". E o "Matador" disse: "Eu brinquei com ele, com aquele ali que matei no chão".

Maria Helena: Como se fosse um bichinho. Um gato brincando de matar um ratinho. Eles também arrastaram esse para dentro do Caveirão?
Mãe: Arrastaram. Quando dá no jornal que foram quatro mortos, nunca são quatro. Eles nunca dizem. Porque uns somem. Quando dizem que foram quatro, na verdade foram cinco ou seis. Quando teve aquela operação que a diretora pediu para fechar o Ciep, lá dentro [da escola] havia dois corpos. Falavam para a imprensa que eram quatro mortos, mas não contaram com os dois corpos dentro do Ciep e mais dois perto. Fica

Desenho de uma criança ilustrando o "Matador".

como quatro que enfrentaram a polícia com tiros, os outros somem. E, se pegarem vivos, não levam vivos, matam. Eles [a polícia] têm um punhal, que metem na barriga, assim, embaixo, e botam para fora tudo. Tiram tudo de dentro.

José Valentin: É igual na Operação Condor.⁵ Porque sem as vísceras o corpo pode afundar, não volta para a superfície. Por isso que some. Igual lá no Chile. Pegavam um punhal, com uma curva na ponta, e cortavam para cima a barriga inteira. Depois, eles jogavam no mar.

Maria Helena: Eles abrem a barriga e extraem as vísceras? É isso que você está explicando? Esse punhal é assim como ele está falando?

Mãe: Eu posso fazer um desenho dele. Mas isso sobre jogar [o corpo] no mar, eu não sei, não posso dizer. Só sei que somem, desaparecem e nunca mais a família encontra [o corpo]. Brincam, sim, como um bicho. Eles abrem a barriga, tiram tudo para fora, e depois saem puxando [o corpo]. A faca tem uma curva na ponta assim [gesticula], saem gritando: "Sai da frente que estamos levando um". E arrastam [o corpo] pela comunidade.

José Valentin: Essa faca se chama "corvo". Foi usada muito pelos militares na Argentina e no Chile para desaparecer com os corpos; quando os corpos eram atirados ao mar assim, eles não flutuavam.

Mãe: Aqui, dentro da comunidade, nós passamos por muita coisa que as pessoas de fora nem imaginam. O Bope faz isso, e ninguém está sabendo. Ninguém! As autoridades não ligam, e não estão nem aí se a gente morre assim. Se vocês prestarem atenção, eles usam essa faca. Eles têm essa faca na cintura.

---

5 Referência à articulação estratégica entre as ditaduras militares da Argentina, Bolívia, Brasil, Chile, Paraguai e Uruguai durante a década de 1970 e início dos anos 1980. Nesse período, as forças de inteligência militar desses países, com apoio dos Estados Unidos, atuaram conjuntamente em um programa para eliminar indivíduos considerados subversivos, realizando sequestros, torturas e assassinatos. Estima-se que 50 mil pessoas foram mortas e 30 mil pessoas desapareceram no processo que tem sido chamado de "mercado comum da morte". Para obter mais detalhes sobre a história da Operação Condor, ver Dinges, *The Condor Years: How Pinochet and His Allies Brought Terrorism to Three Continents*.

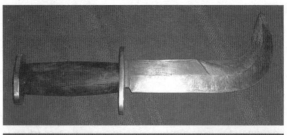

"Corvo": arma branca similar à supostamente utilizada no Rio de Janeiro.

Maria Helena: Quem usa?
Mãe: O Bope, porque o Bope, quando vem, vem para matar. A Polícia Militar, não. Quando eles vêm, quase não tem mortos. Prendem gente, pegam droga, trocam tiros, e vão embora. O Bope vem para matar.

Maria Helena: Você contou que o Bope pegou várias pessoas, mataram todos?
Mãe: Não, teve um dia que pegaram muitas pessoas e apresentaram para a imprensa. Mas eram usuários [de droga] os que eles prenderam. [O Bope] sabia, pegaram um lá no meio e mataram na frente de todo mundo. Os outros apresentaram à imprensa.

Maria Helena: Como traficantes?
Mãe: Sim, como traficantes, mas não eram. A maioria era conhecida, ficam na esquina usando droga. São consumidores, usuários, e não de arma na mão.

Maria Helena: Você nunca falou com ninguém sobre isso? Com pessoas vinculadas aos direitos humanos, com autoridades, com advogados, com a imprensa?
Mãe: Não. Ninguém vem para cá para perguntar sobre a nossa vida. Se há alguma manifestação, aí vêm os repórteres. Uma vez que falamos que estávamos sem luz, sem água, e os policiais fizeram uma operação, mas roubaram. Arrombaram uma *lan house* e roubaram os computadores. Fizeram a operação, mas roubaram. Quando estavam fazendo muita coisa e subiam para matar, veio uma repórter para entrevistar os moradores. Eles expulsaram a repórter, xingaram a moça e xingaram as mulheres que queriam falar, chamando todas de "vagabunda, mulher de bandido". Por quê? Porque não pode falar, muito menos com a imprensa. Não pode falar, lá em cima é assim. Andamos com medo, medo de falar da polícia e também dos bandidos, porque sempre tem gente olhando para ver se é X-9[6] ou não. O Bope mata quem fala deles, e o bandido mata quem é X-9 e fala com a polícia.

Maria Helena: Você poderia ir falar com o [então] deputado Raul Jungmann, que é da Comissão de Segurança Pública [da Câmara dos Deputados], ou com o Paulo Vannuchi, [então] secretário de Direitos Humanos? Você não poderia ir falar com uma autoridade competente sobre isso?

---
[6] Delator ou informante.

Mãe: Não! Se eu falar, estou morta. Falo com vocês porque sei que não vão me identificar. E minha família, como fica? Se eu falar, podem matar minha família.

Maria Helena: Haveria represálias?
Mãe: Claro. Ali é a lei do silêncio.

Gracilene Rodrigues dos Santos
15 de fevereiro de 2009

Matheus Rodrigues Carvalho, de 8 anos, foi morto na manhã de 4 de dezembro de 2008, por uma bala perdida que atingiu a sua cabeça quando saía de sua casa na Baixa do Sapateiro, uma das favelas da Maré. Sua mãe tinha lhe dado uma moeda de um real para que ele comprasse pão para o café da manhã. Caiu morto nos degraus de sua casa, com a moeda em sua mão. Sua morte foi testemunhada pela sua mãe, Gracilene Rodrigues dos Santos, e três dos seus sete irmãos. De acordo com Gracilene, que tem 33 anos, é casada e mora desde sempre na favela do Complexo da Maré, a rua estava calma e silenciosa no momento em que o tiro foi disparado. Desesperada, ela correu gritando pela rua e viu policiais fugirem.

Logo depois outro policial chegou e quis remover o corpo de Matheus antes da chegada do médico legista e dos investigadores da Polícia Civil, mas foi impedido por vizinhos e amigos da família, como Yvonne Bezerra de Mello, diretora da ONG Projeto Uerê, que trabalha na favela, e do então deputado estadual Alessandro Molon, que chegou logo após a morte de Matheus. O fotógrafo da comunidade Rosinaldo (Naldinho) Lourenço chegou e fotografou Matheus e a cena do crime a pedido do médico legista. Lourenço colocou as fotos na internet, e muita gente fez *download*. Ao mesmo tempo, a poucos quilômetros dali, o presidente Luiz Inácio Lula da Silva estava inaugurando o projeto Territórios da Paz, no Complexo do Alemão, prometendo diminuir a intervenção policial violenta nas comunidades. Matheus simboliza muitas crianças – muitas desconhecidas e desaparecidas – que morreram nessa "guerra" irracional.

Pergunta: O que aconteceu com Matheus?
Gracilene: Por volta de seis da manhã a televisão desperta pra acordar todas as crianças. Acordei todo mundo, botei todos pra tomar banho, botei as outras crianças pra escola e o Matheus me deu tchau: "Tchau mãe, um beijo, te amo". E foi pra escola. Sempre de manhã quando ele vai pra escola me dá um beijo e fala que me ama. É o único que fala isso, todo dia de manhã. Eu falei "Tchau, vai com Deus". Por volta de 7h30 ele voltou, bateu no portão, e disse que só ia ter aula às 11h30. Eu falei pra ele entrar e trocar de roupa. Ele disse que não tinha tomado café, e eu disse: "Pega um real e vai lá comprar o pão". Ele pegou um real e foi comprar o pão. Quando abriu o portão, eu escutei "pá". Pensei que era uma bombinha, porque estava na época de Natal. Aí falei: "Vou lá ver o Matheus que saiu agora pra comprar pão". Olhei e ele já estava caído no portão, cheio de sangue, isso aqui dele já caído no chão, pendurado [*Gracilene aponta para a parte de baixo do rosto*] e aquele sangue todo. Fiquei sem ação e saí pra rua gritando "Mataram o meu filho", e aí vi a polícia. Nisso, eles viram que eu saí gritando e saíram correndo. Foi aquele desespero, chamei minha mãe, veio aquele pessoal com câmera, aquele povo todo. Fiquei assim me perguntando: "Por que aconteceu isso? O que houve?". E justamente ele estava com um realzinho na mão, uma moeda; não chegou nem a largar o dinheiro, morreu com a mãozinha aberta.

Pergunta: Como a polícia agiu?
Gracilene: Os policias subiram, depois vieram mais policiais, disseram que era a polícia "mesmo" que estava aqui. Chegaram os meus parentes falando, aquele povo todo e outros policiais queriam levar o corpo. Pedi: "Não deixa tirar até a perícia chegar". Aí ficou aquele movimento, uma confusão, depois não vi mais nada, porque fiquei desmaiando o tempo todo, passei mal, fui para o hospital. Quando voltei, por volta das nove horas, o corpo dele ainda estava aqui e a polícia também. Foi tudo de manhã muito cedo, a escola do Matheus é aqui embaixo, foi só o tempo de ele voltar, dizer que não ia ter aula naquela hora, ainda sentou ali, conversou com o vizinho que está todo dia na rua e me falou que o Matheus disse que ia entrar e tomar café. Ele entrou, tirou a roupa, pegou o dinheiro pra comprar o pão – nisso não tinha nem polícia na rua, nenhum barulho, estava tudo tranquilo, os carros subindo e descendo. Algumas pessoas que moram aqui falaram que viram a polícia. Uma vizinha falou que a polícia atirou lá de baixo, perto de um barzinho que tem ali na esquina.

O tiro foi de longe, não foi de perto daqui. Quando a polícia atirou, a vizinha colheu a cápsula da bala, acho que entregou para a Yvonne [Bezerra de Mello] e ela entregou para a perícia, para o delegado. Foi isso que aconteceu. Foi aquele desespero total aqui na rua. O pessoal correndo, gritando, chorando. Antes do povo chegar, eu tinha colocado a mão no coraçãozinho dele: "Matheus, acorda, fala com a mãe". E não senti ele respirar, nada. Vi que ele já estava morto, morreu com o olhinho aberto. Caíram os dentes todos dele. Tinha 8 anos, ia completar 9 no dia 12 de setembro.

Pergunta: Você sabe o que aconteceu durante o tempo em que ficou no hospital? Quem ficou aqui cuidando da situação?
Gracilene: Ficou a Yvonne, o pessoal do meu trabalho, o deputado [Alessandro] Molon. Tinha muita gente, não tenho muita lembrança. Não deixaram mexer até a perícia chegar. Quando chegaram, meu tio pegou ele, porque nem a perícia estava conseguindo mexer nele; eles mesmos ficaram em estado de choque. Meu tio pegou, botou ele na maca e cobriram.

Pergunta: Mas quantas pessoas eram da perícia, o que fizeram efetivamente?
Gracilene: Eram um rapaz e um menina. A jovem não conseguia nem pegar o Matheus. Meu tio é que teve que botar luva e a Yvonne ajudou. A Yvonne apoiou, deu muita força. Não deixou os policiais levarem o corpo, ficou o tempo todo ali do lado dele. Se não tivesse ninguém ali tomando a frente, eles teriam levado. Minha família tem medo dessas coisas, eu já tinha medo de polícia, agora que aconteceu isso é que tenho mesmo. O pessoal do meu trabalho também me ajudou muito, foi tudo muito forte. Só fiquei mais tranquila porque não fiquei sozinha nessa hora.

Pergunta: Você sabe se teve algum resultado da perícia, como está o caso agora?
Gracilene: Não sei. Sei que eles descobriram que o tiro bateu no portão e voltou nele. Mas não deixaram eu ficar perto na hora. Eu não queria deixar levarem ele. Quando foram levar, comecei a gritar, mas levaram. O caso está na mão do Projeto Legal,[7] um projeto de direitos humanos, que está vendo tudo. O meu

---

7 Disponível em: <http://www.projetolegal.org.br>.

depoimento ainda vai ser colhido, estou só esperando o Ministério Público mandar a carta ou ligar para marcar para eu ir lá. Acho que está demorando muito, porque já tem quase três meses que ele morreu. Estou só esperando eles marcarem. Mês passado o pessoal do Projeto veio aqui conversar comigo, uma psicóloga, pra ver como a gente estava. Se pudesse, queria resolver isso logo, porque é muita coisa na minha cabeça. Nesses dias, ligou uma repórter, eu falei que não queria falar mais. No mês passado todo teve gente ligando pra falar comigo; o delegado aqui da Nova Holanda[8] também queria que eu fosse lá e falei que não ia. Ele mandou até uma carta, mas eu falei que não ia, porque estava esperando pra depor lá no Ministério [Público]. Não ligaram mais.

Pergunta: O que você acha que realmente aconteceu no caso do seu filho?
Gracilene: Sei lá. Acho que o policial deve ter pensado que o Matheus era bandido, mas é estranho porque ele nem é grande, é uma criança de 8 anos, pequena, magrinha. De repente a polícia estava revoltada com alguma coisa aqui ou veio pegar dinheiro. Porque de manhã cedo não era hora de entrarem atirando nas pessoas; é a hora que o pessoal está saindo para o trabalho, indo pra escola. Aqui é uma rua muito movimentada, sobe e desce gente toda hora. Acho que eles fizeram muito errado. Mesmo que fosse bandido, não podia chegar e atirar. E se fosse minha filha pequena, que costuma abrir o portão? Podia ser eu ou qualquer um da minha família. Isso aqui é uma igreja, não é uma casa. Minha mãe é que me deixou ficar morando aqui. Eu estava pagando aluguel em outro lugar, minha mãe viu que estava puxado pra mim, e disse para eu vir ficar aqui com as crianças e meu marido enquanto não tem

---

8 Favela integrante do Complexo da Maré.

culto. Tenho um terreno aqui em cima, estava fazendo minha casa, mas parei porque não tenho condições. Então durmo aqui no chão com as crianças, todo mundo junto. Mas também está sendo muito difícil pra mim ficar aqui. O Matheus dormia aqui desse lado; de manhã cedo quando eu chamava o nome dele, ele acordava rápido, tomava banho, já pegava a cuequinha pra vestir. Era uma criança muito ativa, esperta. O sonho dele era ganhar um videogame e eu falava que ia comprar. Consegui comprar essa televisão, consegui comprar o videogame, mas... [*Gracilene chora.*]

Pergunta: Como é a sua família que vive aqui?
Gracilene: Aqui moramos eu, meu esposo, meu filho de quinze anos, minha filha de doze anos, outro que tem sete, outro que tem cinco, a outra filha que tem três e a mais nova que tem dois anos. Tenho oito filhos – agora ficaram sete. Tem uma que morava aqui quando o Matheus morreu, mas ficou chateada e foi morar numa outra comunidade. No total, aqui moram nove pessoas. Trabalho na Casa de Cultura da Maré, na limpeza. Lá o pessoal tem me apoiado muito, me acolheram quando eu estava desempregada e ao pai dos meus filhos também. Ele trabalha como porteiro, auxiliar de serviços gerais, ajudante de obra, faz qualquer coisa, mas ainda está sem emprego. A única que está trablhando na casa sou eu.

Pergunta: Seus filhos estão na escola?
Gracilene: Só uma não está, porque quis parar de estudar quando terminou a oitava série. Todos os outros estão, até a pequenininha está na creche.

Pergunta: Como é a rotina aqui?
Gracilene: Aqui é calmo; quando tem tiroteio é lá pra baixo. Aqui é difícil ter, porque é uma rua muito movimentada, mora muita criança. Mas um rapaz que era conhecido nosso morreu dentro da barraca em que ele trabalhava vendendo comida; a polícia veio atirando, ele acenou com um pano de prato para dizer que era trabalhador e a polícia não quis nem saber: saiu atirando e matou. Ele estava até com o uniforme de trabalho. Foi o Matheus e esse rapaz.

Pergunta: É complicada a convivência com a polícia aqui?
Gracilene: Aqui é. Eles chegam atirando, não esperam pra ver quem é. Essa semana eles estão vindo aqui direto. Tive até que pedir para o meu marido me levar no trabalho porque fiquei com medo de sair na rua. Estão aqui de manhã por volta de 8h45. As pessoas até falam que não é legal eu morar aqui porque os policiais são ruins, traiçoeiros. Agora que eles sabem que eu vou depor no Ministério, fico com medo. Quando eles estão aí, não saio de casa nem deixo as crianças saírem. Todo dia de manhã eles estão aqui.

Pergunta: Eles vinham antes do que aconteceu com o Matheus?
Gracilene: Não, só vieram nesse dia que mataram o meu filho. Agora estão vindo todos os dias. Tem uma vizinha que diz que o mesmo policial que matou o meu filho está aí. Ela falou que foi um tenente que matou. Eles [*a polícia*] lá devem saber, por causa da perícia da bala, da arma, do tiro.

Pergunta: Não se sabe quem foi?
Gracilene: A polícia não podia chegar assim, atirando, na favela. Eles podiam até entrar, mas entrar direito, procurar saber. A não ser que seja troca de tiro, aí eles têm que se defender.

Mas chegar atirando, sem saber quem está na rua, se tem um trabalhador, uma senhora, um jovem, uma criança. Não dá pra chegar atirando assim numa rua que tem gente, principalmente de manhã, quando o pessoal está saindo pro trabalho, pra escola. Acho isso errado e também entrar nas casas a troco de nada. Tem casa de vizinho que eles costumam entrar pra ver se tem bandido. Você está dormindo com seu marido, seus filhos, e vão entrando assim? Meus filhos aqui estão assustados. O pequeno, de seis anos, fica dizendo que foi a polícia que matou o irmão dele. O irmão de sete anos viu o Matheus caído ali e desmaiou na hora. O de seis anos, a de dois e outros dois irmãos viram, meu primo e eu também. A gente estava acordada, até vendo televisão. Um dos irmãos acorda de madrugada sonhando com o Matheus. Sei porque fala o nome dele; chego perto, ele acorda e começa a chorar. Ele tem essas crises, assim, no sono.

Pergunta: Agora há pouco você falou o que não queria que tivesse acontecido. Mas o que você queria que acontecesse no futuro? Como o caso do Matheus deveria ser encaminhado, como a sociedade deveria agir?
Gracilene: Não gostaria que a polícia entrasse à toa, do nada, na favela, sem informação nenhuma. Só entrasse quando tivesse um motivo muito forte. Eles tinham que vir com um mandado, alguma coisa por escrito ou pelo menos comunicar os moradores. Depois do que aconteceu com o Matheus, saio de manhã com medo de mandar os meus filhos pra escola, achando que pode acontecer o mesmo com um deles.
Agora ninguém vai mais comprar pão de manhã. Só saem lá pelas 11h. Queria que o policial que matou meu filho pagasse pelo que ele fez, fosse expulso, não pudesse mais exercer a profissão. Como ele pode dizer que não viu que era uma criança? Essa polícia não está preparada para estar na rua. Não pode sair atirando em qualquer pessoa. Creio que lá eles devem

ter instruções, alguém que diga que só pode atirar se a outra pessoa está armada e coisas assim. Está errado: ele não tinha direito de chegar e ir atirando em uma criança. Meu filho estava sem blusa, só com um shortinho, descalço. Fiquei sabendo que os policiais falaram que o meu filho estava com uma mochila e um radinho. Como? Cadê? Ninguém sabe. Meu filho veio da escola, ele só trocou a roupa. [*Gracilene chora.*] E foi só comprar o pão. Foi muito forte, muito.

Pergunta: Você tem esperança de que se descubra quem foi o responsável pela morte?
Gracilene: Tenho. A justiça do homem pode falhar, mas a de Deus não vai falhar. Jesus vai incomodar esse homem e fazer ele se entregar. Ele não vai ter paz por causa do que fez.[9]

Pergunta: O que você diria para o mundo, para pessoas de fora do Brasil, sobre o que aconteceu com o seu filho? O que você gostaria que soubessem?
Gracilene: A gente, que mora na favela, nunca pode dizer: "Isso nunca vai acontecer comigo". Eu via casos de mortes pela televisão e pensava que isso nunca ia acontecer aqui, com a minha família. Podemos estar aqui conversando hoje e amanhã eu sair na rua e tomar um tiro. Estamos sujeitos a morrer em qualquer lugar, mas aqui é mais perigoso. Eu me sinto mais vulnerável. Não tenho mais vontade, nem ânimo de ficar aqui. Sabe o que está me dando força pra viver e ficar aqui? O meu filho: ele mora dentro do meu coração. E também os irmãos dele que eu amo. Tem dias em que eu acordo e fico me segurando pra não chorar, pra não lembrar, porque quando eu choro meus

---

9 O policial investigado e acusado do crime foi assassinado em circunstâncias inexplicáveis enquanto aguardava julgamento em fevereiro de 2010.

"Isso não é metade do que acontece. Queremos paz."

filhos também sentem, sabem. Isso é que está me dando força, porque antes me dava vontade de sumir de vez, esquecer tudo. Não tinha mais ânimo de viver, nem força pra nada. Tem dia em que eu não consigo nem comer o pão; pra poder ter força, penso nos pequenininhos que precisam de mim. Às vezes não dá nem vontade de voltar pra casa, mas aí lembro do Matheus e dos outros e digo: "Tenho que ir, eles ainda precisam de mim". Está sendo muito difícil pra mim. Nunca passou pela minha cabeça perder um filho desse jeito, por um tiro. Podia até pensar em perder por doença, mas mataram o meu filho como se fosse um bandido. Era uma criança inocente, queria trabalhar, estudar. Dizia que quando crescesse ia comprar uma casa pra mim. Ele queria ser soldado, via as propagandas do Exército na televisão e dizia que queria ser igual [*Gracilene chora*].

Quero agradecer a vocês por essa ajuda e por essa força. Espero que isso tudo não fique parado, que não fique impune, que vá pra frente mesmo. Se eu tiver que ir pra fora do Brasil falar, eu vou falar, porque ele matou uma criança, não um bandido. Ele não tinha o direito de chegar e atirar daquela forma. Se for possível, eu vou falar em todo lugar, vou abrir a boca. Vou contar tudo o que aconteceu, vou falar a verdade, eles querendo ou não. Em qualquer lugar do mundo e do país eu vou. Vou mostrar como está o país, o que a polícia está fazendo e como está tratando os moradores. Não há mais respeito. Estão agindo como se fossem traficantes. Estão se misturando, pra mim não tem mais diferença: polícia é a mesma coisa que bandido. Até bandido respeita mais os moradores. Você passa e eles falam: "Boa noite, tia", nunca me desrespeitaram. Policiais não: chegam nas casas e vão entrando, não pedem licença, não dão nem bom-dia. Não respeitam direito nenhum, não vêm com mandado nenhum. Então pra mim é a mesma coisa que bandido.

Capítulo 4
Vozes de esperança e renovação

Jaqueline Felix
Agosto de 2008

Jaqueline Felix é uma jovem fotógrafa formada pela Escola de Fotógrafos Populares, um projeto do Imagens do Povo, iniciativa ligada à ONG Observatório de Favelas do Rio de Janeiro. Em sua entrevista, ela nos conta a história de sua vida na favela Nova Holanda, no Complexo da Maré, e sobre seu trabalho como atriz e fotógrafa, o que a levou a conhecer outras regiões do Brasil. Ela também compartilha a dramática epopeia que viveu para chegar à maternidade e ter seu filho em uma manhã em que o Caveirão patrulhava as ruas da comunidade onde vive com o marido. A entrevista descreve o crescimento da violência na favela Nova Holanda.

Jaqueline: Meus avós eram do Nordeste; minha avó morava em João Pessoa, meu avô é do Rio Grande do Norte. Eles se conheceram lá, em Rio Tinto [PB], numa fábrica de tecidos onde trabalhavam; e aí o meu avô veio pro Rio de Janeiro, trabalhar aqui. A minha avó ficou lá, se separaram; depois, o meu avô voltou e eles voltaram a namorar, casaram lá, e vieram pra cá. Só que eles não vieram pra Maré, eles foram morar em Bonsucesso, do outro lado da Avenida Brasil. Ainda não existia a Maré, quer dizer, era tudo palafita, era tudo água. Quando veio pro Rio de Janeiro, meu avô sempre trabalhou em frigorífico, era desossador. E continuou trabalhando nisso.

O meu avô comprou um barraco, uma palafita, na favela Rubens Vaz (Maré). Minha avó estava grávida da primeira filha, mas acabou perdendo. Engravidou de novo, teve o filho na palafita. Ela deu à luz em casa com uma parteira, não deu tempo de chegar no hospital. Depois disso, um ano depois, a minha avó engravidou da minha mãe e da minha tia, que são gêmeas. Eles moravam no Rubens Vaz e o meu avô conseguiu comprar um barraco maior, na favela do lado, que hoje se chama Parque Maré, onde eles moram até hoje; eles moram lá há mais de 40 anos. A minha mãe nasceu no Hospital Geral de Bonsucesso. Foi quando começaram a melhorar um pouco as coisas: o barraco era maior e a minha avó teve cinco filhos. Quando a minha mãe fez 16 anos, engravidou de mim. O meu pai também morava aqui na Maré e ia completar 17 quando nasci. Tudo era muito difícil, porque a situação era precária, não tinham nada. Ela ainda estava no colégio quando engravidou do namorado. O meu pai trabalhava numa farmácia e ele trouxe um remédio pra ela, anticoncepcional, mas como ela tinha muito pé atrás, não tomou, aí acabou engravidando.

Minha mãe foi morar com o namorado – ele tinha que assumir a responsabilidade dele, mesmo sendo adolescente – na casa da avó dele. Quando eu nasci, eles foram morar atrás da casa da minha avó, só que acabaram brigando. Minha mãe teve um parto difícil, ficou internada um mês na UTI, teve infecção generalizada. Quase morreu. Aí eu fiquei com a minha avó nesse tempo.

Eu tive infância, sim. É triste ver hoje as crianças que não têm infância, não têm liberdade. Na época, tínhamos liberdade pra brincar na rua, pra correr no meio da rua, andar do outro lado. Eu nunca vi maconha; vim ver maconha agora, com 18 anos. Nunca tinha visto ninguém fumando ou cheirando cocaína. Ver alguém armado era muito difícil. Eu lembro que, quando tinha uns 8 anos, teve um assassinato na frente da casa da minha avó, mas antes esse homem já estava marcado pra morrer, porque acho que ele estava fazendo muita coisa errada, roubando os outros. E, na época, eles passaram na rua, avisando pra botar as crianças pra dentro de casa, pra todo mundo entrar, pra ninguém ver o crime, o que ia acontecer. Foi uma coisa que me marcou muito. E hoje o pessoal morre na nossa frente, não tem cuidado com as crianças, com nada.

Eu brincava de bola, brincava de boneca; brinquei de boneca até os 14 anos. Não tinha essa coisa de querer namorar tão cedo. O meu negócio era brincar mesmo. A minha infância era assim: era todo mundo na rua; fazer aniversário para as bonecas, minha mãe fazia bolo, minha tia, bolo confeitado, de festa, pras minhas bonecas; batizava e fazia festa. Nos meus aniversários também; eu até brincava com a minha mãe que o meu sonho era mandar convite pros meus colegas, só que não precisava, porque todo mundo já sabia o dia do meu aniversário; e quando chegava já estavam todos os coleguinhas lá, na minha porta, porque já sabiam que teria festa.

A minha infância foi toda aqui, não tínhamos dinheiro pra sair; saía quando era passeio da escola, ia ao Jardim Botânico, ia ao zoológico, mas esses eram os passeios do colégio. Quando fiz 4 anos minha mãe conheceu o meu padrasto, o Edson, e eles começaram a namorar e acabaram se casando. Eles já estão juntos há quase vinte anos – eu já vou fazer 23.

A minha mãe continuou trabalhando no mercado esse tempo todo, meu padrasto se formou em história em 1998. Quando eu fiz 13 anos ele foi dar aula de história no Ceasm [Centro de Estudos e Ações Solidárias da Maré]. Começamos a conhecer mais pessoas, e comecei a sair um pouco daqui, da Nova Holanda. O Ceasm mobilizou a comunidade, foi bom porque conseguiu atingir todo mundo do Complexo da Maré. E era muito legal porque aos sábados tinha sarau. Numa dessas festas de sábado conheci o Geo, que é do Centro do Teatro do Oprimido (CTO). Recebi um papelzinho, falando que o Ceasm estava em parceria com o CTO, e que ia ter um grupo de teatro lá. Fui só eu no primeiro encontro, ninguém mais. No segundo encontro já vieram mais dez, e fui ficando; permaneci sete anos no CTO.

Foi uma experiência muito boa, porque foi a partir do CTO que comecei a me ver diferente, a ver a minha família diferente, a ver o lugar onde eu morava diferente. Lá a gente trabalha com o cotidiano, conta histórias vividas pelas pessoas, são histórias gerais. Trabalhávamos com temas que falavam de drogas, violência doméstica. A plateia entra no lugar do oprimido da cena pra tentar mudar aquela situação. Se você sofresse violência doméstica, o que você faria? E a reação das pessoas entrando no seu papel, e muitas das vezes eram pessoas que sofriam aquela violência. Era uma forma de colocar pra fora, de começar a se olhar, e ver que aquilo também não era bom pra si e tentar mudar também essa coisa dentro de casa. E comecei a viajar, fui pra Dois Fossos, Porto Alegre. Comecei a ampliar o meu olhar. Saí de uma comunidade pequena para conhecer a cidade. Daí que comecei a me tocar que eu fazia parte da cidade, e comecei a ver o preconceito que existia, entende?

Pergunta: Você não sentia nem sofria esse tipo de preconceito até então?
Jaqueline: Não, porque eu não tinha contato com outras pessoas. Tinha contato com pessoas como eu, todas moradoras de favela. Para mim, era normal. Nunca me achei inferior a ninguém, nunca me senti assim, sempre me sentia uma pessoa normal. Eu tinha as bonecas da Estrela. Todo mês, quando a Estrela lançava uma boneca, eu tinha. Eu tinha casinha que saía água da bica; tinha banheira que saía água do chuveirinho pra lavar a boneca. A minha mãe trabalhava duro, eu morava ainda num barraco, numa casa ainda muito diferente de hoje, com dificuldade, mas a minha mãe sempre fez questão de me dar roupinha boa; comprava tecido pra costureira fazer roupinha da moda pra mim, sempre tive isso.
Fui sentindo preconceito quando comecei a viajar, quando comecei a conhecer o pessoal que não morava em favela. Quando eu falava onde morava [a reação era]: "Caramba! É perigoso lá? Mas você sai na rua?". Porque assim é gente que nunca entrou numa favela, e que acha que nós moramos em palafita. Senti um impacto muito grande, mas não ficava triste, pelo contrário, começava a defender as minhas ideias, porque tinha os meus ideais, começava a defender que aqui era um lugar como qualquer outro. Aqui eu tinha posto de saúde, mercado perto, água, luz. Eu não vivia no lampião, não. Meu ideal é defender o lugar onde moro, defender os meus, achar que a favela é parte da cidade, que não tem diferença pra mim do mais pobre, que eu conheço, ao mais rico, são todos iguais. Agora, depois que fui mãe, tenho mais clareza disso.

E comecei a me apresentar em vários lugares: em hospitais, em presídios, em outros estados, em faculdades, em escolas. Terminei o meu segundo grau e continuei no CTO; fiquei lá até os 17 anos. Quando estava no CTO queria trabalhar, porque nunca tinha trabalhado, queria assinar a carteira, aquela coisa de querer ser independente. Queria ser dona do meu nariz. Eu quis trabalhar pra ter o meu dinheiro, pra comprar as minhas coisas. Minha mãe nunca deixou de me apoiar nisso, só que ela queria que eu fosse com calma – aquele cuidado de mãe. Consegui um trabalho numa firma terceirizada, que prestava serviço pra Caixa Econômica Federal. Comecei a trabalhar lá, mas não era de carteira assinada porque não tinha idade pra isso. Trabalhei numa loja de roupa aqui. Fui trabalhar com uns amigos da minha mãe e do meu padrasto, na época eles eram militantes do PT. Eu os acompanhava nas reuniões do partido, achava o maior barato. Desde criança vi minha mãe e o meu padrasto lutando por um mundo melhor, por menos desigualdade social, aquela coisa daquele sonho, da revolução, que a gente não vê. Nesse meio-tempo, minha mãe cansou da vida de trabalhar em supermercado e entrou pra faculdade, dez anos depois de ter terminado o ensino médio. Minha mãe era escrava do comércio, trabalhava de domingo a domingo sem folga. Fez curso pré-vestibular no Ceasm e largou o trabalho pra estudar. Passou na PUC e conseguiu bolsa de 100%, só que era muito longe, acordava muito cedo; depois de fazer o primeiro período passou para a Universidade Federal do Rio de Janeiro (UFRJ). Na época, o meu padrasto me falou sobre o Observatório de Favelas, que ainda era um projeto do Ceasm, na Maré. O Observatório cresceu e se transformou em uma ONG. Minha mãe e meu padrasto me encorajaram a conhecer um dos projetos, que era uma escola de comunicação. Tinha que fazer uma entrevista e me chamaram para participar.

Estudava fotografia de manhã e trabalhava à tarde no Observatório de Favelas. Na época em que fiz o meu projeto final de documentação fotográfica foi quando comecei a namorar quem hoje é o meu marido, o Sílvio.

Quando eu o conheci, eu trabalhava na loja de roupa, ao lado da casa dele, ele sempre passava e eu falava: "Oi, tudo bem?". Um dia que eu parei na rua principal, começou a chover; ele estava na rua, parado, se preparando pra ir pescar, aí comecei a conversar mais com ele. Um dia o chamei pra sair. Eu estava estudando pra ser freira, e o Sílvio chegou. Falei pra ele: "Eu não quero só 'ficar'; ou eu namoro, ou eu não fico. Eu quero namorar. Se você quiser namorar comigo, você vai lá em casa e fala com a minha mãe" – porque na minha família tinha que pedir pra namorar em casa, mesmo com 18, 19 anos. Ele foi.

Voltando ao assunto da escola de fotografia, tive que escolher o meu tema pra fotografar. Aí, como o Sílvio pescava, me falou sobre a colônia de pesca do Parque União (favela da Maré). Comecei a fotografar pescadores; só fotografava isso e gostava muito. Saía da escola e ia lá pra colônia fazer o meu tema. Mesmo depois que terminei a escola continuei indo lá pra fotografar. E aí, depois de formados, começamos a trabalhar com fotografia: fotografamos os Jogos Pan-Americanos [2007], fiz pautas para a Sociedade Brasileira de Pediatria, pra revistas de São Paulo e do Rio de Janeiro, fotografei projetos apoiados pelo Instituto Desiderata. Então, comecei a não fotografar só a favela, mas outros lugares e outras coisas; comecei a fazer trabalho mesmo remunerado, e isso foi muito legal, porque comecei a ver que podia fazer o que eu gostava, continuar documentando o que queria, e ganhando dinheiro com outras coisas dentro da fotografia. Foi quando viajei com o "Revelando os Brasis", um projeto do Instituto Marlim Azul, do Espírito Santo, e conheci o Sudeste e o Sul do Brasil.

Isso foi em maio de 2007. Era um projeto no qual pessoas de todo o país eram selecionadas para contar um pedaço da sua história ou da história de alguém; eles vinham para o Rio de Janeiro estudar audiovisual, depois voltavam para as suas cidades para fazer um documentário da história que eles tinham escrito pra participar desse projeto. Fui fotografar a exibição desses filmes, nessas cidades de até 20 mil habitantes. Montavam uma tela enorme de cinema e vinha gente que nunca tinha ido ao cinema. Cidade pequena, que só tinha uma igreja numa praça, e que ali era o ponto de encontro de todo mundo; aí chegava uma tela enorme de cinema, e toda a cidade vinha ver, pra você contar as suas histórias. As pessoas podiam se mostrar, contar suas histórias. Todo o país pôde ver. Essas pessoas tiveram oportunidade de se mostrar como elas são. Isso também tinha muito a ver com o Imagens do Povo, onde trabalhávamos pra mostrar o outro, pra dar voz ao outro. Não vamos só fotografar, vamos ouvir.

É bom você explicar o que é o Imagens do Povo.
Jaqueline: É o gostoso da fotografia. Não escolhi porque queria ganhar dinheiro, mas é por isso que eu posso ir ouvir as histórias. Hoje, nós queremos dar dignidade, porque nessas minhas idas ao CTO também fui ficando cheia de preconceito, porque a desigualdade social foi me deixando assim: "Por que é que eles têm e eu não tenho?". E comecei a me cobrar muito isso. Queria também andar com roupa da moda, queria frequentar lugares que outras pessoas com mais dinheiro frequentavam. Acabei entrando um pouco nesse conflito, entendeu? Comecei a ver um pouco o lugar onde morava com certo preconceito, cheguei a pensar dez vezes antes de falar: "Eu moro na Maré. Eu moro na favela, eu moro na Nova Holanda, ali, entre a Avenida Brasil e a Linha Vermelha. Lá onde tem tiroteio direto". Era isso que o pessoal falava.

Quando entrei no Imagens do Povo comecei a retratar essas pessoas, comecei a me ver nessas pessoas, porque as histórias deles eram as histórias de meus avós, que vieram do Nordeste pra cá, tentar a vida aqui, gente que morou na palafita, gente que todo dia também não tinha o que comer, o pão não era todo dia que tinha. Fui ficando muito mais sensível, no lugar onde eu moro, e comecei a ver como é bom dar voz a alguém, como é bom parar pra ouvir. Tem gente que não quer ouvir, que só quer parar pra ser ouvido mesmo. E aí chegava pra tirar a foto de alguém, nessas minhas saídas da escola, e via que fazia dois cliques e o resto do tempo parava, só ouvindo, só conversando com essas pessoas que queriam me contar a sua história, que abriam a porta das casas pra eu poder entrar. E isso me cativou muito. Aí fui fotografar o projeto Revelando os Brasis, com essa vontade de conhecer um monte de gente de cidades de que nunca ouvi falar.

Pergunta: Isso foi no interior do Brasil?
Jaqueline: Isso, no Sul e no Sudeste. Fiquei lá um mês. Só que no meio dessa viagem vi que a minha menstruação não chegou. Estava em Florianópolis. Eu falei: "Meu Deus! Não pode ser". Aí liguei pro Sílvio. Só namorávamos, não morávamos juntos, e falei: "Ih! Oh, está chegando alguém, porque acho que eu estou grávida". Aí, fiz um teste de farmácia lá no Sul, e descobri que estava grávida e voltei do Rio Grande do Sul. Fiz a ultrassonografia, porque queria ver logo, não queria nem fazer exame de sangue; e o coração já estava batendo. Foi muito legal. A minha vida mudou de uma hora pra outra, porque tive que parar o trabalho. Voltei a fazer o trabalho na escola, que teve outro patrocínio, e dessa vez foi da Unesco. Eu trabalhava só segunda, quarta e sexta de manhã, pra poder fazer obra na casa onde moro hoje, pra poder comprar as coisas do meu filho. Aí fomos morar juntos. A minha vida bandida acabou, aquela

de balada, de viagem. Mas tudo valeu muito a pena, porque quando foi fevereiro eu ganhei o João Paulo.
Da gravidez? Não contei pra ninguém, só quem sabia era o Sílvio. Quando cheguei, a minha avó falou: "Voltou gordinha. Voltou cheinha". Aí, no outro dia, quando fui falar que fiz a ultrassonografia, ela falou assim: "Eu já sabia. Quando você viajou, eu já sabia". Isso foi muito legal.
A minha mãe não esperava isso, queria que eu fizesse faculdade, que começasse a trabalhar mesmo com fotografia e que me dedicasse mais, não queria que eu fosse ser dona de casa tão cedo. Ela ficou um pouco sentida, a minha família ficou um pouco abalada, mas o João Paulo nasceu, e aí foi só alegria. Parei de trabalhar quando ele nasceu, fiquei quatro meses sem trabalhar, só cuidando da casa e dele. Voltei a trabalhar agora. Foi difícil pra mim, porque fiquei pensando no meu filho que deixei em casa. O meu peito começa a encher muito, fica duro, dói, começa a vazar. Graças a Deus a minha mãe me ajuda muito. Ajudou em toda a gravidez, ajudou depois que o neném nasceu; até hoje, ela fica com ele. Não precisei botar em creche, não precisei deixar com ninguém desconhecido. Não penso em ter mais filho, penso só em ter esse filho porque quero dar uma educação. A minha vida foi sempre no ensino público, e é muito difícil. Eu penso botar o meu filho numa escola particular! Eu me preocupei – eu e o meu marido – de pagar um plano de saúde pra ele, porque tenho medo de chegar num hospital e não poder ser atendida, não ter cama, não ter uma maca pra botar o meu filho. Hoje, vivemos em função desse filho.

Pergunta: O seu parto e a sua gravidez tiveram assistência?
Jaqueline: O meu pré-natal foi num posto de saúde aqui, na Maré, só que tem muita menina grávida. Só tem um médico;

ele é ginecologista e obstetra; cuida das senhoras, de quem não está grávida, e de quem está grávida!

Pergunta: Quantos postos há aqui?
Jaqueline: Um no que chamamos de comunidade. Tem o Parque União, Rubens Vaz, Nova Holanda, Parque Maré, Baixa do Sapateiro e Vila do João; cada uma tem um posto de saúde pra atender cada comunidade dessas, só que é muita gente. A minha gravidez foi muito tranquila. Não enjoava, foi uma gravidez muito prazerosa. Meu filho não foi uma criança planejada, mas foi uma criança amada, e isso foi muito importante na minha gravidez. Tive o apoio da minha família, tive apoio do meu marido. Queríamos tanto esse filho, e tive o meu neném. Nossa! Mas foi um caso de violência triste... Comecei a passar mal à meia-noite de um sábado. Estava com quase 42 semanas. Fiquei grávida dez meses. Ele estava quase passando da hora. Comecei a passar mal à meia-noite, mas senti uma dorzinha. Eu falei: "Vou esperar aumentar, pra não ir para o médico à toa, como já fui várias vezes". Quando deu uma hora da manhã a dor começou a vir insuportável, e acordei o meu marido. "Sílvio, eu não estou aguentando. Acho que o neném vai nascer." Só que nessa noite tinha três Caveirões rodando aqui, na favela, na Nova Holanda, e muitos fogos, tiros, correria. Eu falei: "Meu Deus! Como é que vou sair de casa para ir ao médico?". Tínhamos muito medo do Caveirão, que é um terror psicológico muito grande.

Pergunta: Costuma ser frequente o Caveirão na comunidade?
Jaqueline: Muito frequente. O Sílvio levantou, ligou pra minha mãe, mas a minha mãe não podia vir da casa da minha avó porque estavam dando tiro onde ela morava e tinha um Caveirão lá também. E falei: "Não, mãe, não vem", porque não queria

que a minha mãe saísse de casa assim. Eu estava com o Sílvio, ele podia me levar. Minha mãe ficou lá, tensa, em casa com a minha avó, e eu fiquei até 3h30 da manhã sentindo muita dor, e não conseguia sair de casa por causa do Caveirão. A minha dor cada vez ficava mais insuportável, não estava aguentando ficar em pé. Aí falei: "Sílvio, seja o que Deus quiser! Vamos, temos que sair; não vou aguentar". Saímos, ninguém na rua. Já eram 3 horas da manhã. Quando a gente quase chegava na [Avenida] Brasil, veio o Caveirão.

Eu falei: "Sílvio, vamos pro meio da rua porque ele vai ver que 3 horas da manhã uma mulher grávida, andando igual uma pata, vai ver que estou indo pra maternidade, e ele não vai ter coragem." Assim, a boca de fumo atrás de mim, Caveirão brotando lá na frente. Eu falei: "Meu Deus! Se eles virem os caras aqui vai começar o tiroteio, e nós no meio"; e eu tentando andar rápido, com aquela barriga.

Assim, no meio da rua, e com medo também, ele passou devagarzinho do nosso lado, aquele "tchi!, tchi!" deles lá. Conseguimos passar pelo Caveirão. Não vinha um táxi; não tinha um táxi às 3 horas da manhã. Tive que atravessar a passarela, fui andando para aquele posto de gasolina. Quando nós chegamos lá tinha um táxi. No caminho, o pneu furou! Ficamos esperando, o taxista conseguiu parar outro táxi, que me levou pra Maternidade Praça XV. E lá me internaram porque não estava dilatando, senão meu filho já estaria passando da hora. O meu parto foi induzido. Agora tentam parto normal até o último momento, só faz uma cesariana se vê que o neném não sai de jeito nenhum, mas nisso você fica lá sofrendo. No hospital público tomei quatro bolsas de soro pra começar a dilatar, e eu não dilatava de jeito nenhum. Quando deu 8 da manhã soube que a minha mãe podia ficar comigo na sala de pré-parto.

O blindado do Bope aos olhos de uma criança da comunidade.

Pergunta: O Sílvio não podia ficar com você?
Jaqueline: Não, não podia porque em hospitais públicos não pode ficar homem, só mulher. A minha mãe ficou lá comigo, e nada de dilatar. Foi um parto muito doloroso, pensei que fosse morrer ali, que não fosse aguentar. Me faltava ar, tinha hora que não conseguia respirar. Quando cheguei a seis [centímetros] de dilatação já eram 11 da manhã, e a médica falou: "Se você não começar a ajudar o seu filho, ele não vai nascer, ele está sofrendo e você também. Olha onde é que ele está". A minha barriga estava alta, ele ainda estava aqui em cima, não estava lá em baixo. Então eu falei: "Mãe, olha, ninguém vai sentar na minha barriga na hora do parto, não, e nem me dar cotovelada, eu é que tenho que botar ele pra fora". Aí, quando vinha a contração, começava a jogar a barriga pra baixo. Empurrava com a minha mão. A minha mãe me levantava aqui, nas costas, e começava a empurrar lá pra baixo, para ele começar a descer. Só a 1 hora da tarde a minha bolsa estourou. Aí, mais força, minha mãe lá

comigo, do lado, o tempo todo. Ela foi a peça fundamental do meu parto, ela pariu comigo, ela é mãe do meu filho também, porque ela foi muito responsável mesmo pelo meu parto. Finalmente, nasceu. Depois parecia que não senti dor nenhuma. Mas voltando à minha rotina. Eu levo o neném todos os dias na casa da minha avó. Eu comecei a tentar voltar um pouco para a ativa do trabalho, a aparecer mais no Observatório, e teve uma exposição nossa no UPA, que é um posto de saúde 24 horas da rede pública aqui na Maré. E nesse dia foi a primeira vez que eu corri do Caveirão com o meu filho nos braços.

Pergunta: O que aconteceu?
Jaqueline: Estava um tiroteio entre polícia e bandido, e eu acabei ficando no meio desse tiroteio com o neném, e consegui entrar numa van, correndo, com um amigo meu, que também estava expondo lá, o Michel, e, enfim, conseguimos chegar lá. Na volta, a mesma coisa, a favela num clima supertenso, e tendo que ficar dentro de casa, nem no supermercado podia ir comprar alguma coisa pra fazer o jantar porque fica um clima tenso, e a gente fica com medo, porque a qualquer momento explode a guerra, a qualquer momento dá tiro, e não sabemos para onde correr, às vezes não dá tempo. Eu tenho muito medo de criar o meu filho onde moro, porque ele não vai poder ter uma infância de liberdade como eu tive. Hoje, ele não pode soltar pipa, jogar bola de gude e pião, no meio da rua, com aquela tranquilidade que a minha mãe tinha, que a minha avó também tinha e ficava dentro de casa, fazendo o jantar e eu ficava na rua. Minha avó ficava lá despreocupada porque sabia que eu estava ali e dali não ia sair, e não ia acontecer nada. Do outro lado da casa da minha avó tem uma pracinha, só que não tem um poste com luz porque a polícia, quando invadiu a favela, uma vez que estava uma guerra violenta do tráfico, pra eles ficarem

bem escondidinhos dos bandidos, atirou em todas as lâmpadas da praça; então fica um breu à noite.

Pergunta: E depois ninguém consertou nada?
Jaqueline: Não, ninguém. Eu costumo ir às 4h30, 5h da tarde, que bate aquele solzinho que o meu filho pode tomar, e que é bom para o bebê. Já corri duas vezes de tiroteio, de bandido com bandido, fiquei do outro lado da rua, sem poder atravessar pra vir pra dentro da minha casa, com medo de uma bala me acertar. Hoje eu vivo com essa violência dentro da minha casa. Porque até dentro da nossa casa nós não mandamos. Se um bandido mandar abrir a porta ou a polícia, sem nenhuma carta, quiser entrar e revirar a minha casa, eles acham que estão no direito deles de fazer isso. Se um bandido tiver correndo da polícia e quiser entrar na minha casa, eu tenho que abrir a porta.

Pergunta: E, antes, você não tinha tanto medo?
Jaqueline: Não tinha porque era um pouco mais tranquilo. Sabíamos que a violência existia, a polícia sempre existiu, assim, na favela, e o bandido também, só que, antigamente, era diferente, quem mandava na favela proibia a maconha. Tinha um lugar pra fumar, tinha um lugar pra cheirar. Hoje, a criança está brincando aqui, do lado da boca de fumo. A polícia anda na favela com a arma pro lado de fora do carro, apontando pra qualquer um: mulher com criança no colo, criança saindo da escola, não tem mais aquele cuidado de deixar a arma dentro do carro e só tirar a arma se for um caso de necessidade. Andamos dentro da comunidade nessa expectativa, num estado de pilha de nervos, a qualquer momento pode acontecer algo.
No Dia dos Pais – foi o primeiro Dia dos Pais do meu marido – passamos na casa da minha avó, e fomos pegar esse bendito

sol com o neném. Mais uma vez não pude atravessar a rua pra vir pra dentro de casa, pra guardar o meu filho, guardar a mim, ao meu marido, porque os bandidos estavam correndo de um lado pro outro, de carro e de moto, trocando tiro um com o outro. Então, infelizmente, convivemos com essa violência, temos medo.

Eu queria muito que o meu filho pudesse viver dentro da favela. Eu tenho orgulho de ser favelada, de morar onde eu moro. "Mora onde?", "Eu moro na Maré", entendeu? Com gosto, porque a violência está em todo lugar, gente; tiroteio você escuta também no Rebouças, no Leblon, você não precisa ir pra tão longe. Eu tenho muito orgulho de ser quem sou. Agradeço muito pela avó que tenho, pela família que eu tenho. O ser humano que eu sou hoje é graças a eles, à educação. Mesmo com pouco, mas nunca deixei de ir a um museu, que antigamente achavam que era um programa de classe média. Infelizmente não é todo mundo na favela que foi a um museu, que foi a um teatro, que foi a um cinema. E hoje, sendo mãe, não deixo de ir a um museu, a um teatro, a um cinema. Isso tudo fez parte da minha vida, da minha infância. Eu tive oportunidade de ter isso, então é isso que eu quero passar para o meu filho. Quero que tenha cultura, que possa praticar esporte, que tenha uma saúde boa, que tenha uma escola boa. O que eu puder fazer pra que o meu filho possa ter, e o que eu puder, como ser humano, contribuir pra que a minha comunidade também possa ter, se for através das minhas fotos, se for através da minha fala, se for através do que for, o que eu puder fazer pra que não só o meu filho, não só eu, dentro da minha casa, da minha família, possa ter, mas que a minha comunidade possa ter por direito, como cidadão, como ser humano, eu vou brigar, vou correr atrás. Porque acho que o que procuramos com as fotos, com o nosso trabalho, é isso: dar voz, dar vez,

No desenho de uma criança, uma avenida tomada pelo Bope, em conflito com os bandidos, separa a Zona Sul da favela. E do prédio da escola criminosos atiram contra o helicóptero da polícia.

dar uma vida melhor, dar dignidade, mostrar pras pessoas que elas podem, que elas têm direito, que ninguém está fazendo favor. Pagamos luz, pagamos tantos impostos quanto as outras pessoas que moram na Zona Sul, e o Caveirão não anda lá.

A criança lá só sabe o que é o Caveirão quando passa na televisão, porque nunca vão ver. Por que é que o meu filho, por que é que os filhos das pessoas onde eu moro têm que ver? Por que isso tem que ser uma realidade, e eu tenho que aceitar isso? Por quê?
Não podemos combater a violência com a violência. Buscamos esses outros caminhos, que é o que eu busco, pra tentar melhorar a minha condição de vida e dos meus, tentando combater a violência, mostrando que aqui, dentro da favela, não tem só a violência, não tem só o feio, não tem só isso. Tem muito mais, e esse muito mais está nas nossas fotos. Esse muito mais está nas nossas defesas quando saímos pra falar numa televisão, num jornal.

Francisco Valdean
Setembro de 2008

Francisco Valdean migrou do Ceará para o Complexo da Maré quando tinha 15 anos. Nesta entrevista ele fala das condições precárias e difíceis que deixou no Nordeste do Brasil e da atração que tem por grandes e distantes cidades, como o Rio de Janeiro. A história de Francisco é uma história de autodescoberta e de crescimento pessoal em meio a condições adversas, em que a ameaça de violência paira sobre a vida diariamente. Sua narrativa nos faz lembrar que quase todo mundo que vive nas favelas do Rio conhece uma ou mais pessoas que foram vítimas de morte violenta ou que desapareceram.

Francisco: Tenho 27 anos, moro na Baixa do Sapateiro, uma das dezesseis comunidades da Maré. É assim a minha história, vim do Nordeste e cheguei na Maré pra morar no Morro do Timbau. Nasci num lugar chamado Cachoeira Grande, um povoado no

interior do Ceará, cidade de Poranga, quase divisa com o Piauí. Hoje tem por volta de 1.500 moradores. A atividade principal é a agricultura. O lugar se movimenta por conta dos aposentados, mais velhos, que de alguma forma injetam dinheiro no povoado. Meus pais são de lá. Meu pai nasceu no Piauí, e minha mãe é cearense, só que como o lugar é divisa, se confunde o que é Piauí e o que é Ceará.
Sou filho da segunda família do meu pai. Ele ficou viúvo e casou com a minha mãe. Da primeira [mulher] tem nove filhos e com a minha mãe tem dois, eu e o Isaac. Meu pai tem 74 anos; minha mãe, 40 e poucos anos. Quando a minha mãe casou com o meu pai ele já tinha um filho com a idade da minha mãe. Convivi pouco com esses meio-irmãos, passei a minha infância em Cachoeira Grande e percebi a questão da saída dos jovens de lá. Eles vão pras grandes cidades pela falta de oportunidade de trabalho. Só esperam ter os 18 anos para sair. Lá eles falavam sempre assim: "Com 18 anos, quando eu tirar todos os meus documentos, vou embora". E era o que acontecia.
Hoje, o pessoal da minha idade está todo fora. Se você volta, não tem quase ninguém da sua geração. Tem, na verdade, uma geração anterior que consegue de alguma forma ficar e os outros que saem, se não conseguem nada, acabam retornando. O meu pai era agricultor, a atividade que todo mundo desenvolve no sistema de arrendamento, coisas que você via anos atrás. No Brasil, ainda é esse sistema. Você arrenda a terra com o fazendeiro e tem lá uma medida de 4x1, 3x1. Trabalha o ano inteiro, no final, parte do que foi produzido vai pro fazendeiro. É um grande problema não ter a posse da terra. Cachoeira Grande cresceu em torno de uma igreja chamada Maria das Cidades Nordestina, e o terreno em que as pessoas moram é da igreja. A igreja cede um espaço para as pessoas morarem. Só que chegou um momento em que as pessoas não têm para onde ir porque

já estão no limite das terras do fazendeiro. A única possibilidade de crescer é verticalmente, comprando a terra do fazendeiro, que é muito cara. Então não há como comprar. Dessa forma, o meu pai fazia esse tipo de arrendamento para subsistência.

Quando era pequeno, percebia que, na época mais escassa de alimento, você comprava um quilo de feijão por determinado preço. Só quando tem a colheita, o pessoal que comprava se organizava pra baratear. Assim, não tem uma certa fartura, compravam muito mais barato. Você ficava sem saída, porque passava parte pro fazendeiro, e o que sobrava não dava para vender e conseguir comprar outros alimentos, porque você acabava tendo que vender muito barato. As pessoas até preferiam estocar o feijão, pra de repente conseguir vender quando estivesse na época escassa, porque na época da colheita não valia a pena. Milho, arroz e feijão é o que mais se plantava. O arroz tem uma característica de não produzir bem em alguns terrenos. Por conta disso, o jovem que estava lá não via outra saída e dizia: "Eu não vou ficar nesse lugar, onde o meu pai passa o que passa". Então, a melhor opção é vir pro Rio de Janeiro, pra Brasília, pra São Paulo.

A minha mãe, quando eu tinha 8 anos, separou-se do meu pai e veio pro Rio de Janeiro. Em Cachoeira a minha mãe trabalhava na roça. O período de inverno lá é muito inconstante, tem anos que chove, tem anos que não chove. Às vezes passa dois anos sem ter chuva, o que é superdifícil. Tem anos que melhora porque há as intervenções do governo. As chamadas políticas emergenciais. Minha mãe teve que trabalhar em várias dessas frentes de trabalho. Foi quando conseguiu comprar uma casa, porque trabalhava com o meu pai. O dinheiro que ele ganhava era para a alimentação. O que a minha mãe ganhava era pra comprar a casa. Ela trabalhou alguns anos pra conseguir comprar a casa. Essas frentes de emergência são para as pessoas não morrerem de fome. Por exemplo, duas vezes que eu presenciei foi para a construção de um açude e a outra foi uma ponte. Cachoeira Grande tem esse nome por conta de uma cachoeira que tem lá perto. Eu já estava mais velho e ajudei o meu pai a trabalhar, não ganhava nada, mas eu ia com ele e o ajudava a trabalhar.

A ideia de eu sair foi porque não havia alternativa. Ou você sai ou vai pagar o preço de ficar lá. Sai com a terceira série, mal consegue se expressar verbalmente, vem pro Rio de Janeiro, se depara com uma situação de emprego que é: ou vai trabalhar de balconista ou de faxina. Quando estamos lá [no sertão], é tudo meio ilusório, mas mesmo assim falávamos: "Bom, vamos sair. Seja o que Deus quiser. Se der certo, deu, se não der...". Mas há sempre a ilusão de que vai ser melhor porque pensamos: "Estou tentando, então qualquer coisa vai valer a pena".

Quanto às escolas, só tinha até a terceira série do ensino fundamental. Não havia mais como estudar, a não ser que você fosse para uma cidade mais próxima, mas isso era só para quem tinha mais um poder aquisitivo. Estudei até a terceira série, tive muita vontade de estudar.

A minha infância foi muito boa, proveitosa. Estudava de manhã, ia pro rio tomar banho, e depois ia jogar bola à tarde. Meu pai ficava desesperado, me procurando porque não sabia onde eu estava, e eu brincando pelos rios. É a relação próxima com todo mundo num lugar de seiscentas pessoas. Quando a minha mãe veio para o Rio de Janeiro, eu tinha 8 anos. Eu falei: "Com 18 anos, eu vou". E aí não era só eu, todo mundo era assim. Eu lembro que quando alguém voltava, um jovem, parávamos pra ouvir as histórias de como era o Rio. Eu me lembro de que alguns falavam que o Rio era a capital, como se fosse a cidade do *glamour*, cidade chique. Melhor que ir pra Brasília, pra São Paulo. "Rio de Janeiro é chique, é luxuoso e

tudo o mais". Mas havia situações difíceis. Por exemplo, um rapaz, que morava lá em Cachoeira, estava morando em Brasília e aí morreu. Mataram ele. Isso é um fato muito negativo. Alguém que está lá morreu, então é muito perigoso. Teve outro fato. Um desapareceu e parece que até hoje nunca souberam o que aconteceu com ele no trabalho. Desapareceu! Esses fatos pesavam na balança.
Quando eu tinha 15 anos a minha mãe voltou, só para pegar o meu irmão e eu. Ficou um dia no lugar e queria trazer a gente. Foi uma decisão extremamente difícil porque meu pai foi quem cuidou da gente. A minha mãe chega do nada e quer nos levar. Aí falei para o meu irmão: "Gostamos da mãe, mas gostamos do pai também. Como é que a gente vai assim?". No calor das emoções, a gente decidiu que ia embora: "Vamos com a mãe". Meu pai ficou arrasado. Minha mãe passou tantos anos fora, de lá não dava nem notícia. Está errado. Mas eu e o meu irmão decidimos que ou vinha eu, ou vinha ele, para não deixar meu pai sozinho. Para não falar na frente da minha mãe, a gente foi para um rio, e lá, no rio, a gente decidiu que eu viria.
Vim com a minha mãe direto pra Maré, ela tinha uma irmã que morava aqui no Teixeira. O primeiro motivo por que ela veio foi para fazer um tratamento, estava com um problema no útero, e não tinha a cirurgia lá. Só que ela veio fazer esse tratamento e se separou do meu pai, e acabou ficando. Veio pra Maré porque já tinha a família dela que morava aqui.
Ela estava com outro parceiro aqui, inclusive já tinha um [filho] desse homem, e morava num quartinho. Aqui tinha cama, geladeira, e um banheirinho pequeno, muito pequeno. Ela e o homem estavam construindo uma casa no Timbau. Estava quase pronta. Quando cheguei, morávamos nesse quarto. Não tinha nem pra onde se mexer. Uma das coisas que mais estranhei é que lá, no Ceará, era muito livre. Eu lembro que vinha da

rua correndo, entrava pela porta da sala, saía pela da cozinha, porque tinha espaço. E aí uma das coisas mais estranhas é você morar num quarto que só tinha a porta de entrada. Pensei: "Meu Deus do céu! Como é que eu vou conseguir viver aqui?". Só tinha a porta de entrada e era muito pequena. Mas aí, logo depois, ela teve uma casa maior, tinha quarto, sala, cozinha.

Pergunta: Como é que a vida seguiu? Você foi estudar logo?
Francisco: Cheguei numa semana, e acho que três ou quatro dias depois, comecei a trabalhar. O trabalho era muito ruim. Trabalhava em uma padaria, trabalhava muito, trabalhava de domingo. Só tinha uma folga no meio da semana. Mas no meio da semana você só consegue dormir, não tem como fazer nada. Assim fiquei por quase dois anos. Lembro que trabalhava de tarde até de noite. Restava a manhã pra estudar. Fiquei um ano trabalhando, fiz 16, 17 anos sem voltar a estudar. Deparei-me com a seguinte situação: o pessoal da terceira série é criança, então pensava: "ah, eu não vou estudar com criança". Sem estudo a situação estava me incomodando. Fiquei sabendo por um amigo que tinha um curso supletivo, no morro, que era um projeto do Telecurso 2000. Fui lá com esse meu amigo e conversei com a professora. Só que o horário do curso era à tarde, quando eu trabalhava na padaria. Tentei falar com o dono da padaria pra trocar o meu horário para manhã, para poder estudar à tarde. Não teve jeito, a opção que ele me deu foi que se quisesse estudar, tinha que sair do trabalho. Fiquei trabalhando mais uns meses. Aí me arrependi da decisão de não ter ido estudar. Depois de três meses decidi estudar, mesmo que tivesse que sair do trabalho. Voltei no Telecurso, mas já tinha passado três meses, e o período era de nove meses e não ia poder acompanhar. Disseram-me: "Tem essa dificuldade, não sei se você vai conseguir acompanhar". Tentei e consegui pegar

tudo sem muito problema. Fui tocando, e assim terminei o ensino fundamental.

Fui trabalhar na Nova Holanda. Saí do trabalho porque teve uma guerra aqui, em 1997, que foi se agravando. Foi uma guerra do tráfico, era muito difícil porque teve um momento muito tenso que eu não conseguia, de alguma forma, circular nesse período. Fiquei desempregado, não estava estudando, e passei um tempo sem fazer nada. Aí arranjei outros trabalhos fora daqui. Conheci outras partes do Rio de Janeiro. No centro, como *office boy*, consegui trabalhar e circular pela cidade. Mas eu vi que tinha que estudar, mas não tinha como! Trabalhei numa refrigeração, numa banca de jornal, de camelô, trabalhei num monte de coisa. Na refrigeração surgiu a chance de fazer um curso para automóvel, só que era um pouco caro, na época era R$ 800, e eu não tinha como fazer. Aí, estou passando na Rua do Acre, e vinha uma moça falando sobre um curso de informática, montagem e manutenção. Era baratinho, era de um sindicato, R$ 15. "Bom, vou fazer." Fiz o curso de montagem, montagem básica de *hardware* de computador. Tinha uma segunda fase desse curso, que era de *software*, que é a parte lógica, que eram mais R$ 15. Fiz também. O curso era no centro, Rua do Acre. Gostei muito do computador, quando entrei nessa parte lógica dos programas.

Pergunta: Você já tinha tido contato com um computador?
Francisco: Não tinha contato com computadores. Quando entrei nessa fase do curso foi fascinante. "Vou fazer um curso. Vou me aprofundar mais." Aí fiz. Na refrigeração estavam me cobrando [de me especializar], mas tomei a decisão de fazer o curso de informática. A empresa não gostou muito e disse que eu tinha que fazer algo na área. Entrei numa furada total, que é a SOS Computadores, fiz um pacote de dezoito programas, me

parece, foi dois mil e tantos reais, e aí ia pagar em parcelas, R$ 90 por mês. Entrei nesse curso, aprendi o "basicão", tipo Windows, Word, Excel, cheguei a entrar em Access, Internet e tal, e tudo o mais. Concluí esse curso. No meio dele, um ano e pouco, eu tinha dificuldade porque só tinha a oitava série, e não conseguia me expressar, não conseguia escrever, não conseguia digitar. Falei: "Tenho que voltar a estudar". Comecei o 2º Grau. Tive uma série de dificuldades. Era muito tímido, apesar de me expressar muito na sala de aula, nunca participei de muita coisa. Sempre ficava meio calado. Tomei decisões pessoais e pensei: "A partir de agora eu vou parar de palhaçada; vou sentar na frente e participar do que for possível". Assim, fui representante de turma no primeiro ano. Em alguns aspectos, tinha mais facilidade do que esse pessoal que estava nessa idade, na escola. No primeiro ano, tive contato com o pessoal do terceiro ano, que havia três anos tentava fazer um grêmio estudantil na escola. Como era representante, tive um contato mais próximo. Elaboramos o estatuto do grêmio, mobilizamos as pessoas.

Pergunta: Por que você montou o grêmio?
Francisco: Porque, na verdade, a escola até hoje não tem representação dos alunos. Via que não tinha mobilização geral, mas tinha quatro, cinco alunos que sempre se mobilizavam pra resolver. O prédio é do município, que à noite cede ao Estado, e o pessoal do município colocou grade na escola. Tem a questão de lanche, por exemplo. O pessoal que estudava à noite vinha do trabalho com fome, por isso o Estado liberava uma grana, que era mínima, R$ 1 por aluno, para ele comer um pãozinho, um salgado. E nós também queríamos que tivesse uma cantina, pra essas pessoas, o pessoal que trabalha. Essa ideia do grêmio quase se desfez. Várias pessoas tinham saído da turma, a mobilização era menor ainda no terceiro ano. A história do grêmio morreu aí.

Pergunta: Você terminou de estudar?
Francisco: Terminei, já estava com a ideia: "Vou fazer uma faculdade". Minha família me apoiava, apesar de não entender o que é uma faculdade. Eu ingressei no pré-vestibular do Ceasm. Assim, decidi fazer ciências sociais, porque é com o que eu mais me identifico, é um curso também político. Isso tem muito a ver com a questão das comunidades e com a cidade do Rio de Janeiro, o Brasil na situação que a gente vive. Na Maré há universitários, e a ideia é que não se deve deixar a comunidade quando se entra pra universidade. Tem que dar um retorno. Minha decisão de fazer ciências sociais é porque me preocupo com as causas do povo – isso vem desde o tempo do Ceará. Lá as pessoas passam por problemas com questões trabalhistas. Nas eleições, os partidos, os candidatos prometem um monte de coisas e não fazem nada das promessas.
Em 2006 não passei no vestibular. Em 2007 consegui entrar. Passei na PUC e Uerj. Na PUC, ganhei bolsa de 100%. Essa era outra decisão que tinha que tomar. Não sabia onde queria ficar, porque a PUC é muito boa, mas tinha o problema de não ser pública. Na minha avaliação final, fazer uma faculdade pública era melhor, mesmo sabendo dos problemas da Uerj. Alguns amigos que estudaram na PUC me falaram: "Você é maluco de não escolher a PUC e ir pra Uerj". Mas essa foi a minha decisão e estou cursando ciências sociais lá.

Pergunta: O que significa o lugar onde mora?
Francisco: A mudança foi muito brusca quando cheguei. A Maré tem cento e tantos mil habitantes. Quando saí de Cachoeira havia mais ou menos seiscentas pessoas lá. Tive muitas dificuldades, como falei antes. Depois que comecei a trabalhar, conseguir amigos, ir à praia, melhorou. Uma coisa muito difícil foi a forma de vestir. As pessoas se vestem diferente, temos

que nos adequar senão você não faz parte do grupo. Lembro-me de uma cena, eu estava usando uma calça apertada, e foi a maior zoeira. Em vários momentos era corrigido no falar. Você tem um linguajar diferente. Se expressa de outra forma, isso também é um pouco complicado. Por exemplo, tem gente mais velha que nunca deixa o sotaque, mas eu perdi o sotaque logo. Acabei me adaptando, apesar da violência. Houve uma cena nos primeiros dias da minha chegada, quando comecei a trabalhar na padaria, que foi impactante. Vi um grupo de jovens armados, com armas que eu nem conhecia. Pensei: "Caramba! Lá, onde morava, quem via na rua com arma era a polícia, e morria de medo da polícia". Aqui, um dia, tive contato com um sujeito que me pediu um cigarro. Tinha que dar porque era bandido, era violento. Eu nem olhava direito para ele, com medo. Quase um ano depois que cheguei aqui vi um rapaz morto numa vala. Foi uma cena forte, muito forte. Pensei: "Vou embora daqui". Onde eu nasci as pessoas também morriam, mas quando havia uma morte era de uma pessoa de 60 anos. Morria porque estava muito velho! Não tinha morte de jovem, nunca morreu um jovem lá, nunca. Aquilo me chocou, mas ao mesmo tempo que isso chocava, eu ia tentando entender a violência que vem do próprio tráfico de drogas. Hoje, a minha percepção é mais apurada, por conta do meio em que circulo. Nunca achei que aqui fosse um lugar extremamente horrível por conta disso. Mas o jovem morrer, isso é um problema gravíssimo. As pessoas aqui se preocupam com o jovem que morre, sim, não tenha dúvida disso. Agora, como se tenta resolver esse problema é o mais danoso, porque, na verdade, gera muito mais mortes. Não é um fato com que eu conviva bem, de jeito nenhum. Qualquer lugar em que morra um jovem, não só um jovem, mas qualquer pessoa, numa situação de morte forçada, uma morte que não seja natural, é muito estranho. Nunca vi isso na minha infância. Lembro que conheci algumas pessoas, quando cheguei, que morreram. Alguns morreram porque entraram no tráfico. Isso é um problema, mas não é um problema do jovem. Ele não morreu porque era sem-vergonha, morreu porque tem um outro jogo maior por trás, que o levou à morte. Na minha percepção, o que se pensa pra resolver isso não gera resultados práticos, porque continua a morrer muito jovem.

Pergunta: Há soluções?
Francisco: Elas estão vindo do Estado, das instâncias, e também dos órgãos públicos e governo. Os órgãos pensam que é muito mais fácil eliminar esse jovem, você faz que ele seja o problema. Eles pensam: "Ele é o problema, ele tem que ser eliminado", e vão eliminando. E as coisas maiores, por trás, não são eliminadas. Eu vim do Nordeste, consegui estudar, passar na universidade, mas se você olha ao meu redor isso não é frequente. O que se tem que fazer é tentar resolver a questão do jovem que continua vindo. Não estou falando para fechar a cidade. Há um problema para resolver que é o problema do teto, da reforma agrária, problema da educação, problema do acesso. Quando o jovem chega, no dia a dia, ele tem as mesmas dificuldades. Aqui na Maré e nas comunidades, ele fica segregado, não tem circulação pela cidade, e parece que o problema é cíclico. As coisas vão se repetindo. Você sai lá de Cachoeira e chega aqui na Maré e o problema é grande. Em Cachoeira é menos grave porque não se morre jovem, mas a vida lá faz que ele venha pra cá. Ele chega aqui e morre. Concluindo, não sei se isso é utópico, mas eu milito. Acredito que não se tem que passar por um sistemão como esse e furar ele, enquanto outros não conseguem e por isso morrem jovens. Não está certo!

Capítulo 5
Vozes dos líderes comunitários

Carlinhos Costa da Rocinha: uma conversa com
Maria Helena Moreira Alves, Philip Evanson e
José Valentin Palacios
28 de julho de 2008

Carlinhos Costa é um líder comunitário que nasceu e foi criado na Rocinha, na Zona Sul, uma das maiores favelas da América Latina. Nesta entrevista, ele explica como a Rocinha mudou no período em que ele vive lá e como isso contribuiu para o aumento da criminalidade no Rio de Janeiro.

Pergunta: Queremos que você nos conte a sua vida na Rocinha.
Carlinhos: Nasci na Rocinha de uma mãe e fui criado por outra. Minha mãe de criação me levava para ver a minha mãe biológica todo fim de semana, porque quando nasci, minha mãe biológica teve uma tuberculose e na época não tinha cura. Ela

entregou os filhos para amigos e vizinhos cuidarem. No meu caso, ela me entregou para uma moça que ela já tinha definido que seria minha madrinha. E ela virou minha mãe de criação. Só que minha mãe venceu a doença e retornou depois para a Rocinha, mas por causa daquelas coisas dos valores, ainda mais daquela época, ela não teve coragem de tomar os filhos de volta. Ficou sem jeito de dizer: "Agora, já estou bem, devolve os meus filhos". Eu continuei morando com minha mãe de criação, a minha irmã com a madrinha dela, na Joana Angélica, Ipanema, que foi uma das primeiras patroas da minha mãe, e assim foi nossa vida.

Todos os domingos tínhamos o ritual de visitar minha mãe. Ela voltou para a Rocinha e se apaixonava loucamente por homens, e teve um filho de cada um, quatro filhos no total. Mas eu tenho muito orgulho dela. Sou o segundo, a minha irmã mais velha morreu e tenho duas irmãs menores. Meu pai não teve nada a ver comigo, não tenho afeição por ele, nunca cuidou de mim. A minha mãe de criação era muito metódica, tinha que ir à missa todo domingo, e depois ir visitar minha mãe biológica. Tinha essa coisa de respeito aos mais velhos, tínhamos que pedir bênção aos mais velhos.

Uma vez estava com minha mãe de criação na Rua dos Boiadeiros e veio um senhor, cercado de mulheres, e ela me disse: "Aquele ali é seu pai". Ela o chamou, eu nunca o tinha visto antes. Tinha 9 anos e ela falou: "Anda, vai pedir a bênção ao seu pai". Fui pedir a bênção, e ele deu dois tapinhas na minha cabeça e disse: "Não, não, não, não precisa pedir bênção não, não me atrapalha não". Eu lembro só que fiquei com muita vergonha, mas isso estabeleceu nossa relação.

Hoje, depois de tantos anos, ele tem orgulho de mim e vive dizendo a todo mundo que é meu pai. Agora nos relacionamos bem, os filhos dele me adoram e são muito apegados a mim como irmão mais velho. Lembro que uma vez, a última mulher dele, porque ele teve várias, me chamou e disse: "Quero pedir um favor, meu filho tem um orgulho muito grande de você, gostaria de lhe pedir que o deixasse chamá-lo de irmão". Eu fiquei contente e disse: "Claro, tem tudo a ver", e passei a sair com o menino e as irmãs dele. Uma vez apareceu um que eu não conhecia. Estava no ônibus e vi um jovem me olhando muito. Perguntei se me conhecia de algum lugar, e ele disse: "Sim, sou seu irmão". E daí ficamos amigos também, e eu o coloquei no movimento social. A minha história começa assim. Duas mães, dois pais. Um pai com várias mulheres, e um montão de meios-irmãos e irmãs dos quais fui ficando amigo. O pai que me criou era um jardineiro, analfabeto, passou a vida inteira cuidando de flores e plantas. Ele me deu todos os valores, tudo que sei na vida. Realmente, tenho um grande amor por ele e gratidão, me deu tudo que tenho na vida, valores morais, éticos, carinho, atenção e muito valor.

Pergunta: Quando você era criança na Rocinha tinha bandido, tráfico, milícia, violência?
Carlinhos: Puxa, nada disso. Pense em uma cidade bem do interior, os vizinhos todos se conheciam, todo mundo se ajudava, todo mundo cuidava dos filhos dos outros quando os pais estavam fora ou trabalhando; era calmo e muito coletivo. As casas tinham quintal, terreiro, aquele espaço enorme para a gente jogar bola, a gente corria, tomava banho de cachoeira.

Pergunta: Tinha cachoeira na Rocinha?
Carlinhos: Tem cachoeira na Rocinha, antes tinha muito mais. Tinha aquela coisa de compra de mês. O pai saía com um sacão nas costas para comprar junto com os outros, porque era mais barato uma vez por mês. Não tinha luz elétrica. Não tinha água

encanada da cidade, mas tinha muitas minas de água pura. Inclusive ainda hoje há lugares na Rocinha onde as pessoas só bebem água das minas. Elas não aceitam beber água encanada, só da mina, pura, que vem da mata. Ainda tem pessoas que vão buscá-la, com as garrafas, a lata na cabeça, como antigamente. São em geral pessoas mais velhas, acostumadas com isso. Era um mundo de sonho. Fui conhecer o que era droga, ver o que era cocaína, no Exército, em 1982. Na Urca, na Praia Vermelha, na Escola do Comando do Estado-Maior do Exército, onde formam os oficiais. Foi quando um sargento falou: "Pô, você mora na Rocinha? Traz um negocinho de lá". E eu falei: "Não sei o que é isso". E não sabia mesmo. Ele abriu um pacotinho e disse que aquilo era cocaína. Eu nunca tinha visto na minha vida isso. Em 1982! Nunca tinha visto maconha, cocaína, porque não tinha crime organizado. Tinha os que chamavam de "vagabundos". O que era um "vagabundo"? Era alguém que não gostava de trabalhar, tinha a lei da "vadiagem", era quando a polícia encontrava alguém na rua sem sua carteira de trabalho, era preso por vadiar, ia para a delegacia, se o homem ganhasse três vadiagens ia para a prisão.

Eu convivia com os vagabundos, mas não via nunca droga, porque a regra era que se alguém tivesse droga ou arma as mantinha muito escondidas. Você, morador, não podia de maneira nenhuma mostrar que tinha droga. Imagine se alguém ia consumir droga na frente de alguém, era muito escondido. Ainda estávamos todos presos aos valores e aos costumes. Por exemplo, não se fumava na frente do pai ou da mãe, na frente dos adultos ou na frente das crianças, que também era muito malvisto isso. Fomos criados todos assim. O que víamos mais era cachimbo. Até cigarro demorou muito para começarmos a ver assim em público.

Pergunta: Como foi mudando? O que aconteceu para mudar tanto?
Carlinhos: Eu não consigo imaginar quando. Em 1982 estávamos ainda na ditadura, eu estava no quartel e lembro que foi o meu primeiro ato de rebeldia cívica. Lembro que no dia 15 de novembro, eu estava no quartel, e fui votar com uma camisa do Lysâneas Maciel para deputado debaixo da minha farda. Eu nunca tinha votado em ninguém, não sabia nem o que era o PT, mas aquela camisa tinha razão de ser. O *slogan* era assim: "Brizola na cabeça". Essa foi a brincadeira, porque na época a cocaína era chamada de Brizola. Então o pessoal começava a brincar. Foi o começo do PT e do PDT e dos militantes políticos dentro da Rocinha. E era brincadeira esse *slogan*, mas ajudou a levar a campanha do Brizola e ele ganhou a eleição para governador. Mas o que mais me lembro era dessa coisa forte do Lysâneas, do PT, o trabalho de base. Eu não sabia nada de política e estava com minha farda do Exército, e vários soldados já tinham o título de eleitor, porque você tinha a opção de poder votar como soldado, e me lembro que na véspera foram recolhidos todos os títulos de eleitor. Não deixaram que nenhum soldado votasse.

Mas isso mudou. Em 1986 a Rocinha era uma favela muito politizada, os movimentos políticos estavam todos ali, aquela coisa de esquerda e direita estava muito clara. Mas já ali começava uma briga entre os setores do PT e do PDT. E o PDT, o brizolismo, o Brizola no poder cooptou diversas lideranças comunitárias, não só do PDT, uma cooptação enorme de lideranças comunitárias para o serviço público. Começou com o pessoal que trabalhava em creche, nas antigas escolinhas comunitárias, e então, em 1986, nos deparamos com uma falta de identidade, entre essa coisa de poder e comunidade. Era confuso, tinha momentos em que você era o representante do poder, em que você era o cara da comunidade. E ao mesmo tempo, as comunidades começaram a sofrer a influência de companheiros que vinham para abafar esse movimento independente do poder. Não queriam movimentos de reivindicação e diziam: "Pô, mas é o nosso governo. Vamos lá conversar com o governador, vamos falar com os secretários". Aí é que você começa a trocar as reivindicações pelo favor, pelo favorecimento.

Pergunta: Mas havia violência?
Carlinhos: Desde que me entendo por gente, e até 1990, 1992, a polícia era presente na vida da Rocinha. Tinha ronda, as pessoas avisavam, "Lá vem a polícia", quem tinha de correr, corria, a polícia fazia *blitz*, revistava as pessoas, prendia quem tinha de prender. Andava a pé pela comunidade.

Pergunta: Mas andava aos tiros?
Carlinhos: Não, polícia de ronda, andando para cima e para baixo, brincava de pique com os bandidos da época. Gritavam: "Olha lá a polícia!" e os bandidos corriam e a polícia atrás, nem sacava a arma, sem dar tiro. Era proibido ao bandido tentar atirar na polícia. Questão de honra. Corre quando vê policial. Não mexe com policial. Essa era a ordem. Respeitem a polícia, e quando as pessoas brigavam nas suas casas, iam ao posto chamar a polícia. Às vezes o filho ia buscar a polícia porque o pai e a mãe estavam brigando, essas coisas. Morador ia chamar porque havia dois vizinhos brigando, um ameaçando o outro. A polícia ia, conversava, prendia, dava conselhos. Era polícia comunitária.

Pergunta: Como é que começou essa violência? Quando entraram as armas?
Carlinhos: No governo do Moreira Franco (1987-1990). O tráfico ficou forte e se estabeleceu no comando da Rua Dois.

Ninguém conseguia subir sem aprovação. A polícia não conseguia mais subir. Já não tinha mais como romper a barreira deles, o poder de fogo dos bandidos então já era grande. E a polícia com seu revólver antigo 32, e depois com uma metralhadora chamada INA, os bandidos brincavam com a sigla: "Isso Não Atira". Um ano depois invadiu a Rocinha e matou todos os líderes do tráfico. Mataram todo o pessoal, e naquele local onde tinha o comando fizeram o posto policial que existe até hoje. Morreu, inclusive, o primeiro garoto que estava com o tráfico, de 12 anos, o que chocou o Rio de Janeiro, o "Brasileirinho". Primeira criança que se tem notícia que estava fazendo parte da cúpula do tráfico no Rio de Janeiro. Isso foi em 1988. A segunda foi a Carla, do Dona Marta. E ela também, menina, estava na cúpula do tráfico e armada.

Nesse momento, se rompe com os dois mundos de violência na cidade do Rio de Janeiro. Rompemos naquele momento com a ingenuidade, com o momento comunitário, porque agora, em nenhuma favela do Rio de Janeiro, exceto onde tem GPAE [Grupamento de Policiamento em Áreas Especiais], em nenhuma outra favela existe ronda policial. Nenhuma. A polícia não sobe em favela. Só sobe em grandes operações, isso quer dizer quando o morro estiver tranquilo, em qualquer beco, em qualquer rua, em qualquer viela, no alto de qualquer laje, os bandidos fazem o que querem, a hora que querem. Matam quantos querem. E ninguém pode fazer nada. Agora quando o bandido quer fazer alguma coisa, dá um dinheiro ao policial e pronto.

Pergunta: Isso em todo lugar?
Carlinhos: Em todo lugar. Mas o posto policial na favela ainda é um símbolo, as pessoas gostam de ter isso lá. E por isso os traficantes deixam. Não fazem mais nada, não se metem na

briga de casais, de vizinhos como antigamente, não fazem nada a não ser socorrer pessoas que estão doentes ou feridas. Hoje se pode dizer que é uma triagem médica. Esse é hoje o papel do Destacamento de Policiamento Ostensivo (DPO).

Pergunta: E as milícias, como começaram?
Carlinhos: Eu não sei bem como começou academicamente. Mas, em certos lugares, como em Rio das Pedras, por exemplo, foram os migrantes nordestinos que chegaram com muita gente. Eles estavam com muito medo de a família ser absorvida pela violência do Rio, o filho virar maconheiro etc. Então começaram a fazer uma rede de proteção, um ajudando e protegendo o outro, e isso foi crescendo, e foi tendo muita força. E força vira poder. Essa força e esse poder começaram a representar um papel político, podendo dar grupos de votos, e isso começou a interessar as autoridades. Esse modelo começou a ser vendido para as autoridades como uma alternativa ao tráfico porque tinha força para tirar o tráfico e controlar os jovens em lugares onde a polícia não funciona. E também começou a chamar a atenção de policiais que começaram a querer vender proteção nas periferias, e se começou a criar outro modelo de proteção armada e cobrada em dinheiro. Eu arriscaria dizer que esse modelo começou de 1994 para cá, no segundo governo do Brizola.

Esses grupos que começam a se autoproteger, depois protegem toda uma região e começam a vender a segurança. Mais tarde, terá a possibilidade de entrar no comércio, e é um grupo que vai tomando poder e se organizando por regiões. A mídia começa a vender esse modelo como um filão financeiro, "vende" o modelo milícia como alternativa ao tráfico, e que pode dar dinheiro. Então, grupos de interesses diversos começam a tomar conta, especialmente de uma determinada região, a Zona Oeste [do Rio], de Jacarepaguá para cima, até Santa Cruz, Campo Grande.

Pergunta: E assim chegou a Liga da Justiça?[1]
Carlinhos: [A Liga da Justiça] já veio com outra visão, de domínio financeiro e político de determinadas regiões. Ela tem policial, político, vereadores, deputados estaduais, grupos de extermínio, tem tudo aí. Venderam essa segurança para proteger as regiões das favelas, mas com poder político e policial também. Eles cobram preços que variam de R$ 15 a R$ 30 por casa, e a maneira que começaram a fazer não era ameaçando, ao contrário, era dando proteção. Tocavam na porta e diziam: "Pegamos aquele vagabundo querendo bater no teu filho e o protegemos". E as pessoas: "Nossa, obrigada". Aí falam: "Você pode ir trabalhar tranquilo que nós cuidamos da sua casa, ninguém vai mexer na sua mulher e filhos, nem roubar nada aqui porque estamos vigiando". Passam de vez em quando para perguntar: "Tem algum problema aí? Se tiver nos fala que resolvemos". A pessoa pergunta quanto é e dizem: "Se quiser dar alguma ajuda tudo bem, mas a gente não está cobrando nada". Assim foram ganhando as pessoas pouco a pouco, e com essa confiança veio muito poder político, muita gente eleita e entrando em todas as esferas do poder público. Mas ao contrário de obrigar a pagar, eles não fazem isso, eles fazem a gente entender que eles são importantes, e depois passam uma listinha pedindo ajuda, mas só voluntária. Num primeiro momento eles fazem a pessoa ver que existem ameaças e ele protege. Por exemplo, chegam e falam: "Olha, tem um cara aí entrando na tua casa", e correm, dão três, quatro tiros, e o cara

---

[1] Uma das mais antigas milícias do Rio de Janeiro, que tem como símbolo o morcego do Batman.

sai correndo. Mentira. Tudo feito de propósito, mas o cidadão fica grato, acha que realmente é importante, se sente bem. Um esquema montado e o cidadão acha supernecessário e apoia. Tem milícia em toda a Zona Sul também. Esse homem que anda pela rua com colete, apitando de vez em quando, recebe dos síndicos dos condomínios. Em quase todas as ruas da Zona Sul tem gente que recebe para ficar fazendo ronda. E as pessoas acabam pagando mais do que os R$ 15 ou R$ 30 das favelas. É que ninguém acredita mais na PM, e inclusive tem medo dela. Preferem contratar essa "segurança" que não tem nem licença, e são mesmo milicianos, muitas vezes os próprios policiais fora do serviço. Meu filho que mora em Jacarepaguá, por exemplo, paga. Mas não paga por mês, o que faz é dar presente e algum dinheiro no Natal, no Dia das Crianças, Páscoa, Carnaval. Mas se for preciso, ele paga. Ele já viu casos em que a milícia pede para entrar no quintal de casas, até com carros da PM, supostamente atrás de bandidos, dando tiros etc.

Pergunta: E quando a milícia ficou violenta?
Carlinhos: Depende. Tem lugares em que nunca houve um caso de violência da milícia contra os moradores. Tem outros em que, sim, que enfrentam o tráfico, ficam no lugar do dono do morro, usam a violência para dominar os moradores. A violência da milícia é só nos locais onde eles substituíram o tráfico e os bandidos. E, ainda, tem lugares em que eles substituíram os bandidos e o tráfico, mas não usam a violência contra os moradores, ao contrário, como em Ramos, eles proibiram bandidos de andar armados por aí, não tem assalto de morador, não tem estupro porque quem faz isso desaparece. Os moradores acham ótimo, dizem: "Que maravilha, nunca mais senti o cheiro de maconha por aqui. Nunca mais vi um cara com cocaína. Não tem gente carregando armas". E você

pergunta: "Mas não tem milícia?" E eles falam: "É, mas a milícia não mexe com a gente, não. Não mexe com morador. Eles protegem". Tem milícia que toma conta do comércio, da venda do gás, dos "gatonet", e até do tráfico, mas fora da favela. Dentro, protege os moradores. Aliás, como fazia o tráfico antigamente, os moradores se sentem protegidos, lá não tem mais assalto, podem deixar a janela aberta, a filha está na rua tranquila, ninguém ousa mexer com ela. E eles dizem: "Por isso eu pago qualquer preço", votam neles, e aí vem o poder verdadeiro deles, o poder político e até judicial.

Pergunta: O que representa a milícia?
Carlinhos: Tem lugares em que a milícia representa a volta do teu espaço como morador, a volta do uso do espaço público. Antes você tinha de pedir licença para passar. Agora você pode sair, vai à praça, senta no barzinho, vai ao mercado, não tem risco de tiroteio. Se a polícia entra na sua comunidade, você está tranquilo, porque sabe que são amigos da milícia e estão juntos. A polícia entra, passa, olha, e não tem tiroteio, e até a polícia passa a tratar os moradores com mais respeito, porque estão no mesmo esquema da milícia e têm os mesmos benefícios.

Pergunta: Isso é autoproteção?
Carlinhos: Em alguns espaços, a milícia quer se impor pela força. Como no caso do Jerominho, que está preso. O cara vem armado na porta do morador e fala que tem de apoiar a milícia, tem de votar no candidato deles. Assim, se vê como funciona. No princípio vêm devagar, suavemente, com cuidado, estão conquistando. Depois não querem perder nada, começam a se impor com o uso da violência para controlar geral. Vira bandido, vira cruel. Quero meu voto, me dá meu voto ou mato.

Passa seu título de eleitor que vou fazer a lista de todo mundo que mora aqui, e onde votam. E ai de vocês se meu nome não estiver em todos esses locais onde tem gente que mora aqui que vota. Lógico que não vai saber qual o indivíduo que não votou, mas vai saber quantos votos teve, e daí tem que ser muito, senão a represália vem em cima de todos. Está vendo, é como está funcionando esse curral eleitoral, ninguém tem liberdade de voto, tem mesmo de votar com eles. Você vê, o Jerominho está preso, vai perder o mandato de vereador. O outro vai perder o mandato de deputado estadual porque também está preso, o amigo dele. A filha, a Carminha Jerominho, é a chance que a milícia tem de manter o controle político, por isso todos os moradores têm de votar nela e se ela não ganhar, aí é que vem a ameaça de violência. Uma coisa é eles pedirem votos para a Carminha, outra é provar que ela é a continuação do esquema dela [Liga da Justiça]. E aí, não sei como fica judicialmente. Eles estão acuados, são capazes de tudo.

Pergunta: Ouvi denúncias de muita violência das milícias, até de tempos atrás, de 1992, 1993.
Carlinhos: Isso já é outra coisa. É o que chamavam "polícia mineira".

Pergunta: A "polícia mineira" é diferente dos milicianos de hoje?
Carlinhos: A polícia mineira é o seguinte: eles chegam e falam "eu sei que você é bandido. Vou deixar você atuar, mas quando eu souber que você tem bastante eu vou lá c tc 'minero', vou tomar de você. Só assim você pode continuar". Essa é a polícia mineira, está ali para "mineirar". Ela só ataca quem tem envolvimento. Qualquer coisa ilícita, ele vai extorqui-lo. Por isso, o termo "mineirar", tomar de você. Já o grupo de extermínio não tolera. A polícia mineira tolera, porque ganha com o

crime, e pega uma parte. Manda o traficante colocar o seu local em certo lado, e fala que morador não pode ser incomodado. E fala: "Eu estou tolerando sempre enquanto você me der a minha parte, e não incomodar o morador". Grupo de extermínio não tolera, morre o cara, e morre a mulher do cara, e morre qualquer pessoa que esteja perto do cara, ou que esteja envolvido no esquema. Acabam com todos. Mata todos os que são coniventes. É o exterminador, mata em série, desaparece com os corpos, faz o que quiser. São quase todos ex-policiais ou policiais que agem quando estão fora do serviço. Pode-se dizer que todo o espaço de criminalidade que continua a existir no Rio [de Janeiro] tem o amparo do poder público. Eu tenho de reconhecer que isso é verdade. De maneira direta ou indireta, senão acaba e não pode continuar a exercer seu poder. Tem poder policial, tem poder político, tem poder judicial por trás.

Pergunta: Você acha que houve mudança com o governador Sérgio Cabral?
Carlinhos: Houve. E tem que estar muito dentro do jogo para poder perceber as mudanças. Ele partiu para cima da criminalidade com muito mais violência que antes, inclusive algumas vezes trocando os pés pelas mãos. Acho que o ápice foi o que aconteceu no Alemão. Imperdoável, inaceitável. Agora, vamos combinar, algumas coisas acabaram na região, como a chamada "guerra de facções". Não tem como negar que diminuiu assustadoramente. A última "guerra de facções" que tivemos neste ano foi aqui na Babilônia e no Chapéu Mangueira. Até por conta da ostensividade da polícia nos principais pontos das principais facções. Alguns vão dizer que "sobretudo o Comando Vermelho". Mas o Comando Vermelho é a maior força, então sofreu muito mais a tática da polícia, a pressão, até porque era o grupo majoritariamente dominante. As operações

policiais também têm sido uma constante nos mais diversos espaços. Tem morrido muita gente, é imperdoável quando morre gente inocente. Ainda temos as balas perdidas e os autos de resistência, que são mortes não em confronto com a polícia, mas propositadas. Mas tem de se admitir que a "rapaziada" está menos à vontade.

Pergunta: "Rapaziada" quer dizer o pessoal do tráfico?
Carlinhos: Sim, pelo menos em um ou outro espaço. Uma grande diferença agora é que não se tem prendido gente. Tem-se matado muito.

Pergunta: Pratica-se a política do grupo de extermínio?
Carlinhos: Eu não sei. Na contramão do que a imprensa diz, eu acho que eles estão subindo para cumprir uma missão, e não têm encontrado vida fácil. A sociedade talvez não perceba, mas a morte do policial é a vitória da criminalidade. Também é a vitória da criminalidade a morte do inocente, ele não tem que morrer. Polícia também não. Traficante também não.

Pergunta: Você falou sobre a passeata da Rocinha de 2004 em protesto contra as ações da polícia. Pode explicar isso?
Carlinhos: Em julho de 2004, no auge da guerra da Rocinha, o líder dos traficantes tinha sido morto e o vice-líder tinha assumido o comando. No meio da guerra, lá no meio do mato, toda a bandidagem acuada, a presença de 1.200 policiais dentro da Rocinha, sendo que era muito notório que aquilo era para provocar a população e, segundo alguns, até as autoridades, para fazer que a população denunciasse os bandidos. A polícia estava cometendo muita arbitrariedade, agressão e violência contra mulheres e crianças, abusos principalmente contra mulheres, idosos e crianças. Muita agressão. Jovens baleados

e feridos. Simulavam encontrar drogas com jovens, prendiam irregularmente, entravam nas casas à força, arrombando. E aí o chefe do tráfico mandou me convocar certa noite e também os outros dois presidentes da associação, e falou: "Olha só, eu sei que vocês estão na televisão, estão na imprensa, estão com todas as organizações sociais dando cobertura, mas está sendo pouco. A comunidade está sendo vitimizada o tempo todo pela polícia, e se vocês não tomarem uma atitude, eu vou tomar. Ou vocês fazem uma grande passeata, chamam a imprensa, chamam todo mundo e denunciam, apresentam as vítimas da polícia, ou a gente vai pro confronto. Bandidos", diziam eles, "nós somos bandidos, e matar ou morrer para nós não tem problema. A gente só quer evitar o confronto para não dar problemas para a população. Agora a gente só quer evitar a violência como nunca fizemos antes". Naquele momento nos reunimos os presidentes da associação e falamos: "Ele tem razão". E decidimos fazer a passeata, só que procuramos as autoridades da época, inclusive o comandante do 23º Batalhão da PM, e falamos: "Vamos organizar uma passeata, a mando do tráfico, pedido pelo tráfico, mas vai ser só de moradores, da população, contra a violência policial que vocês estão fazendo". Exigimos, então, que o comandante da PM botasse toda a sua polícia secreta junto, para ver que não tinha bandido, não tinha arma, não tinha droga, que não era um movimento do tráfico. Nós exigimos que ele botasse os homens do serviço junto, filmando, acompanhando, fotografando, para ver que eram só moradores, para ver que era um movimento da Rocinha organizada. Nós botamos mais de oitocentas pessoas na rua. Foi uma passeata enorme, carros, motos etc., organizada por nós. A ordem foi do tráfico, a organização foi nossa. Contamos com a ajuda da logística da própria comunidade, de comerciantes, lógico que nem todos, pois alguns não poderiam ajudar, perdendo dinheiro todo dia no meio da guerra, sem poder abrir as lojas, os negócios. Não tinham dinheiro. A maioria não pôde ajudar, mas muitos puderam e nós organizamos a passeata contra a violência da polícia. E as autoridades ficaram preocupadas depois que viram a capacidade de mobilização. Em nenhum momento exigimos que tirassem a polícia da favela. Queríamos que parassem com a arbitrariedade, mas não abríamos mão da presença da polícia.

Pergunta: E pararam?
Carlinhos: Diminuiu muito, mas parar não vai parar nunca. Tem sempre os maus policiais que se aproveitam. Em qualquer categoria tem isso, mas, vamos dizer assim, a polícia, como instituição, parou. Determinados policiais continuaram, mas a instituição controlou mais. E os que continuaram, foi com bastante medo, porque já não tinham o apoio do comando.

Pergunta: Usaram o Caveirão na Rocinha?
Carlinhos: Não. A Rocinha é Zona Sul. A Rocinha é São Conrado, Ipanema, Gávea. O próprio secretário de Segurança [Mariano] Beltrame falou que uma coisa é um tiro na favela da Corea, lá na Zona Norte, e outra é um tiro em Copacabana. Então a Rocinha está no coração das áreas mais nobres, Ipanema, São Conrado, Gávea, Leblon, Barra.

Pergunta: Mas na Mangueira entraram com o Caveirão, e foi um desastre.
Carlinhos: Sim, mas, olha, morador de favela nem sempre é contra o Caveirão. O morador é contra o mau uso do Caveirão. Algumas organizações da sociedade criaram o "Movimento Fora Caveirão" e quiseram colocar isso na conta do morador de favela. Mas o morador de favela entende, e sofre quando vê um

policial morrendo num beco, numa viela, às vezes em frente à casa dele, porque traz para aquela comunidade um clima hostil contra o Estado.

Pergunta: Mas o Caveirão entra gritando, dando tiros, falando que vai matar, que vai sugar a alma dos moradores.
Carlinhos: Mas o carro não fala, o blindado não fala. A população é contra o mau uso dessa força, desse blindado, desse equipamento. É muito importante que se diga isso porque eu me lembro de que uma vez estava em uma reunião, no Bope, e um membro da Comissão Fora Caveirão, um membro bastante ativo e bastante amigo nosso, falou para o comandante que exigia, em nome das favelas, que todos os Caveirões fossem retirados das operações policiais. A mãe de um rapaz, que perdeu o filho em uma operação do Bope, falou: "Eu quero dizer que não é verdade isso. Nós só queremos que os policiais passem a utilizar bem, e com respeito à comunidade, este é um equipamento de proteção da vida do policial". O que ela está falando é isso, o morador convive com essa violência, com o tráfico, não porque ele quer. É que ele chega à conclusão de que o traficante, que ele conhece, é menos pior do que a polícia, que não o conhece, que o agride, que o violenta, e que mata o filho dele. O que o morador está dizendo é que se a polícia chegar sem agredir, sem ele perder a vida, sem os filhos perderem a vida, sem os vizinhos perderem a vida, se chegarem naquele local onde está ocorrendo o crime contra a vontade dos moradores, mas devolver aos moradores o direito de ir e vir com segurança, aí ela passará a apoiar. Querem uma polícia decente! Quando houve a ocupação do Complexo do Alemão, que matou dezenove pessoas, os moradores ficaram muito tristes. Duas vezes. Primeiro porque a polícia matou essas pessoas, e segundo porque tinha mapeado onde estavam os bandidos e

chegou a trezentos metros de onde eles estavam, matou um monte de pessoas inocentes, e depois voltou dali e não prendeu nenhum bandido. Ou seja, depois a violência cresceu, ganhou força e ganhou muito mais poder do que antes. E aquela população ficou muito mais subjugada, porque o poderio bélico sobre aquela população aumentou muito.

Pergunta: Por que a polícia não chegou a eles?
Carlinhos: Coincidentemente a polícia vendeu quantos fuzis? Quantos foram apreendidos na mesma operação? A negociação com os bandidos foi feita nas barbas do morador, e muita gente inocente morreu. O morador foi usado, tanto os que ficaram vivos quanto os que morreram. Viram e ouviram as negociações, e os que não ouviram sabem também, porque morador não é bobo. Morador não fala, não vê e não ouve porque não pode. Não porque não queira. Eu costumo dizer: quer saber o que o morador acha? Ouve o morador, não chama a liderança, não. Ganha a confiança e conversa com o morador comum. Conversa com a empregada, com o porteiro, com o gari da rua, com as pessoas e veja o que eles dizem. Muitas vezes eles não podem nem dizer se preferem polícia ou traficante.

Deley de Acari: uma conversa com Cristina Pedroza de Faria
8 de agosto de 2008

Deley de Acari é um líder comunitário muito conhecido na favela Parque de Acari, cenário frequente de conflito entre polícia e traficantes de drogas. Deley vê essa situação como um programa lento, porém contínuo, de genocídio contra as comunidades. Ele argumenta também que os governos mudam, mas as políticas de segurança permanecem. Para Deley de Acari, o objetivo principal da comunidade deve ser um programa para reduzir o número de homicídios, que ele e seus apoiadores chamam de Sistema para Redução de Danos e Perdas de Vidas Humanas no Complexo do Acari.

Deley de Acari: Meu nome é Wanderley da Cunha, pseudônimo Deley de Acari. Tenho 53 anos, moro em Acari desde 1974, mas desde 1965 venho à comunidade por causa de laços familiares. Quando vim para cá [Acari] já militava em movimento social, movimento negro, cultural, fazia teatro independente. Então comecei a militar no Quilombo, escola de samba fundada em 1975 pelo Candeia; comecei a militar na associação de moradores e, em 1979, assumi a vice-presidência da Associação dos Moradores do Parque Acari. Acari está divida em quatro comunidades. O chamado Complexo de Acari tem dezoito favelas. Aqui, essa parte se chama bairro de Acari, tem três favelas e esse conjunto habitacional, o Amarelinho, mas que na verdade não é nem de Acari, é de Irajá. Em 1985, comecei a trabalhar como animador cultural no programa especial de educação pública do Ciep [Centro Integrado de Educação Pública], implantado no governo Brizola. Em 1990, quando teve a chacina dos filhos das mães de Acari, eu não estava morando aqui. Passei cinco anos morando fora porque minha mãe faleceu e tive que me mudar daqui com a minha irmã. A gente ficou sem casa e teve que se mudar por dificuldades financeiras, fui pra casa da minha tia.
Em 1991, voltei. Em 1993-1994, logo depois da chacina de Vigário Geral, quando começaram as ações policiais mais violentas, principalmente em Acari, passamos a atender alguns moradores, encaminhar para denúncia os casos de violência através da associação de moradores. Existia o Ceap [Centro de Expressão e Arte da População Marginalizada] e encaminhávamos pra lá os parentes de vítimas e sobreviventes. Eles

já estavam cuidando do caso das mães de Acari,[2] que tinha uma comissão de direitos humanos. Assim passamos a ter uma atuação com direitos humanos.

Pergunta: Tinha resultado?
Deley de Acari: Nesse período nunca teve. Houve resultado da militância, mas não efetivamente na comunidade. Nunca contribuiu pra melhorar, pra reduzir a violência policial, a violação dos direitos humanos. O grande problema sempre foi que você encaminha um caso, mas depois que passa a revolta, a família fica com medo de represália, vai à delegacia e retira a queixa. Quando é alguém envolvido com alguma atividade criminosa, então a família acha que é assim mesmo, é bandido, morreu, deixa pra lá.
Em 1995-1996, criamos o Centro Cultural Areal Livre, um trabalho que já existia em torno de uma equipe de som, que era a Areal Livre. Eles faziam bailes, arrecadavam alimento, distribuíam para a comunidade. Em 1996, transformamos essa ação em um centro cultural para poder recorrer juridicamente. Tínhamos contato com a Cristina Leonardo e conseguimos trazer o Pierre Sané, secretário-geral da Anistia Internacional. Conseguimos encaminhar muitos casos e pessoas para lá, onde devem ter muitos relatórios assinados por mim e alguns outros companheiros. Mas sempre foi muito pontual, isolado. Sempre tive paciência, porque isso é fruto de uma política de segurança pública, não de uma ação isolada de um policial militar de mau caráter. Mudou um pouco no período do governo Brizola, mas era uma política de segurança pública no governo do Moreira

---

2 Movimento das mães cujos filhos desapareceram no episódio conhecido como Chacina do Acari, em 26 de julho de 1990.

Franco, do Marcelo Alencar, do casal Garotinho e agora do Sérgio Cabral. Nunca houve uma mudança de fato na política pública de segurança, mesmo com a mudança dos governos, porque uma coisa é filosofia de governo, outra coisa é o comandante do Batalhão. Os mesmos caras dizem: "O governador vai ficar quatro anos, a gente está no Batalhão há vinte, quem sabe é a gente".

Um policial militar que consegue acertar a cabeça de uma pessoa de dentro de um Caveirão a oitenta metros não é um policial mal preparado. Pode ser mal preparado de caráter, de formação, mas tecnicamente nosso policial é ótimo. Eles mesmos dizem que o Bope é uma das polícias mais preparadas do mundo. E acreditamos nisso porque vemos os resultados efetivos dentro da favela, onde eles atuam.

Pergunta: Há diálogo com a polícia?
Deley de Acari: Até ia aos cafés da manhã com o batalhão, mas enquanto estávamos lá com o coronel, os policiais estavam aqui matando. Chegava, dava de cara com os traficantes e eles falavam: "Está vendo? Vocês estavam no café da manhã e eles estavam aqui matando". Recentemente, aconteceu um processo com a campanha contra o Caveirão. Em 2004, foi criada a Rede de Comunidades e Movimentos Contra a Violência, depois de três chacinas: a chacina do Borel, do Caju e outra mais. Houve um movimento anterior chamado: "Posso me identificar?", quando aconteceu aquele caso do Borel, quando um rapaz [morto pela polícia sob acusação de suspeita de envolvimento com o crime] estava com carteira de trabalho. E em um determinado momento, o pessoal do Borel resolveu transformar esse movimento em projeto aí criamos a Rede de Comunidades e Movimentos Contra a Violência, que reunia as outras comunidades e o pessoal do asfalto. Hoje a Rede age nas questões

mais imediatas, pontuais, e também questiona a política de segurança pública com apoio de algumas entidades de direitos humanos como a Justiça Global, algumas iniciativas acadêmicas, como as do Iser [Instituto de Estudos da Religião], sociólogos e outros setores acadêmicos como o CESeC [Centro de Estudos de Segurança e Cidadania, da Universidade Cândido Mendes], e o Tortura Nunca Mais que tem dado apoio psicológico, fazendo atendimentos pós-traumáticos.

Pergunta: Como é essa questão da redução de danos?
Deley de Acari: Quando o "Berico" [ex-chefe do tráfico de drogas] voltou para a favela, de 1996 a 2001, Acari ficou ocupada pela polícia. Em 2002, ele conversou comigo e algumas lideranças comunitárias e dissemos que precisávamos da colaboração deles: "Vocês entram em confronto, matam um policial, no outro dia vêm vinte policiais, matam dois bandidos e dez moradores. Nós queríamos saber o que vocês ganham com isso". Então começamos a batalhar pra convencer "os meninos" e passou a ser reduzida a questão das mortes. Teve uma vez que veio aqui um guarda penitenciário, desceu do carro para comprar droga, e um rapaz que estava vendendo pra ele viu, falou para os outros. Vieram, pegaram o rapaz. Aí, outro rapaz que esteve preso disse que o guarda era um dos poucos que o tratavam bem. Deixaram o rapaz ir embora. Quatro meses depois, prenderam um policial civil que mora aqui e soltaram o cara. Semana retrasada uns "meninos" pegaram outro policial, só tiraram a arma dele, e o mandaram embora. Ali atrás é a [Rodovia] Dutra. Os que assaltam caminhão de carga "enquadraram" uma van de uma empresa, prenderam o motorista, botaram o ajudante dele num carro, pegaram a van e trouxeram até aqui. Aqui iam depenar, arrombar o cofre. Aí um "menino" da boca viu, fez um sinal de Terceiro Comando e

sentou tiro. Saíram correndo, os "meninos" foram lá, o motorista tinha fugido, voltou, dois "meninos" do tráfico foram lá, conversaram, disseram que os ladrões não eram daqui, que o pessoal de Acari não fazia isso. Um dos "meninos" foi na DPO [Delegacia de Polícia], chamou a polícia pra registrar a ocorrência, pediu ao motorista assaltado para ir falar. Ele não quis. Aí, o gerente da empresa agradeceu, mas disseram que não queriam prestar depoimento e foram embora. Isso é resultado de conversa. Nós não temos nenhuma vaidade com esse tipo de coisa. E, na verdade, as pessoas não compreendem. No asfalto as pessoas acham que isso é associação ao tráfico. Ter qualquer tipo de relação de amizade ou atender a um pedido é associação ao tráfico.

Pra nós o importante é a redução de dano. Você lamenta muito quando, numa incursão com trezentos policiais, morrem dois garotos que você viu crescer. Mas você vê uma incursão em outra comunidade, com vinte ou trinta policiais, e morrem catorze. Mas é interessante porque isso acontece nos Estados Unidos e o pessoal não vê nenhum problema. Tem uma rede de entidades que faz isso, chamada "Critical Resistance", que na verdade, muitas vezes, é contra as prisões, mas eles têm esse trabalho secundário de redução de dano, de conversar com as gangues, reunir e tal. Isso tem em vários países: o pessoal do movimento social chega e conversa mesmo. Tem em Porto Rico, na Nigéria, e não tem nenhum problema, pelo contrário, quem faz ganha prêmio de direitos humanos, reconhecimento. Aqui estamos nos arriscando a ser presos.

A vantagem que temos aqui é a credibilidade. A maioria desses "meninos" que estão no tráfico já foi alunos meus de futebol; quando eram pequenos não passaram fome porque arrumávamos cesta básica, ajudávamos a família. É um elo de confiança que conseguimos ao longo do tempo. Hoje tem outra pessoa que está atuando mais nesse sentido. É um morador daqui que já foi do movimento [tráfico] e saiu. Temos consciência de que essa questão da redução de danos é fruto do nosso trabalho. Todo dia que a gente acorda e vê esses garotos vivos é uma alegria. Aqui em Acari acho que é a comunidade que tem mais pessoas que entraram na justiça contra a violência policial, falando em número de casos diferentes. Na chacina de Vigário Geral, por exemplo, 21 famílias entraram na justiça, mas era um único caso. Que eu saiba, Acari é a única comunidade que tem tantos casos diferentes: as mães de Acari, em 1990; o Vitor Hugo, um garoto de 8 anos, morto pela P-2 [Serviço Reservado da Polícia Militar], em 2004; o Zé Luiz, pai do Maicon, garoto que foi morto com dois anos e meio por um policial militar aqui na descida; o Lindomar e o Rafael. É muito pouco para o que teve aqui de pessoas mortas. Na verdade, são seis ou sete casos, porque tem coisas como a ameaça de morte que eu sofri, e outra pessoa que levou um tiro no braço. As pessoas que foram denunciadas estão na justiça, em processos, alguns em julgamento.

Pergunta: Houve diminuição no número de mortes?
Deley de Acari: O ISP [Instituto de Segurança Pública] tem um outro dado que é o seguinte: por exemplo, em uma comunidade onde tem luta pela tentativa de domínio do tráfico, depois que uma quadrilha assume, a tendência é reduzir o número de mortes. Outro exemplo, quando uma milícia assume, você tem algumas mortes, mas depois que a milícia toma conta, há redução no número de mortes. O Estado credita isso à política de segurança deles, mas a partir do momento em que alguém "domina" a área, a pessoa que está no comando evita mortes, ninguém mata sem autorização. Tudo bem, eles [políticos] botam na conta deles. Mas, para nós, o importante é que se

reduziram as mortes. O problema é que às vezes ganham eleição com isso.

Para nós, está bem claro que existe uma política de segurança pública de extermínio, mas não dá pra acusar que é de extermínio mesmo porque não matam logo muita gente. Matam cinco pessoas num lugar, quinze no outro, vinte no outro e tal. É difícil dizer "esses caras são exterminadores, genocidas". E tem essa questão de tentar justificar de diferentes formas: dizendo que são ações isoladas, não fruto de uma política. No caso do Complexo do Alemão dizem que lá é lugar de gente má e terrorista. Dizem também que "barriga de mulher de favela é fábrica de bandido".

Por outro lado, se você roda a favela de Acari vê quase uma centena de garotas de 18 anos grávidas. O que vai fazer com essas meninas? Outras tantas com filho no colo. Aqui tem um negócio interessante: mulher de 25 anos, 30 anos, "fica grávida"; uma garota de 16 "pega gravidez", como quem pega resfriado. Precisa ter a questão da sexualidade responsável, porque se uma favela como Acari tem um índice muito grande de meninas grávidas, é óbvio que os meninos e as meninas estão tendo relação sexual sem camisinha, sem nenhum cuidado ou prevenção. Se existe um índice muito grande de gravidez na adolescência, é possível concluir que existe também um alto índice de Aids e outras doenças sexualmente transmissíveis.

A Secretaria Municipal de Saúde tem esses dados, mas não divulga pra nós, para evitar que a gente cobre políticas públicas. Aqui tem agentes comunitários que levantam todas as demandas. Eles botam em relatório, por exemplo, que há o risco de ter um surto de meningite em Acari daqui a um ano. Botam no relatório, mandam pra Secretaria de Saúde e a Secretaria não dá o menor retorno. Daqui a um ano, tem o surto de meningite. Com isso, os agentes comunitários de saúde ficam desestimulados, perdem a vontade de trabalhar. Por isso, estou convencido de que hoje política de saúde, política de reprodução humana, é uma política de segurança pública. Eles acreditam que o planejamento familiar é uma forma de reduzir a criminalidade em médio prazo.

Mas tem também uma coisa muito importante que as pessoas ainda não perceberam. Essas mulheres de periferia, que saíram à luta para buscar a justiça pela morte de seus familiares, são o que há de novo no movimento social. Não são revolucionárias, não são as mães da Praça de Maio, mas estão começando a politizar o seu discurso. Nenhuma dessas mulheres escolheu ser militante. Foi uma tragédia que se abateu na vida delas e algumas delas, no processo de luta pela punição de policiais ou do Estado pela morte de seus filhos, encontraram outras mães, se sentiram reforçadas também com o apoio de alguns movimentos sociais de direitos humanos. Agora, já têm um discurso de que quanto mais se punir policiais, quanto mais reduzir a impunidade, isso vai ter efeito de forma mais ampla. Não adianta só lutar pela punição de uma pessoa, adianta lutar pela mudança da política de segurança pública.

Hoje há uma conversa muito ambígua que fala na criminalização da pobreza; alguns setores acadêmicos estão sistematizando, mas ninguém definiu até agora o que significa isso. Eu digo que existe um processo que não é só no Brasil, é um processo mundial de criminalização da pobreza. Como naquele livro do Mike Davis, o *Planeta Favela*. Primeiro ele fala que um sexto da população mundial hoje é favelada. Há favelas com dois milhões de pessoas e por aí vai. Com a questão do neoliberalismo, do Estado mínimo, o que sobra para o favelado no mundo ou é a cadeia ou o cemitério. Não tem emprego, não tem escola, é o que ele chama de "humanidade excedente". Só que essa humanidade excedente somos nós, favelados. Eles sabem o que querem fazer, mas nós é que temos que saber o que queremos fazer com a gente. Não dá pra passar por ali, ver um garoto de 15 anos com um fuzil na mão, achar que é humanidade excedente e dizer: "Tudo bem, ele é humanidade excedente mesmo, vai morrer mesmo, vai para o cemitério". O garoto tem 15 anos e tem uma vida toda pela frente. Não dá pra acreditar, como o Beltrame diz, que o feto que está na barriga da mãe já é bandido. Muita gente não gosta do Mike Davis porque ele não dá solução nenhuma. Ele escreveu o livro e é meio assim: "Está aí, eu fiz a minha parte". Está claro que ele não escreveu para os neoliberais, mas para nós, pra quem é a parte excedente. Hoje estamos investindo em questionar e dar visibilidade a essa política de segurança, denunciar os abusos e buscar alternativas.

Pergunta: Quanto às atividades ligadas à arte, que papel elas desempenham aqui?
Deley de Acari: Aqui no Centro Social tem música, capoeira, jiu-jítsu, incentivamos shows de funk, e tem o pessoal do hip hop. Com o próprio movimento funk tem sido feita "uma ponte" entre favelas de facções rivais. É um movimento amplo, mais arraigado e o apoiamos. Mas a maioria dos funkeiros não tem muita consciência disso, da importância da criação de uma associação de funk etc. Mas, por outro lado, nós temos consciência de que é um processo de formação política continuada, essa coisa invisível que o pessoal da igreja evangélica consegue fazer muito bem.

Postscriptum: Esta entrevista ocorreu em agosto de 2008 e, em novembro de 2009, Deley de Acari anunciou o fracasso do Sistema para Redução de Danos e Perdas de Vidas Humanas no Complexo do Acari. Ele e outros tentaram convencer jovens que integravam gangues de drogas a deixar suas vidas de crime e suas armas e entrar na economia formal. Jorge Rodrigues de Souza, apelidado de "Uerê", aceitou o desafio – foi um dos trinta jovens abordados, e outros vinte se mostraram interessados em se juntar a ele. Uerê entregou então sua metralhadora a um policial civil, que imediatamente atirou nele à queima-roupa e o matou. Deley culpou-se em parte pela morte de Uerê. Ele e outros líderes, ele disse, "se esqueceram" de "fechar um acordo com o governo e com o alto comando da polícia para acabar com a política de confronto, de extermínio de pobres e de limpeza étnica". Ele escreveu: "Nossa estratégia pela paz fracassou porque era romântica e unilateral". Esse episódio trágico é mais uma evidência da ausência de comunicação e do abismo de desconfiança que separa muitas dessas comunidades e muitos líderes comunitários das autoridades governamentais e policiais do Rio de Janeiro.

Frei Antônio: uma conversa com Philip Evanson Julho e setembro de 2008

A Igreja Católica da Nossa Senhora do Rosário está situada em uma rua de classe média do bairro do Leme, na Zona Sul. Morros íngremes ocupados há muito tempo pelas favelas do Chapéu Mangueira e Babilônia sobem atrás da igreja. A igreja é liderada por padres dominicanos e tem uma capela na comunidade Chapéu Mangueira. A igreja e a capela oferecem serviços religiosos e programas educacionais aos moradores. Em maio de 2008, a paz dessa área foi quebrada por um conflito armado entre gangues de traficantes de drogas rivais. A polícia entrou pela força, a escola comunitária e a creche foram fechadas, e os moradores do lugar relataram que balas perdidas penetraram as paredes de suas casas. A proximidade da base militar de Duque de Caxias, aparentemente, não teve qualquer efeito de intimidação sobre o conflito entre as facções do tráfico. Frei Antônio, da Igreja da Nossa Senhora do Rosário, descreve o impacto destes eventos nos moradores, programas da igreja, e os esforços da comunidade liderada pela Associação de Moradores para retornar ao dia a dia normal nas favelas Chapéu da Mangueira e Babilônia. Frei Antônio foi entrevistado duas vezes, em 8 de julho (seis semanas depois de a violência começar) e depois em 29 de setembro de 2008. Em 2009, uma Unidade de Polícia Pacificadora (UPP) ocupou as duas favelas.

Pergunta: Como está a situação seis semanas depois da violência provocada em maio?
Frei Antônio: Eu acho que não está melhorando, as pessoas que conversam comigo, os moradores aqui de 60 ou 70 anos, dizem que jamais viveram tal situação e que não se vê solução. Por quê? Porque se vê um poderio maior na mão dos bandidos. E também tem pessoas que chegam e dizem que têm mais medo da polícia do que do bandido. Que não podem chegar e dizer para a polícia: "Olha, está acontecendo isso e aquilo". Há pessoas que dizem que a polícia está refém dos bandidos.

Pergunta: O que está acontecendo com os programas sociais da igreja?
Frei Antônio: Temos um curso de alfabetização de adultos que é para porteiros, para senhoras, para outros adultos analfabetos. E funciona das 20h às 22h. E não podemos mais funcionar, porque às 21h30 há o toque de recolher e não se pode subir o morro. Eles não descem porque depois não podem subir o morro para voltar pra casa. Teve de ser suspenso. Um curso que era oferecido gratuitamente pela igreja. Nós temos também um curso de informática de manhã e de tarde para alunos até a quinta série. De noite tivemos de parar, pelo mesmo motivo, porque rapazes e moças não podem subir para voltar para casa à noite. Assim, em um mundo todo alfabetizado, as crianças perdem a oportunidade de aprender as primeiras noções de

computação porque não podem descer e subir o morro, não têm o direito de ir e vir. E até a catequese nossa com crianças diminuiu muito, porque os pais não permitem que elas saiam de casa, ou então eles as mandam embora, tiram da comunidade, encaminham para morar com parentes em outros estados, devido à violência. Antes tinha quarenta ou sessenta crianças na missa, hoje tenho dez crianças quando muito.

Pergunta: Parece que a paz está de volta no Leme neste final de setembro?
Frei Antônio: Eles dizem que está tudo suspenso. A situação continua preocupante, mas agora está mais tranquila. Voltamos ao curso noturno, menos pessoas, mas voltamos. As crianças retornaram ao curso de informática e de catequese. Podemos dar mais assistência. Enfim, houve uma vontade do governo de melhorar.

Pergunta: O que o Estado fez?
Frei Antônio: Na verdade, o Estado foi convocado. Nós organizamos uma série de reuniões com as associações de moradores para nos dizerem, para colocar o que o Estado faria nessa situação, porque o cidadão não poderia continuar como estava, sem poder sair, sem poder ir e vir, sem poder ter sua vida normal, sem poder ir ao trabalho, passear. Então, através das associações de moradores, trouxemos o Estado ao bairro. E queríamos saber o seguinte: "Como é que nós moramos ao lado de um quartel e não temos segurança?". O cidadão não quer saber se o quartel é do Exército ou da Marinha. Quer saber quem tem o poder de Estado. Dizem: "Ah, o quartel não tem poder de polícia". O cidadão não quer saber, quer saber que pode ter a sua segurança. Então, as associações se organizaram com a comunidade para cobrar do Estado uma atuação.

Pergunta: Que representantes do Estado chegaram aqui para conversar com os moradores?
Frei Antônio: Veio o secretário de Segurança, José Mariano Beltrame, com seu estafe; o Comando Geral do 19º Batalhão; o Comando Geral do Exército em Duque de Caxias; o Comando Geral do Posto 6 de Copacabana. Através de organização e reclamação conseguimos que colocassem mais um posto de segurança na área, que colocassem câmaras na Avenida Atlântica. Quer dizer, isso ajuda o morador a voltar a ter confiança no Estado.

Pergunta: Quais foram as condições de trabalho quando a crise foi desencadeada com os bandidos lá em cima comandando o morro e a polícia de prontidão aqui embaixo no asfalto?
Frei Antônio: Nós temos uma capela e uma catequese lá em cima, na comunidade, não só a Paróquia aqui embaixo, no asfalto. Uma vez subimos, e tinha um paredão de homens armados que nos disseram, "passem". Nós subimos, mas, uma vez lá em cima, não podíamos descer. Ficamos toda a tarde lá porque disseram que não podíamos descer porque estava havendo "uma troca de comando" para decidir qual comando ficaria. Por isso, estava havendo uma briga na comunidade. Assim, ficava difícil para nós andarmos com aquela criançada toda, colocando as crianças em risco. Eu já tive criança aqui, da minha paróquia, que recebeu bala perdida. Já tive adolescente que tive de conseguir dinheiro para mandá-lo para outro estado porque também tinha sido atingido. Enfim, situações muito difíceis, mas nós, como igreja, eu, como igreja, e através de toda a comunidade e das pessoas que me ajudam, temos que reforçar a esperança, temos que reforçar que eles têm direitos de cidadania, que o Estado também tem de agir de maneira correta.

Meu recado nas homilias é sempre de uma consciência política, de uma consciência de cidadania, que temos o direito de exigir a presença do Estado, que o Estado tem de agir com respeito. E muitos da comunidade escutam e me convocam para reuniões, para que testemunhe as situações que estão sendo vividas. Ainda temos programas para ajudar os jovens.

Pergunta: A arquidiocese orienta como a igreja deve agir?
Frei Antônio: A arquidiocese orienta como evangelizar, mas nós, como dominicanos, temos uma concepção mais política, diria mais pé no chão. Não ficamos somente no "porque você vai ter um mundo melhor depois". Não, nós queremos um mundo melhor agora e aqui. Deus nos deu vida para construir o Reino de Deus aqui e agora, a valorização da vida. E a igreja tem feito campanhas de valorização da vida. A arquidiocese também. Antes a igreja tinha grande autoridade, hoje tem menos. Antes tinham muita autoridade o padre, o professor, hoje se tiver de bater no padre, eles batem também. Mas ainda tem voz, e tem meios de levar a voz desta gente para outros lugares. O padre tem meios de poder levar esta voz, de ser o intermediário, isso tem sim. E é muito importante. Famílias das comunidades me contam todos os fatos, me mantêm informado, quando devo subir, quando não devo subir, mas não soube de alguém que morreu durante a ocupação da polícia agora nesta crise.

Pergunta: Você teve um trabalhador que foi ferido?
Frei Antônio: Sim, tivemos um trabalhador que estava nas construções das casas, e um vizinho cismou que ele tinha alguma coisa a ver com o tráfico e o denunciou; pegaram-no, bateram nele, cortaram um dos dedos dele. Amputaram o dedo. Diante disso nós arrumamos as coisas dele e o mandamos de volta para o estado de onde veio, porque ele não tinha condições de

continuar na comunidade, foi um aviso que deram. E ele não tinha feito nada, coitado, foi um engano. Mas por isso ficou impossível que continuasse na comunidade. Ficou apavorado como qualquer pessoa e me disse que não podia seguir trabalhando, que tinha família.

Pergunta: Qual é a situação da educação na comunidade?
Frei Antônio: Tem a escola pré-vestibular, a escola da comunidade e a creche. Eu montei uma biblioteca lá em cima. Tínhamos uma escola pública, mas a prefeitura passou tudo para a associação de moradores, colocando inclusive os professores como contratados da associação. A prefeitura dava uma ajuda de custo para pagarem os professores, ou seja, ela se isentava de toda a responsabilidade jurídica em relação aos professores. Não contratava. A associação ficou com toda a responsabilidade jurídica, financeira e até trabalhista com os professores, e não tinha condições, não tinha como arcar com tudo porque a prefeitura dava somente uma ajuda de custo. Então, teve de fechar a escola como escola pública, mas nós continuamos a fazer alfabetização de adultos e um curso pré-vestibular, que chamamos de "cursinho".
Quando se fala de bandido, é a minoria da minoria. Eles estão armados e, por isso, têm poder. Se não estivessem, não teriam. Mas dentro da associação de moradores há gente muito boa, dentro do bairro também há muita gente boa, são pessoas que só querem trabalhar, criar suas famílias, viver bem. São pessoas distintas, com esforço grande, gente como nós que moramos aqui embaixo. Só querem é progredir. Na verdade há muita coisa boa sendo feita. Nós temos um programa para jovens, eu tenho agora uma sala de informática para jovens que estão se preparando para o "Primeiro Emprego", quer dizer, gente que está se preparando para melhorar de vida. Ensinamos toda a

base da informática, porque o mundo está informatizado. E os jovens não podem pagar um curso, então é gratuito e feito de maneira que ele possa sair formado, com um curso bom, mas rápido. Ele é feito aqui numa sala da paróquia.

As coisas estão voltando ao normal. Eles continuam lá, mas já não interferem e nós temos a liberdade de ir e vir, e continuar a nossa programação. Temos tido melhor presença de policiamento, e, como eu disse, se existe a presença do Estado, o cidadão se sente mais seguro.

Pergunta: Aqui a polícia comunitária é uma boa opção?
Frei Antônio: Isso teve início e depois parou. Não sei por que, mas seria uma ótima ideia, pois havia antes um policial que todos do bairro conheciam, era destes que conversava com as pessoas, a gente o chamava para tomar um cafezinho, e estava sempre com as pessoas. Sempre apitando, andando para lá e para cá. Dava atenção e segurança. Eu acredito que a polícia conseguiria, sim, o apoio da comunidade. As pessoas tratam bem a polícia. Tratam bem os que estão lá com eles. Não aqueles da PM que sobem o morro já atirando e essa coisa toda. Mas a polícia que fica lá com eles é diferente e eles tratam bem. Esse policial é muito querido. A própria polícia tem de conseguir a confiança da comunidade, ela tem de mostrar serviço, não ser violenta. Dessa forma a comunidade vai apoiar. É um povo bom, um povo carinhoso, um povo que trata muito bem as pessoas. Trata bem o próximo. Você vê, com a crise que passamos com a enchente, você conclama o povo para ajudar e o povo vem. Assim também com a polícia, se for preciso chamar o povo para apoiar um policial, o povo vem e apoia. Isso se o policial for bom e não ficar dando tiros como a PM.

Parte II
Vozes das autoridades de segurança pública

Capítulo 6
Segurança para quem?

Garantir os direitos humanos e, ao mesmo tempo, proporcionar policiamento eficiente tornou-se um dos mais complexos desafios das autoridades brasileiras. A democracia retornou ao Brasil em 1985 depois de 21 anos de ditadura militar, período que coincide com o aumento da criminalidade e da violência no Rio. O aparecimento de uma robusta economia ilegal do tráfico de drogas e de uma corrida armamentista entre as facções e a polícia levou a violência às favelas, desencadeando uma guerra civil na região metropolitana. Destacados para combater os criminosos, os policiais recebem salários baixíssimos, o que explica em parte os níveis sem precedentes de corrupção. Ofensivas repentinas de soldados fortemente armados contra facções igualmente bem aparelhadas provocaram prejuízos incomensuráveis para os cidadãos inocentes, sobretudo os moradores das favelas, cujo custo de vidas humanas se expressa de modo dramático nas taxas de homicídios em expansão desde 1985, especialmente para homens com idade entre 15 e 30 anos. O ódio, de fato, existe nessa guerra. Muitos policiais vivem de maneira sigilosa nas favelas sob o risco de ser descobertos e executados pelos criminosos.

As lideranças civis responderam de maneira muito tímida ao desenrolar dessa situação e não previram o perigo que se vislumbrava no longo prazo. Os políticos pareciam relutantes ou incapazes de lidar com uma força policial composta em grande parte por antigos integrantes da ditadura militar repressiva. Além disso, ninguém imaginava que o fim do regime militar deixaria alguns grupos de brasileiros ainda mais vulneráveis que antes em sua integridade física e patrimônio. De 1964 a 1985, os adversários da ditadura lutaram contra a tirania e, aparentemente, a derrotaram. Os austeros, execráveis e agora praticamente esquecidos presidentes-generais haviam construído – e governado por meio de – um Estado de Segurança Nacional, cuja doutrina procurou, em primeiro lugar, identificar o "inimigo interno", então definido como alguém que se opunha ou detratava o governo ou as forças armadas. Para levar adiante essa política foi montado um aparato repressivo que incluiu o Serviço de Inteligência Nacional e a polícia política, o tão temido Destacamento de Operações de Informações – Centro de Operações de Defesa Interna (DOI-CODI). O governo fez distinções entre seus supostos inimigos. Os antigos políticos profissionais da oposição, como os ex-presidentes, podiam ser cassados ou perder direitos políticos; ou seja, na prática, foram proibidos de manifestar-se abertamente em atividades políticas. Intelectuais que escreviam ou assumiam um discurso crítico foram silenciados. Se lecionavam em universidades públicas, foram involuntariamente afastados. Jornais, televisão, rádio, filmes e teatros tiveram censura. Membros da elite intelectual ou política que estiveram em algum momento em desacordo com a ditadura militar tiveram de se exilar. O governo militar tratou os estudantes e trabalhadores como adversários inerentes e julgou esses grupos, com alguma razão, como os mais perigosos para o regime, em comparação à maioria dos políticos profissionais, considerados corruptos ou facilmente controláveis. Um dos primeiros atos da ditadura foi incendiar a União Nacional dos Estudantes (UNE) do Rio de Janeiro. As greves foram proibidas, e o regime conseguiu, na sua maior parte, impedi-las até 1978. O tratamento mais violento foi dispensado aos indivíduos ou grupos que pegaram em armas, assim como para os seus colaboradores ou supostos simpatizantes. Poderiam ser presos, torturados e até mesmo mortos nos centros de detenção.

A partir de 1985, foram preparadas e publicadas listas com o nome das pessoas privadas dos seus direitos políticos ou presas, sequestradas, torturadas ou mortas pela ditadura. Os indivíduos que constavam dessas listas somavam centenas, não chegavam a mil. Esses números, no entanto, são relativamente pequenos se comparados com as dezenas de milhares de pessoas, em sua maioria desconhecidas ou não identificadas, torturadas, mortas ou desaparecidas, vítimas das facções do tráfico ou da polícia no Rio desde então. Ou seja, o Brasil democrático, de 1985 para cá, tem um registro bem mais débil em direitos humanos do que o Brasil do regime militar. O que parece um paradoxo, uma vez que a Constituição de 1988 foi saudada como uma nova Carta para a cidadania, diferente das Constituições de 1967 e 1969 reformadas pelo governo militar, que enfatizaram o poder arbitrário e cláusulas de salvaguardas para o Estado. A censura pode ser uma coisa do passado, as eleições são realizadas regularmente, e certos direitos sociais foram reforçados, mas a geografia da segurança pública mostra que os direitos humanos estão ausentes em alguns lugares. Em áreas com altas taxas de homicídio, quase todas as famílias conhecem alguém ou têm um familiar morto com arma de fogo, e nelas, prevalece a lei do silêncio.

Definindo os homicídios

Obter uma contagem precisa do número de homicídios no Rio é um problema de longa data e envolve questões conceituais; os critérios oficiais que definem um "homicídio" são excludentes. Só as vítimas de assassinos deliberados que morrem imediatamente são registradas oficialmente como tal. Não são assim contabilizadas as vítimas que sofrem "ferimentos deliberados no corpo" e morrem posteriormente. Isso explica porque às vezes a polícia leva corpos aos hospitais e os deixa lá, como se estivessem vivos no momento da chegada. Também não se contabilizam como homicídios os casos considerados como "autos de resistência", em que as vítimas são mortas pela polícia que supostamente teria agido em defesa própria. Os chamados autos de resistência são entendidos como execuções sumárias, uma vez que a maioria das vítimas apresenta vestígios de tiros nas costas, na cabeça ou à queima-roupa.[1] Corpos descobertos ou restos de esqueletos humanos também não constam das estatísticas oficiais de homicídios. Além disso, muitas centenas de pessoas desaparecem em um ano. Embora nem todas as pessoas que desaparecem sejam presumivelmente vítimas de homicídio, constata-se que as áreas com elevado número de pessoas desaparecidas também apresentam altas taxas de homicídios. Assim, é possível que o número de

---

1 Soares; Moura; Afonso (orgs.), *Autos de resistência: relatos de familiares de vítimas de violência armada*.

mortos excluídos pela definição oficial de "homicídio" possa até mesmo exceder o número oficial.

Há também cemitérios clandestinos no Rio de Janeiro. Quem está enterrado neles? Seriam vítimas de homicídios? As pessoas sabem que tais lugares existem, mas o Estado não faz nenhum esforço efetivo para exumar e identificar os corpos ou a causa dessas mortes. Os comandantes dos batalhões da Polícia Militar são pressionados para manter um número baixo de corpos em territórios sob seu comando, o que incentiva a remoção de corpos para tais cemitérios clandestinos. Há também rumores de que alguns são estripados e lançados na costa das águas do oceano, onde afundam. Para os promotores de Justiça, quando não há corpo, não há crime.

Os casos de homicídios são investigados, mas no Rio de Janeiro a taxa de resolução é de 10%. Na Grã-Bretanha, esse percentual é de 90%. Quando os oficiais de polícia são responsabilizados, menos de 5% vão a julgamento. E mesmo casos escandalosamente graves podem acabar sem condenação. Em julho de 2008, João Roberto Soares, de três anos, foi morto por disparos de policiais, enquanto estava em um carro com seu irmão mais novo. Sua mãe, Alessandra Soares, uma advogada grávida, conduzia o automóvel e saiu da estrada quando ouviu a aproximação policial. Dois oficiais da polícia em busca de um veículo roubado confundiram o automóvel com outro roubado. De acordo com os relatórios oficiais, os policiais abriram fogo com a intenção de matar, e quinze balas atingiram o carro. A vítima pertencia a uma família de classe média e o assassinato ocorreu na Tijuca, bairro nobre do Rio. Durante dias a mídia deu intensa cobertura ao caso. A polícia admitiu que agiu de forma equivocada, os oficiais foram extraordinariamente condenados e levados a julgamento. No entanto, o júri absolveu-os, alegando que estavam apenas cumprindo ordens. O secretário Nacional de Segurança Pública, Ricardo Balestreri, comentou:

> se não fosse um menino branco, de 3 anos, se não fosse uma criança assassinada – se fossem, por exemplo, três jovens, homens, pobres e negros, de alguma comunidade – ninguém acharia estranho o que aconteceu. Seria registrado como "auto de resistência", ou seja, "morte em confronto com a polícia", e as mães passariam o resto da vida tentando provar que seus filhos não eram bandidos, mas sim trabalhadores honestos.[2]

Quem é o responsável pelos homicídios?

Desde a metade dos anos 1980, a responsabilidade pelos altos níveis de mortes violentas no Rio de Jâneiro foi atribuída à polícia e às facções do tráfico. Ambos adquiriram e passaram a usar rifles automáticos e outras armas pesadas, mesmo que normalmente reservadas às forças armadas. Além de conflitos com as forças de segurança, as facções atacam outros agrupamentos em disputas por territórios. Assim, impõem toques de recolher e decidem quem pode entrar e sair de uma favela.

A história da origem das diversas facções do Rio – Comando Vermelho, Amigos dos Amigos e Terceiro Comando Puro – adquiriu um *status* de mitologia. Elas teriam nascido de um processo de organização dos presos nos anos 1970, que procuravam uma maneira de se proteger dos funcionários, dos guardas ou mesmo de outros grupos de presos. Segundo tal versão, foram incentivados e ensinados a se organizar a partir da colaboração com prisioneiros políticos da ditadura militar,

---

2 Ver a entrevista com Ricardo Brisolla Balestreri (p.295).

então encarcerados com criminosos comuns.[3] Uma vez estabelecidos, os comandos continuaram a se organizar nas prisões. E, como os presos mantiveram os vínculos mesmo fora do cárcere, foram capazes de montar operações no mundo exterior, como a que fechou o comércio no Rio em 2002.

A guerra pelo controle do território promovida pelas facções representa um grande desafio à polícia e às autoridades. Desde 2007, o governador Sérgio Cabral favoreceu uma política de confronto violento contra os agrupamentos criminosos. Essa política é, em parte, impulsionada pelo esforço de acabar com o conflito expulsando não todas, mas pelo menos uma das facções da favela. Essa opção, de lidar apenas com um grupo, enseja algumas vantagens práticas para a polícia e o governo, bem como para os moradores. Dessa maneira, os traficantes parecem que são capazes também de seduzir a opinião pública e alguns políticos, como se definissem a agenda da segurança pública. O secretário Beltrame afirmou:

> Nós temos três facções de traficantes de drogas muito bem definidas, que se odeiam e brigam por pontos de venda de drogas e, dessa maneira, causam verdadeiras guerras, a qualquer preço. Foram essas pessoas que introduziram aqui o fuzil, introduziram o 762 e agora estão introduzindo uma série de artefatos explosivos, metralhadora ponto trinta, munição traçante, que é somente usada em guerras.[4]

---

3 No filme *Quase dois irmãos*, esse mito se torna parte do roteiro, embora os criminosos comuns pareçam não ter compreendido que a realidade de um mundo corrupto tenha prevalecido sobre a visão revolucionária dos prisioneiros políticos.
4 Ver a entrevista com José Mariano Beltrame (p.217).

Em resposta, a polícia construiu seu próprio arsenal de rifles automáticos letais e investiu no Caveirão. As forças policiais do Estado foram enviadas para travar uma guerra contra as facções do tráfico desde a década de 1980, mas acabaram matando mais pessoas, incluindo muitos inocentes, do que traficantes. Isso explica por que os moradores das favelas quase sempre dizem que, embora eles não gostem dos traficantes, gostam ainda menos da polícia. No entanto, a respeito da discussão sobre as atribuições de responsabilidades, é importante ressaltar que a polícia sempre seguiu as políticas estabelecidas pelos governadores e orientadas pelos seus secretários de Segurança Pública.

Em 2008, durante um polêmico fórum sobre segurança pública que contava com a participação do secretário Beltrame, a então diretora do sistema penitenciário do Rio e a primeira *ombudsman* da polícia fluminense, Julita Lemgruber, atribuiu a responsabilidade pelos elevados patamares de violência no Rio ao governador Sérgio Cabral, e não à mal-afamada polícia ou aos traficantes de drogas.[5]

O trabalho da polícia: teoria e prática

Para entender o papel desempenhado pela polícia no Brasil é necessário retomar a Constituição de 1988. Seu artigo 144 afirma que a segurança pública é dever do Estado e responsabilidade de todos, mas é exercida por meio de uma hierarquia de forças policiais chefiadas pela Polícia Federal. Em quarto lugar dessa lista, está a Polícia Civil, seguida pela Polícia Militar e pelos Bombeiros. Sempre uniformizada, a PM tem a tarefa de

---

5 Cf. "Beltrame: Polícia do Rio não vai mais usar fuzil", *Extra*, 30 jul. 2008.

patrulhar as ruas para desencorajar e reprimir a ação criminal e para prender as pessoas que cometem crimes. Os indivíduos presos são entregues à Polícia Civil, que investiga as presumíveis ocorrências e prepara dossiês para promotores e juízes.

Nenhuma dessas forças é bem-vista pela população. Associa-se sua atuação ao controle da classe subalterna a fim de que as classes média e alta possam desfrutar de seus bens e privilégios. Nas favelas, onde os atos de violência e ameaças ocorrem quase diariamente, a percepção dos moradores é traduzida nas palavras de um banner encampado num protesto e reproduzido pela ONG Rede de Comunidades e Movimentos contra a violência, "Os ricos querem paz para continuar ricos. Nós queremos paz para continuar vivos".

Os inimigos ostensivos da polícia são os traficantes incrustrados nas favelas. Embora em número reduzido, eles representam um perigo fortemente armado para os residentes e são capazes de matar e tiranizar a população quando os efetivos das forças de segurança pública estão ausentes. Como muitos estão dispostos a arriscar a própria vida em combates ferozes, constituem uma ameaça real para a polícia, mesmo com o número significativo de baixas. A polícia, de fato, mata mais que os traficantes, como os números de homicídio demonstram. Um relatório recente estima que, para cada policial morto, há 41 civis que perderam a vida. Esse número é quatro vezes maior do que a média internacional.[6] A polícia não hesita em atirar para matar quando percebe o perigo e recebe certo apoio da opinião pública quando eliminam criminosos. Um apoio que é reforçado quando o Estado falha em prender e punir os autores de crimes violentos.

---

[6] Gomide, "Polícia do Rio mata 41 civis para cada policial morto", *Folha de S.Paulo*, 16 jul. 2007.

Reivindicações e reforma da polícia

Os policiais militares do Rio estão sobrecarregados em sua história recente. Em 2009, celebraram duzentos anos de existência. Sua origem remete ao decreto do príncipe regente de Portugal (que mais tarde se tornou o rei D. João VI) de criação da guarda real em 1809. Heróis da independência, tornaram-se "carcereiros" na ditadura militar, quando foram incorporados às forças armadas em 1969. Como tal, eles viraram soldados de infantaria na guerra contra os inimigos internos do regime. Os policiais militares tiveram de se tornar a face mais austera da segurança interna, e embora tenham permanecido nas ruas, perderam grande parte de seus papéis tradicionais. A referência não era mais a dos "policiais amigos" – as duplas conhecidas como "Cosme e Damião" ou "Pedro e Paulo" –, dos mediadores que procuravam atender às necessidades de policiamento comunitário. De acordo com Ricardo Balestreri, a ditadura sequestrou, de fato, a polícia para seus próprios fins e acabou com qualquer noção de policiamento de bairro. As principais tarefas atribuídas aos PMs foram desencorajar e reprimir a oposição e proteger o regime, em vez de proteger o povo. Apenas muitos anos depois de 1988, foram feitos alguns esforços pontuais com a reforma da polícia e a substituição da ideologia estatal de segurança nacional da ditadura pelos princípios do Estado de direito e da proteção dos direitos dos cidadãos. As velhas práticas e a antiga mentalidade, no entanto, continuaram a existir na medida em que os policiais foram incentivados a combater os traficantes como uma nova encarnação do chamado "inimigo interno".

A estrutura e os valores incorporados pela PM são, portanto, mais condizentes com os de um Exército que com uma política democrática e civil. Como soldados, esses policiais são treinados para matar. Isso, sem dúvida, facilitou o emprego da metáfora da guerra contra os traficantes, com sua lógica de armamento bélico, como o Caveirão, combatendo em áreas urbanas de grande densidade demográfica. As forças da PM são organizadas em batalhões; cada um ocupa determinado território, com suas próprias sedes e quartéis, compostos por uma hierarquia de oficiais e soldados de baixo escalão. Os soldados, ou praças, são treinados para obedecer a seus superiores e executar suas ordens.

Essa militarização da polícia acarretou problemas sérios para a sociedade. O comportamento de um batalhão pode mudar radicalmente de um dia para o outro de acordo com a troca do comandante. Surgiram tensões nas relações entre oficiais mais bem remunerados, oficiais de alta patente e com nível educacional formal mais elevado – tais como os coronéis, os majores, capitães e tenentes – e os que recebem salários menores, de baixa patente – como os praças e soldados que patrulham as ruas e fazem as operações armadas nas favelas. O requisito mínimo que se exige para os soldados é a conclusão do nono ano do ensino fundamental. Na melhor das hipóteses, podem conseguir uma promoção a cabo ou sargento quando completam cursos do centro de treinamento.[7] Em contraste, os oficiais de alto escalão que passam por exames de seleção e promoção possuem nível universitário. O plano de carreira dos soldados não inclui possibilidade de acesso a patamares mais elevados de planejamento e comando. O desenvolvimento profissional é restrito. Por várias razões, os soldados rasos podem se sentir oprimidos e subjugados por oficiais superiores.

---

[7] Caruso; Moraes; Pinto, *Polícia Militar do estado do Rio de Janeiro: da escola de formação à prática policial.*

Quando foi criado o cargo de ouvidoria da polícia do Rio, em 1999, os soldados de patentes inferiores e oficiais com queixas de seus superiores estiveram entre os grupos que apresentaram mais críticas e queixas.[8]

Defensores do modelo da Polícia Militar argumentam que a estrutura de comando hierarquizada e a organização militar são adequadas, porque permitem que a massa de soldados mal remunerada e mal treinada fique sob controle. Essa questão foi abordada no fórum "A polícia que queremos", patrocinado, em 2006, pela ONG Viva Rio. O evento, acompanhado por mais de seiscentos integrantes da PM, destacou a necessidade da promoção com base no mérito, aberta a todos os escalões, legitimando, assim, as reivindicações e aspirações dos praças. Em 2009, o recém-nomeado comandante da PM do Rio, coronel Mário Sérgio Duarte, elogiou prontamente os oficiais que estão nas ruas, diferenciando-os da classe burocratizada que muitas vezes está isolada do trabalho de patrulha. "Falando claramente", disse ele, "a [Polícia Militar] são os cabos e soldados que estão nas ruas, os sargentos, os jovens oficiais."[9] Essas palavras soaram pelo menos como um reconhecimento das queixas feitas pelos soldados.

Outro aspecto a se destacar é que surgiu no trabalho e na vida institucional da polícia do Rio um comportamento irracional. Ao contrário dos chefes das facções do tráfico, os comandantes nem sempre têm controle sobre os seus soldados, que muitas vezes fazem o que desejam em patrulhas. No código disciplinar da polícia, desvios de conduta – como graves violações dos direitos humanos – podem não ter a mesma

---

8 Lembruger; Musemeci; Cano, *Quem vigia os vigias? – um estudo sobre controle externo da polícia no Brasil*, p.148.
9 Polícia Militar do estado do Rio de Janeiro; Viva Rio, "A polícia que queremos".

importância quanto chegar atrasado para o serviço, apresentar-se indevidamente arrumado ou não saudar um oficial superior. Violações menores dos códigos às vezes acumulam-se nos registros de um soldado e as punições incluem prisão e confinamento em um quartel do batalhão por até trinta dias. A PM é instruída oficialmente a não utilizar a força "excessiva" quando aborda ou prende cidadãos, mesmo nos casos de conflitos armados. Mas o termo "excessivo" parece não ter sido definido cuidadosamente. Por outro lado, a vestimenta adequada está definida com precisão. Em tais circunstâncias, um oficial ou soldado pode atingir um desempenho impecável em matéria de disciplina no trabalho cotidiano em seu batalhão, mesmo que ele tenha cometido crimes contra direitos humanos durante o serviço, incluindo homicídios e execuções sumárias, ou tenha participado de esquemas de corrupção.[10]

Outro exemplo de irracionalidade é o muro que foi construído entre a Polícia Militar e a Civil. Nem uma nem outra completam o ciclo de trabalho. A Militar está nas ruas para reprimir o crime e confrontá-lo, se necessário. A Civil, que é menor, investiga os crimes, mas os inquéritos são limitados. Ela tem a reputação de não solucionar os casos, restringindo-se a extrair confissões de suspeitos por meio de tortura em prisões localizadas em delegacias, mesmo que tanto as prisões em delegacias quanto a tortura sejam ilegais. Tal qual a Militar, a Polícia Civil reivindica mais recursos do poder público e, na falta do atendimento a seus pleitos, permite-se que desenvolva meios próprios de operar.

---

[10] Lembruger; Musemeci; Cano, *Quem vigia os vigias? – um estudo sobre controle externo da polícia no Brasil*, p.60-89.

Ambas as polícias esforçam-se zelosamente para manter identidades distintas e desvinculadas,[11] o que pode levar a comportamentos esdrúxulos. Em 2008, por exemplo, um oficial da PM foi morto enquanto apoiava uma operação da Polícia Civil. Em princípio, foi negado ao oficial morto um enterro com todas as honrarias da corporação porque, segundo suas regras, tal cerimônia é dedicada exclusivamente para policiais mortos em missões da Polícia Militar. O secretário Beltrame interveio e explicou que ele, pessoalmente, havia selecionado o policial para a missão. Elogiou a coragem e o sacrifício do oficial e determinou que fosse realizado um enterro com todas as honrarias cabíveis. A PM cedeu, e a cerimônia foi improvisada. Mas, logo depois, a corporação questionou a concessão de benefícios para a família do policial, com o mesmo argumento antes utilizado, ou seja, não se tratava de uma operação da PM.

Enquanto isso, há questões antigas a se resolver como a corrupção e os salários insuficientes. A baixa remuneração é a mais difícil, motivo de queixas, manifestações e até mesmo greves. Há um entendimento geral de que a questão salarial está diretamente relacionada às elevadas ocorrências de corrupção. Muitos policiais não ganham o suficiente para comprar uma casa, nem mesmo em comunidades pobres, de onde provêm muitos soldados. São forçados a ter um segundo emprego, mesmo onde há regras os proibindo de trabalhar nos dias de folga. Boa parte desse emprego paralelo é em empresas de segurança privada, que têm se tornado uma grande indústria. Há oficiais que acabam atuando também na criminalidade, juntando-se à milícia ou colaborando com os traficantes. Os

---

11 As tensões entre a Polícia Militar e a Civil são discutidas por Luiz Eduardo Soares, em *Meu casaco de general*, que fornece uma narrativa detalhada e interessante de um esforço malfadado para implementar a reforma da segurança pública no Rio de Janeiro em 1999 e 2000.

oficiais de comando geralmente permitem que os soldados tenham uma segunda ocupação, mas isso vira uma espécie de moeda de troca, uma vez que eles têm o poder de alterar a jornada de trabalho de seus subordinados, deixando-os sem ter como prosseguir com tal trabalho paralelo.

O problema dos baixos salários e das práticas corruptas reflete-se no comportamento truculento de alguns policiais em comunidades pobres, como quando eles entram de modo truculento nas residências, sem mandados de busca, humilham e ameaçam moradores, pegam alimentos, "confiscam" bens que eles alegam terem sido roubados, mesmo quando os moradores podem provar que foram comprados. Ainda mais grave é a prática de venda de armas para traficantes, ou o sequestro de criminosos condicionando a soltura a um pagamento, ou a prática de extorsão para que façam "vistas grossas" para a venda de drogas – uma espécie de *leasing* do território para operações ilícitas. As pessoas têm medo da polícia; não acreditam na instituição e relutam em denunciar crimes como roubo, porque creem que tais incidentes quase nunca são investigados ou resolvidos. A exceção é o roubo de carros, que deve ser registrado na Polícia Civil para que o proprietário possa acionar o seguro do veículo. Denunciar um roubo a uma casa ou um escritório geralmente é uma ação considerada inútil, até mesmo um risco, porque a visita da polícia à casa pode resultar num segundo roubo, dessa vez realizado pelas próprias autoridades. Nas palavras de uma pessoa de classe média do Rio de Janeiro, "a última pessoa que eu gostaria de chamar quando eu tiver um problema é um policial".[12]

---

[12] Lembruger; Musemeci; Cano, *Quem vigia os vigias? – um estudo sobre controle externo da polícia no Brasil*, p.43.

Obviamente, os próprios policiais veem que a corrupção permeia toda a sociedade, começando pelas notícias diárias publicadas na mídia sobre o pagamento de propinas e outros esquemas ilícitos envolvendo uma classe política pródiga também em protagonizar atos flagrantes de nepotismo. Parece claro que boa parte da classe média e da classe alta e dos grupos empresariais prefere o suborno ao cumprimento das leis. Não há uma legislação rigorosa contra esses abusos, até mesmo porque poderia ser inconveniente obedecê-la. O suborno e a impunidade estão tradicional e profundamente arraigados na cultura brasileira e em suas práticas judiciais. Por exemplo, máquinas ilegais de caça-níqueis são utilizadas sem impedimento perto do Batalhão da Polícia Militar em Ipanema. Isso quer dizer que toda a polícia desse batalhão é corrupta ou este é um negócio ilegal que interessa a grupos do Estado corrupto?[13] Se a elite brasileira considerasse a corrupção policial uma ameaça à sua liberdade ou propriedade, teria realizado há tempos as reformas necessárias.

Enquanto é possível elaborar uma longa lista de fracassos, debilidades e até mesmo crimes praticados pela polícia, também se pode ver essa instituição por outra perspectiva: como uma classe maltratada e até mesmo oprimida. Muitos policiais vêm das favelas e lá continuam morando. No entanto, viver na comunidade com a presença das facções do tráfico pode forçá-los a esconder sua identidade para proteger sua vida. O policial fora de serviço possui alguns hábitos próprios, como esconder sua identificação dentro do sapato ou secar o seu uniforme pendurando-o atrás da geladeira, para não deixá-lo visível no varal. Há assassinos conhecidos por caçar policiais

---

13 Conde, "Rodrigo Pimentel, roterista do 'Tropa de Elite', diz que é preciso transformar a PM do Rio", *O Globo Online*, 12 maio 2009.

de folga. Os governadores escolheram a política de confronto violento enviando missões de policiais armados para entrar nas comunidades, disparando suas armas e podendo ser baleados, e isso gera potencialmente uma reação perversa nesses policiais, que aprendem a odiar as comunidades de onde eles mesmos vieram.[14] Será que o policial tem poder aquisitivo para se alimentar adequadamente? Relatos de soldados que invadem casas nas favelas e exigem comida são comuns e são repetidos em entrevistas publicadas neste livro.

Soma-se a essa questão o fato de que o trabalho policial é claramente perigoso. Desde o ano 2000, em todos os anos mais de uma centena de policiais morreu de forma violenta no Rio de Janeiro. O risco onipresente ajudou a criar a mentalidade de "atirar primeiro e perguntar depois". Mesmo instruídos a não atirar precipitadamente, a racionalidade acaba fazendo que eles pensem de outra forma, como diz a expressão, "Melhor que sua mãe chore antes que a minha mãe". A corrupção ameaça, ainda, o policial honesto. Se a maioria é corrupta e violenta como muitos pensam, o resultado seria o aumento da vulnerabilidade da minoria que se esforça para ter uma atuação honesta. Essa parcela de profissionais precisa fazer seu trabalho sem despertar suspeitas da maioria corrupta, o que acrescenta ainda mais perigo no seu dia a dia. O consumo abusivo de álcool é outro problema sério, admitido pelos próprios policiais. Acidentes de carro com e sem vítimas fatais, assim como outras modalidades de morte violenta sofrida por policiais, estão bem acima das taxas equivalentes da população em geral.[15] Ao mesmo tempo,

---

14 Lemle, "Mercenários inconscientes?".
15 Uma pesquisa sobre mortes de policiais no Rio de Janeiro, entre 2000 e 2006, afirma que a taxa de mortes violentas de PMs foi 3,6 vezes maior do que a da população masculina do Rio e 13,6 vezes maior que a da população brasileira em geral (Lemle, "Muito mais polícias morrem em folga").

o suporte psicológico praticamente não existe, e a assistência de saúde e odontológica é precária para os soldados rasos, a exemplo das escassas alternativas para recreação e lazer. Não à toa, por todas essas questões apresentadas, a taxa de suicídio registrada pela polícia do Rio é seis vezes maior que a do resto da população.

Diante desse quadro, alguns integrantes da corporação, como Hélio Luz, chefe da Polícia Civil entre 1995 e 1998, de perfil reformador, estimularam a substituição das práticas de corrupção pela luta por melhores salários, considerando que tal prática vincula-se à remuneração insuficiente. Em 1998, Luz apoiou os seus próprios subordinados quando entraram em greve por um reajuste em seus vencimentos. Dez anos depois, no início de 2008, o movimento recebeu a tácita aprovação do comandante da Polícia Militar, coronel Ubiratan Ângelo, e terminou com uma marcha de protesto em Ipanema que se dirigiu para a casa do governador Sérgio Cabral. A reação do político e de seu secretário de Segurança, José Beltrame, foi a demissão do comandante e uma reordenação geral do alto comando. A pressão por melhores salários e as inquestionáveis reivindicações por melhores condições de trabalho abriram caminho para que o governo federal liberasse verba para acordos com estados e municípios a fim de viabilizar o Programa Nacional de Segurança Pública com Cidadania (Pronasci), uma iniciativa

---

Lembruger, Musemeci e Cano, em *Quem vigia os vigias? – um estudo sobre controle externo da polícia no Brasil*, realizaram longas entrevistas com policiais, a fim de identificar e registrar as principais queixas, bem como apresentar um diagnóstico das complicações que seriam decorrentes do trabalho policial. Os policiais são vítimas de uma perversa socialização profissional, dos baixos salários e do treinamento insuficiente, aspectos que levam muitos a se desviarem das condutas desejáveis de um policial, desrespeitando as leis e oprimindo os cidadãos.

que visa melhorar a situação dos policiais, abarcando reajustes salariais e inovações na política de segurança pública.

Os governadores e as suas estratégias

Constitucionalmente, cabe ao governador o comando da polícia e o poder de definir as diretrizes de segurança pública para os estados, bem como liderar as reformas da instituição. No entanto, nenhum governador do Rio no período democrático iniciado em 1988 realizou um plano abrangente para reformar a polícia – com a exceção de uma breve tentativa localizada entre 1999 e 2000. Nos seus dois mandatos como governador, de 1983 a 1986 e de 1991 a 1994, Leonel Brizola tentou fazer que a polícia observasse a lei no relacionamento com os cidadãos. Foi um esforço para estender aos moradores da favela o respeito que sempre foi dispensado aos cidadãos de classes média e alta. Brizola também construiu centenas de escolas públicas – o Ciep, popularmente conhecido como *brizolão* – em comunidades pobres, em sua maior parte, e durante sua gestão procurou ampliar a oferta de energia elétrica e saneamento básico para as favelas.

Alguns acertos importantes promovidos por Brizola podem ilustrar as boas intenções de sua política de segurança. Para o comando da PM, ele nomeou o coronel Carlos Magno Nazareth Cerqueira – oficial negro, defensor do modelo de policiamento comunitário pelo qual a polícia se torna uma presença permanente em uma região e trabalha de perto com os moradores para conquistar a confiança e reduzir os crimes. As ideias de Cerqueira representaram um esforço de redirecionamento do trabalho policial para patamares bem distantes daquela ideologia da segurança nacional, de desencadear uma guerra contra um inimigo interno. Em 1999, o coronel foi brutalmente assassinado por um policial descontente e perturbado. Mas sua intervenção nas diretrizes da instituição, no entanto, teve um impacto extraordinário em um grupo de oficiais que continua honrando suas ideias e reverenciando sua memória. A segunda medida significativa de Brizola foi escolher a socióloga Julita Lembruger para dirigir o sistema penitenciário de 1991 a 1994. Ela defendeu penas alternativas para os condenados por crimes não violentos, a fim de evitar que eles pudessem compartilhar o cárcere com os condenados mais perigosos, sob a alegação de que ambos não podem ser comparados. Tal medida resultaria, ainda, em economia de dinheiro público, liberando verba para projetos sociais. Essa medida de Brizola representou um esforço de unir a reforma da polícia e do sistema prisional à construção de uma instituição democrática que acabasse com as práticas de segurança nacional da ditadura militar. A proposta de Lembruger teve o mérito de atribuir ao profissional civil bem treinado uma posição de destaque na segurança pública, até mesmo porque os programas dessa área parecem funcionar melhor quando profissionais da polícia e especialistas civis atuam em conjunto.

Durante o segundo mandato de Brizola (1991-1994), a era populista, o governo parecia incapaz de controlar a segurança pública. As facções do tráfico proliferaram, assim como o comércio ilegal de armas, e a taxa de homicídios continuou a crescer. Ocorreram duas dramáticas chacinas promovidas por policiais. Em 1993, em Vigário Geral, 21 pessoas foram mortas por vingança pelo assassinato de quatro soldados por traficantes, de quem os PMs tentavam extorquir dinheiro. No mesmo ano, a polícia em dia de folga matou nove crianças e adolescentes que viviam nas ruas próximas à Catedral da Candelária, no centro do Rio de Janeiro. A chacina da Candelária teve grande repercussão internacional e provocou forte resposta da sociedade civil do Rio. No entanto, o controle exercido sobre a polícia era muito débil, e as chacinas continuaram. Talvez a mais infame foi a que ocorreu na Baixada Fluminense, perto da cidade de Nova Iguaçu, em 2005, quando dez policiais militares atiraram de um veículo em movimento, matando 29 pessoas que estavam diante de bares e restaurantes. Os oficiais cometeram os assassinatos como demonstração de força, após uma disputa com o novo comandante do batalhão.

A política de segurança no Rio tem sido descrita como um pêndulo que oscila entre dois extremos: respeito aos direitos humanos e repressão violenta aos bandidos. Dois dos sucessores de Brizola, o governador Wellington Moreira Franco (1987-1990) e o governador Marcelo Alencar (1995-1998) romperam com suas políticas e optaram pela repressão violenta. As mortes de inocentes foram uma das consequências. Durante a campanha eleitoral, Franco prometeu acabar com a violência em cem dias; depois, porém, governou um estado que sofreu um aumento dramático dos homicídios e das ações dos esquadrões da morte. Em 1990, as taxas de homicídios chegaram a patamares sem precedentes. Em 1995, o governador Alencar nomeou o general Nilton Cerqueira, um veterano da segurança nacional da época da ditadura militar, como seu secretário de Segurança Pública. Ele ficou conhecido por introduzir uma gratificação para o policial que reduzisse o crime. Era, de fato, um convite para fazer os índices de criminalidade caírem com o extermínio de bandidos. As recompensas eram bônus salariais e promoções.[16] O sistema foi eliminado pelo sucessor de

---

16 Em uma declaração à *Veja*, em 1996, o general Cerqueira descreveu o programa como um esforço para estimular "a produtividade na administração dos recursos humanos das instituições policiais. Como na iniciativa privada,

Alencar, mas o mau exemplo permaneceu. Depois que uma missão do Bope deixou nove mortos em maio de 2008, o major Marcus Jardim elogiou os resultados, argumentando que a PM deveria ser vista como o melhor inseticida social existente.

O pêndulo parece ter ficado congelado numa só posição quando o governador Anthony Garotinho foi eleito em 1999. Garotinho, radialista, foi o candidato do partido de Brizola e herdeiro do seu legado de populismo político. Lançou uma plataforma para reformar a polícia e aprovou um plano concebido por um grupo de policiais e especialistas civis liderados pelo antropólogo Luiz Eduardo Soares. O projeto contemplava um conjunto de mudanças que combinavam segurança pública com defesa dos direitos humanos. Soares, civil, foi nomeado subsecretário para a Segurança Pública. Julita Lembruger foi nomeada a primeira *ombudsman* da polícia do Rio. No início do governo, houve um esforço limitado para implementar as ideias anunciadas na campanha eleitoral. No entanto, ao encontrar resistência da maior parte da polícia, o governador Garotinho se intimidou. O medo de parecer fraco ou hesitante no combate ao crime violento poderia manchar a sua reputação, assim como ocorreu com Brizola, e o partido a que ele pertence. Talvez seu compromisso com a reforma da polícia não tenha sido tão sincero. Assim, Soares foi forçado a deixar seu cargo, Lembruger renunciou, e o projeto foi abandonado.[17]

---

passamos a dar prêmios pecuniários e promoção por bravura para incentivar os policiais" (Cf. "A morte às nossas portas", *Veja*, 21 ago. 1996).

17 Luiz Eduardo Soares, em *Meu casaco de general*, oferece uma narrativa atraente e reflexões sobre essa tentativa de reforma. Para a gênese do programa exposto durante a campanha para governador de 1998, veja Garotinho; Soares, *Violência e criminalidade no estado do Rio de Janeiro: Diagnóstico e propostas para uma política democrática de segurança pública*.

No entanto, o policiamento comunitário pôde ser implantado, ainda em 2000, nas favelas do Cantagalo e Pavão-Pavãozinho, na Zona Sul. Comandado pelo capitão Antônio Carlos Carballo Blanco, teve sucesso e interrompeu a violência momentaneamente. Oito meses antes de Blanco assumir, dez mortes violentas haviam ocorrido. Durante os dois anos que se seguiram, não houve um único registro do tipo, nem balas perdidas atingiram essas localidades. A grande vantagem do policiamento comunitário do Grupamento de Policiamento em Áreas Especiais (GPAE) em relação à política do confronto é que, embora não elimine o tráfico de drogas, diminui drasticamente as disputas armadas, reduzindo, assim, as mortes e os ferimentos provocados por armas de fogo em uma comunidade. Assim, essa ação pode também estabelecer a polícia como um mediador e uma presença bem-vinda em uma comunidade.[18] Lamentavelmente, as iniciativas do GPAE foram bastante limitadas, pouco abrangentes, restringiram-se a programas-piloto ou a tentativas de melhorar a imagem ruim da corporação. Além disso, o apoio institucional da PM costuma ser tênue. O oficial enviado para comandar uma unidade GPAE até pode estar muito comprometido com o policiamento comunitário; porém, muitas vezes esse não é o caso, e muitos superiores costumam destacar os PMs problemáticos para tais unidades. A linha-dura da PM comprometida com uma política de guerra contra as facções do tráfico não está propensa a entender positivamente o policiamento comunitário, o que lhes parece mais um "trabalho social".

Em 2002, Garotinho deixou o cargo de governador para se candidatar à Presidência. No mesmo ano, sua mulher, Rosinha

---

18 Fernandes, "Controlar a violência armada: notas sobre o trabalho do Vivo Rio"; cf. também a entrevista com Antônio Carlos Carballo Blanco neste livro (cf. p.255).

Garotinho, foi eleita para sucedê-lo no Rio, e os quatro anos (2003-2006) que governou foram marcados pela continuidade dos elevados níveis de violência e corrupção policial. Dois chefes da Polícia Civil e o chefe da Polícia Rodoviária do estado foram presos e acusados de vários crimes. Em 2006, Sérgio Cabral venceu a eleição apoiado por uma coalizão de partidos de centro-esquerda. A campanha de Cabral defendeu os direitos humanos, melhorias na segurança pública e, em resposta aos protestos vindos das comunidades das favelas e dos grupos de direitos humanos, mostrou-se favorável à retirada do Caveirão, então denunciado como uma arma de terror da polícia.

Uma vez eleito, começou rapidamente a mudar o discurso. Dois dias após a sua eleição, indicou José Mariano Beltrame para a Secretaria de Segurança Pública, que anunciou a continuação do uso do Caveirão em algumas circunstâncias; Cabral acrescentou que seria uma irresponsabilidade descartar o veículo blindado porque teria custado um elevado investimento público. Beltrame, então com 49 anos, era um homem vigoroso e bem preparado depois de quase três décadas de trabalho na Polícia Federal. Havia passado os dois anos anteriores dirigindo um programa de inteligência da PF para mapear o crime organizado. A escolha do seu nome, que teria sido recomendado por interlocutores da gestão do então presidente Lula, representou um acordo tácito entre o novo governador e o governo central para trabalharem juntos em prol da segurança pública. Esse acordo foi fechado já tendo em vista o que o presidente Lula e a sua equipe da área planejavam para financiar novas iniciativas em parceria com estados e municípios.

Ainda que não existisse muita afinidade entre Cabral e Beltrame – o primeiro identificado como o governador que mais viagens fora do estado realizou, enquanto o segundo era tido por *workaholic* e por alguém que nunca se ausentava do cargo –, ambos marcharam em sintonia no que diz respeito à política de segurança pública. O governo recebeu diversas críticas pelo crescimento das favelas. Para Cabral, as condições nas favelas pioraram porque se ampliaram sem planejamento ou presença do Estado; sua evolução, ele disse, devia-se a anos de governos "omissos". A visão de Beltrame foi ainda mais dura. Ele veio do Rio Grande do Sul, terra de uma tradição positivista no Brasil que exalta a autoridade do Estado. Nas palavras dele, as grandes e pequenas favelas são comunidades nas quais o Estado tem sido ausente, onde algumas pessoas realmente não sabem o que é o Estado, enfim, lugares onde grupos criminosos podem governar e impor leis de silêncio e obediência. Beltrame entendeu que essa situação estava enraizada na história do Rio de Janeiro, uma história repleta de irresponsabilidade e omissões. Nada pode ser mais omisso do que deixar as forças policiais chegarem a tal condição lastimável, desmoralizadas e corruptas.

Tanto Cabral quanto Beltrame defenderam a política do uso da polícia no confronto com os traficantes, ou seja, entrar em seus redutos nas favelas para prendê-los e apreender suas armas e drogas. No entanto, não há efetivo policial suficiente para ocupar o território em todos os lugares depois das incursões. Quando eles, então, deixam as áreas ocupadas, o inimigo traficante e outros bandidos assumem o controle. Essa política tem, portanto, o efeito de Sísifo. Em defesa, Beltrame argumentou que o confronto pelo menos evita que grupos criminosos tornem-se ainda mais fortes. Críticos atacaram a política tanto por seus fundamentos práticos como pelo lado dos direitos humanos. Para eles, essa política gera um número muito elevado de homicídios e de feridos, sobretudo de inocentes. Em 2007, pela primeira vez, o número de homicídios no Rio superou, com folga, os valores registrados no estado de São Paulo, e os grupos criminosos continuavam fortes. Críticos denunciaram o confronto de uma política sem meta. Por exemplo, não há um objetivo declarado de reduzir um determinado número de homicídios por mês, o que poderia ser utilizado para avaliar as táticas policiais.

O governo federal e a criação do Pronasci

Em 2008, o governo federal do Brasil passou a se envolver mais profundamente com a segurança pública. O Conselho de Direitos Humanos das Nações Unidas havia elogiado os resultados dos programas sociais do governo, mas criticado duramente o Brasil por seu histórico problema com a segurança pública, questionando assim o paradigma político progressista e até mesmo o senso comum que apontava um relacionamento causal entre a melhoria dos indicadores sociais e a queda dos crimes e dos homicídios. Ainda em 2008, o relatório extremamente crítico feito pelo relator especial de Execuções Extrajudiciais, Sumárias ou Arbitrárias das Nações Unidas, Philip Alston, foi lançado, lembrando a comunidade internacional de que a violência e os homicídios continuavam muito altos em algumas áreas do Brasil e que, por isso, os índices relativos aos direitos humanos permaneciam insatisfatórios.

Em resposta, o governo federal lançou o Pronasci com muito alarde, com uma visita do então ministro da Justiça Tarso Genro a Jacarepaguá, bairro do subúrbio do Rio que registrava elevados níveis de violência. Mas, ao contrário do programa de segurança pública nacional anterior, de 2000, essa iniciativa foi muito além de declarações simbólicas.[19] O

---

19 O Plano Nacional de Segurança Pública, lançado pelo governo de Fernando Henrique Cardoso em 2000, foi ridicularizado por substituir um programa

Pronasci consistia em um pacote de 94 programas – mais tarde esse número subiu para 97 – que contava com apoio financeiro significativo. Pelo menos R$ 1 bilhão anual foi reservado para até 2012. O dinheiro seria repassado para estados e municípios que assinariam acordos com o governo federal estabelecendo a criação de Gabinetes de Gestão Integrada de Segurança Pública (GGIS). Trata-se de novos órgãos administrativos, com representações do estado e do município, a fim de promover um trabalho conjunto com o governo federal para selecionar as modalidades do Pronasci que seriam levadas adiante. Um dos objetivos foi aprimorar o treinamento dos profissionais da polícia para reduzir os crimes e a violência nas chamadas áreas vulneráveis. Em 2009, vários dos 97 programas tiveram prioridade. O Bolsa Formação ofereceu aos policiais com baixos salários uma complementação mensal para que efetuassem a matrícula em determinados cursos. A educação a distância provou ser o método preferido de instrução. Cerca de 150 mil pessoas se inscreveram no curso de treinamento on-line de segurança pública logo no primeiro dia em que ele foi aberto. Com um orgulho compreensível, o então secretário nacional da Segurança Pública Ricardo Balestreri proclamou que era o maior curso de treinamento "do planeta". O segundo programa ofereceu empréstimo a juros baixos para o policial poder comprar uma casa. Outro programa priorizado foi o Mulheres de Paz, que levou o Pronasci a comunidades vulneráveis onde mulheres exercem papéis de liderança na tentativa de salvar vidas e de reduzir a violência. O noticiário mostrava mulheres enfrentando a polícia nas favelas a fim de impedir que levassem

---

de metas por um exercício retórico, mas levou à criação da Secretaria Nacional de Segurança Pública (Senasp) com orçamento de verba federal para ser investido em segurança pública nos estados. A esse respeito, cf. Bailey; Dammert, *Public Security and Police Reform in the Americas*, p.24-43.

de lá jovens, temendo que se tornassem vítimas de execução sumária. Integrantes das Mulheres de Paz foram treinadas em direitos humanos e cidadania e convidadas, depois, a dedicar oito horas por semana identificando indivíduos com idade entre 15 e 29 anos, potencialmente vulneráveis aos apelos do mundo do crime, encaminhando-os aos serviços sociais e programas de treinamento. As mulheres recebem R$ 190 por mês pelo trabalho. No entanto, como um policial do Pronasci nos relatou, para que o programa tenha sucesso, é importante que elas não se tornem informantes da polícia, nem que sejam percebidas como tal. Outra iniciativa do Pronasci é o Projeto para a Proteção de Jovens em Territórios Vulneráveis (Protejo), que oferece a jovens com idade entre 16 e 29 anos treinamento em trabalhos comunitários e de recreação. Na metade de 2009, os programas Mulheres da Paz e Protejo estavam presentes em pelo menos dezoito comunidades do Rio, às vezes em áreas de conflito permanente e violência armada.

O Pronasci, portanto, tornou-se parte da estrutura de segurança pública do Rio de Janeiro. O governador Cabral informou que o estado ganhou de todos os outros no número de policiais que recebiam bolsas de estudo, embora houvesse acusações de que alguns estavam ficando com o dinheiro sem fazer o curso. O Pronasci também disponibilizou verba para a construção de ginásios para os policiais e para a guarda municipal, bem como para a melhoria dos serviços de assistência à saúde para policiais vítimas de estresse pós-traumático e para a prevenção do uso abusivo de álcool e de drogas. Recursos também foram destinados para a ampliação do número de leitos nos hospitais da Polícia Militar e para a criação de uma clínica odontológica móvel.

Apesar de muito bem-vindas, as contribuições do Pronasci para a tão necessária expansão dos serviços de saúde e para as recreações, bem como outros benefícios para os policiais e para os moradores das comunidades, não afetaram a política global de segurança pública, que permaneceu nas mãos do governador. Na época, o ministro da Justiça Tarso Genro e sua equipe de segurança pública em Brasília eram críticos declarados da política de confronto e defendiam abertamente uma política alternativa para a redução do uso de armas letais e um maior policiamento comunitário. Beltrame nos disse que, em sua opinião, o Pronasci era a salvação da polícia, que ele incluiu policiamento comunitário como parte do programa de treinamento dos policiais, mas que não poderia implantar unidades de policiamento comunitário em locais que a polícia ainda não tinha sob seu controle.

Pacificação: uma nova fase da segurança pública?

No início de 2010, as autoridades do Rio de Janeiro e de Brasília enfrentavam uma pressão crescente para reduzir o número de homicídios e para levar adiante a reforma da polícia, a fim de garantir o respeito aos direitos humanos. O anúncio da realização da Copa do Mundo de futebol no Brasil, em 2014, e dos Jogos Olímpicos, em 2016, no Rio de Janeiro, destacaram ainda mais essa urgência. Esses dois megaeventos esportivos internacionais colocaram a segurança pública do país sob vigilância, de maneira inédita até então. O governo optou por uma nova e diferente tática de confronto e lançou as Unidades de Polícia Pacificadora (UPPs), implantadas pela primeira vez em 2009.

Criadas para ocupar determinadas favelas e expulsar as facções do tráfico, seus objetivos eram retomar o território perdido pelo Estado e impor a paz nas comunidades escolhidas. No entanto, não está totalmente claro o que significa "pacificação". Na história colonial, esse termo havia sido ligado a estratégias de controle e até mesmo de extermínio de grupos étnicos particulares. Recentemente, a palavra havia sido usada para descrever a estratégia de controle do inimigo com forte apoio comunitário, como foi experimentado pelos Estados Unidos no Programa de Aldeias Estratégicas durante a Guerra do Vietnã. De qualquer modo, ninguém pode dizer que os moradores das favelas apoiam os traficantes a ponto de se opor à prisão deles. A dúvida é se os moradores vão apoiar ou resistir às UPP. As ações anteriores alimentam a descrença. Será que a PM ao instalar dezenas de UPPs nas favelas incorporará em sua disciplina militar o respeito aos direitos dos moradores? Os policiais vão, de fato, ser obrigados a fazê-lo? Será que a chegada das UPPs vai se transformar em uma versão do desejável "policiamento comunitário", que se coloca próximo das pessoas e as protege do crime? A Polícia Militar não deu bons indícios nessas direções durante os longos anos de guerra contra as facções do tráfico. Será que os programas sociais, como os previstos no Pronasci, terão continuidade depois de a área ser "pacificada"? Será que surgirão oficiais com a perspectiva da GPAE no comando das UPPs? Finalmente, será que a UPP permanecerá ali, uma vez instalada em uma comunidade?

As notícias sobre as UPPs instaladas nas favelas da Zona Sul têm sido muito favoráveis. As crianças voltaram a brincar nas ruas e a usufruir de outros espaços públicos, e as pessoas são livres para ir e vir. Nos condomínios de classe média localizados em frente à comunidade Dona Marta, em Botafogo, o revestimento à prova de balas estava sendo removido das janelas, assim como foi feito também nas janelas do escritório do prefeito do Rio de Janeiro, Eduardo Paes, no Palácio da Cidade, na mesma região. Tanto no Dona Marta, como em outras da Zona Sul – Chapéu Mangueira e Babilônia –, as UPPs foram estabelecidas em grandes delegacias com vista para as comunidades. Em um gesto de aproximação com os moradores, foram construídos centros de tecnologia para disponibilizar computadores para os residentes.

A Zona Sul, no entanto, tem enfrentado menos desafios que as outras áreas. A taxa de homicídios sempre foi muito menor do que nas favelas da Zona Oeste e da Zona Norte. Continua distante a ampliação da pacificação para outras fronteiras, embora, com ela, esteja se experimentando um programa melhor de aproximação com a polícia. Parece claro que a classe média da Zona Sul experimenta agora uma nova sensação de segurança. No entanto, isso não é inteiramente verdade para aqueles que vivem nas comunidades ocupadas. Eles têm denunciado abuso policial e maus-tratos dos moradores. Na pesquisa realizada para este livro, quisemos saber qual o nível de apoio que existe entre os moradores das comunidades nas áreas ocupadas pelas UPPs. Muitos responderam que "o silêncio não é apoio, mas sim medo".

Segurança pública e política

As UPPs e a pacificação têm sido divulgadas como mais um passo em direção ao estabelecimento da democracia nas favelas, ou seja, pela libertação dessas comunidades do poder dos criminosos. Mas a pacificação ou mesmo a conclusão de vários projetos do Programa de Aceleração do Crescimento (PAC) seriam iniciativas capazes de enfraquecer ou eliminar a estrutura informal de política estabelecida há tempos nas comunidades, o chamado Estado paralelo que intimida moradores e permite a presença crônica do crime violento? Enrique Desmond Arias descreveu essa estrutura como aquela em que políticos eleitos, lideranças locais, homens de negócios, polícia, milícias e facções do tráfico colaboram em seu próprio benefício, ao mesmo tempo que perpetuam a criminalidade e impedem o estabelecimento das instituições formais do Estado.[20]

O lado sinistro do Estado paralelo é a ligação com o crime e a sua recusa em tolerar ameaças a seu poder, incluindo o seu poder político, por meio das eleições. Em 2008, as milícias se tornaram uma presença temível em algumas áreas da região metropolitana do Rio de Janeiro e estavam alçando a coação dos eleitores a um novo patamar, durante as eleições municipais. Intimidados pelas milícias ou facções do tráfico, os moradores dessas localidades eram impelidos a inserir seu nome em um livro chamado "cadastro", no qual se adicionavam informações como dados de familiares, residência e telefone, além do número do título de eleitor. Com tais informações, os criminosos enviavam representantes de casa em casa ou mesmo simplesmente pediam que se "desse o recado" de que aguardavam uma votação significativa para os candidatos indicados na seção eleitoral dos moradores. Se o número de votos não fosse alcançado, haveria retaliação. Poucos se atrevem a desobedecer tal orientação, o que se compreende à luz da violência perpetrada pelas milícias, pelos chefes das facções e pelos policiais, isso com a conivência de lideranças locais e dos partidos políticos.

---

20 Arias, *Drugs and Democracy in Rio de Janeiro*, p.64-65. Em 2008, um líder comunitário referiu-se à área controlada pela milícia Liga da Justiça, na Zona Norte, da seguinte maneira: "Veja a Liga da Justiça, eles têm a polícia, o político, o vereador, os deputados estaduais e os esquadrões da morte. Eles têm tudo lá" (cf. entrevista com Carlinhos Costa, p.145).

Na medida em que a campanha de 2008 avançou, alguns candidatos foram impedidos de aparecer em algumas favelas. Antônio Bonfim Lopes, o "Nem", jovem senhor da droga da Rocinha, maior favela do Rio, escolheu o seu candidato para vereador, ele próprio planejou a campanha na Rocinha e barrou candidatos concorrentes de visitarem o local. Os desejos de Nem foram devidamente registrados como decisões ou "atas" de uma reunião com os líderes comunitários que ele presidia. Eles incluíram na ata de reunião a advertência e o poder de persuasão do chefe do tráfico: "Todo empenho para o candidato da Rocinha, não aceito derrota".[21] Carlinhos Costa, antigo líder comunitário da comunidade e vinculado ao PT, candidato a vereador, e a vereadora Andrea Gouvêa Vieira, do PSDB, que trabalha com pessoas da mesma região, disseram-nos que não puderam fazer campanha na comunidade, nem ter acesso a áreas de votação no dia da eleição. Nem e membros da sua facção caminharam livremente na Rocinha. Eles carregavam armas abertamente, incluindo rifles semiautomáticos AR-15, em apoio ao seu candidato, que venceu as eleições e se tornou membro da Câmara de Vereadores do Rio. A eleição na Rocinha não foi uma disputa político-partidária, mas sim uma ferramenta para o controle do território por um grupo do crime local. O poder de Nem foi consolidado pela construção de um muro com recursos do governo ao longo dos limites superiores da Rocinha. Pretensamente, a intenção anunciada era interromper a expansão da favela, que continuava subindo o morro, e assim salvar as áreas de floresta; na prática, serviu também como "escudo" para impedir uma invasão de grupos criminosos rivais.

---

21 *O Globo*, 25 jul. 2008.

Parece claro que a reforma da segurança não poderá partir dos políticos do Rio de Janeiro. Os direitos civis dos cidadãos que moram nas favelas ainda não são fortes o suficiente para prevalecerem sobre a coerção e a intimidação praticadas pelos grupos criminosos, como as facções do tráfico e as milícias, que agem com a conivência dos líderes locais. A estrutura do poder informal predomina há muito tempo e está crescendo em muitos lugares. Muitos grupos poderosos se beneficiam – entre eles, os partidos políticos e os candidatos individuais que concorrem a cargos públicos, incluindo os que disputam o comando da prefeitura e do governo do estado. É pouco provável que se corrija sozinho um sistema desse tipo. Autoridades, especialistas em segurança pública e os próprios policiais podem argumentar que salários mais dignos, melhorias na formação e no treinamento qualificariam a polícia. A Ordem dos Advogados do Brasil (OAB) e as organizações de direitos humanos podem apontar e protestar contra o número elevado de violações sofridas por cidadãos pobres nas favelas. Especialistas de universidades e institutos de pesquisa podem identificar e analisar os muitos desafios na formulação das políticas de segurança pública e como a polícia está fazendo seu trabalho no Rio de Janeiro. A cobertura midiática vai expor a violência e a corrupção e exigir reformas. No entanto, o peso da contrapartida do poder paralelo instalado nas favelas vem beneficiando os partidos políticos, elegendo autoridades locais e estaduais – e grupos criminosos –, e o esquema se revelou forte o bastante a ponto de não se abalar mesmo diante das repetidas notícias de violência, da morte de pessoas inocentes e de generalizadas violações dos direitos humanos. Com o aumento das garantias dos direitos civis na Constituição de 1988, os cidadãos das favelas parecem requerer algo novo – um contundente movimento dos direitos civis que relembre os movimentos sociais das décadas de 1970 e 1980, no período da ditadura militar, ou um maior envolvimento do governo federal. Uma intervenção direta do governo federal é pouco provável dada a divisão de poderes estabelecida na Constituição;[22] a experiência histórica mostra extrema relutância em interferência direta nos assuntos estaduais, a não ser que ela seja solicitada pelos governadores, os quais determinarão sua duração e abrangência. O Pronasci continua a ser, no amplo sentido da questão, um instrumento promissor do governo federal para reformar a segurança, com a abundante oferta de recursos públicos e com inúmeros programas que são adequados para as favelas, com suas tradições de ajuda mútua e solidariedade. Em 2009, o governo federal patrocinou a primeira Conferência Nacional de Segurança Pública (Conseg), em Brasília, defendendo a segurança pública e os direitos humanos como parte de um único programa, uma proposta considerada contraditória e irreal por alguns.[23] Mas, finalmente, abre-se espaço para a possibilidade de sanções internacionais. Se o registro dos direitos humanos no país não melhorar, as sanções decorrentes dos tratados assinados pelo Brasil permanecerão como um estímulo e uma ameaça.

As entrevistas que publicamos a seguir mostram as perspectivas de profissionais de segurança pública e de autoridades estaduais e nacionais, incluindo o então presidente

---

22 No entanto, o Artigo 144 da Constituição da República de 1988 autoriza a Polícia Federal a reprimir os traficantes de drogas, o que pode abrir a porta para ações mais diretas em estados cujas polícias trabalham além de sua capacidade operacional.

23 A Conferência Nacional de Segurança Pública foi realizada em Brasília entre 27 e 30 de agosto de 2009. O presidente Lula participou da atividade, dizendo que a segurança pública é "responsabilidade" de todos e estimulou as pessoas a parar de tentar atribuir a responsabilidade pelas suas debilidades sobretudo à polícia, que não seria o "inimigo, mas sim uma espécie de guardião da comunidade".

da República, Luiz Inácio Lula da Silva; o ministro da Justiça, Tarso Genro; o ministro da Secretaria Especial de Direitos Humanos da Presidência da República (SEDH), Paulo Vannuchi; o secretário Nacional de Segurança Pública, Ricardo Brisolla Balestreri; e o governador do estado do Rio de Janeiro, Sérgio Cabral. Eles mostram a complexidade e os desafios na formulação de políticas de segurança pública no Brasil contemporâneo e na realização da reforma da polícia.

Capítulo 7
A voz dos policiais

José Mariano Beltrame, secretário de Segurança Pública do estado do Rio de Janeiro: uma conversa com Philip Evanson
Agosto de 2008

José Mariano Beltrame tornou-se secretário de Segurança Pública em janeiro de 2007. Integrante da Polícia Federal, foi indicado ao governador Sérgio Cabral pelo governo federal. A exemplo do político fluminense, Beltrame defendeu a política de confronto, o que, na prática, leva a polícia a promover combates abertos contra as facções do tráfico em favelas densamente povoadas. Segundo os críticos, muitas vezes os PMs atiram a esmo, provocando a morte ou ferimentos em pessoas inocentes. Ainda que não negue a violência e os equívocos da polícia, o secretário argumenta que essas ações são necessárias para que a criminalidade e suas consequências não se tornem um problema ainda maior. Para ele, há tempos o Estado abandonou muitas das suas responsabilidades no Rio de Janeiro, incluindo a melhoria da qualidade de suas forças de segurança. Esta entrevista foi realizada em agosto de 2008, antes da criação das Unidades de Polícia Pacificadora (UPPs). Ocupando este que é certamente um dos mais desafiadores cargos da área de segurança pública brasileira, Beltrame é visto como um profissional incorruptível. E procurou estabelecer uma agenda para controlar a criminalidade no Rio até mesmo diante de um cenário em que os grupos criminosos demonstravam pouco receio pelo poder do Estado.

Pergunta: Poderia contar um pouco sobre sua vida, como você escolheu ser policial, como chegou ao Rio e assumiu essa posição de secretário de Segurança Pública?
Beltrame: Sou de Santa Maria, Rio Grande do Sul. Minha família é de imigrantes italianos, pessoas ligadas ao cultivo da terra e, posteriormente, com a vinda do monocultivo, como a soja, uma introdução americana, as colônias terminaram, e as pessoas foram todas para as cidades. Mas como a Região Sul teve uma imigração muito forte – poloneses, italianos, japoneses, alemães –, isso se refletiu muito na cultura de Santa Catarina, Paraná, Rio Grande do Sul. Eu me formei em Administração de Empresas na Universidade Federal do Rio Grande do Sul (UFRGS), em Porto Alegre, e entrei para a Polícia Federal como agente na área de inteligência. Sempre me interessei muito pela inteligência com respeito ao crime organizado, e ao tráfico de drogas e entorpecentes. Durante minha carreira na polícia trabalhei na grande maioria dos estados brasileiros. Até que vim para o Rio de Janeiro e fiz um MBA em inteligência estratégica na Escola Superior de Guerra

(ESG).[1] E então, como delegado de polícia, chefiei um grande escritório de inteligência da Polícia Federal, chamado "Missão Suporte Rio", no qual fizemos excelentes trabalhos. E por essa chefia vim a ser chefe de Inteligência do Rio. Depois, fui chefe da Interpol no Rio de Janeiro e, no final do ano de 2006, fui convidado a assumir este cargo, que me toma o tempo todo, somos chamados a cada hora.

Pergunta: Como vê a política de segurança pública no Rio de Janeiro?
Beltrame: O Rio de Janeiro é, sem dúvida nenhuma, uma caixa de ressonância do resto do mundo. Eu acho que existe certo exagero em dizer que é uma das cidades mais violentas do planeta, porque nós temos bairros onde a incidência de crimes violentos é muito baixa, como a Lagoa Rodrigo de Freitas, algumas áreas de Ipanema, do Leblon, algumas áreas da Barra da Tijuca, nesses locais os índices de criminalidade são índices muito bons, se é que dá para usar essa expressão. Mas o Rio, a partir de 1980, foi abandonado. Não houve mais nenhum tipo de investimento em polícia, não houve mais nenhum tipo de preocupação social. Então passou a ser invadido de uma maneira desordenada, totalmente desordenada. O Rio de Janeiro tem uma topografia e uma geografia que permitem que isso seja feito. Porque 85% das empregadas domésticas da Barra da Tijuca moram ou na Rocinha ou na Cidade de Deus? Essas pessoas com uma renda baixa se instalaram nas áreas mais centrais da cidade.[2] E essas áreas mais centrais da cidade, por serem

---

[1] A Escola Superior de Guerra foi fundada em 1949 para prover cursos para os militares e civis sobre questões de segurança nacional em âmbito geral.
[2] Beltrame parece identificar áreas "centrais", como o terreno montanhoso próximo dos bairros residenciais de classe média e de classe alta, que figura nos cartões-postais turísticos do Rio de Janeiro, em contraste com a "periferia" da Baixada Fluminense.

bem localizadas e por terem áreas de acesso muito difícil, muito limitado mesmo, fez que o tráfico e o crime organizado ali se instalassem. Porque é muito bom para o traficante, uma vez que o acesso é difícil e, em geral, só há duas ou três entradas e saídas. Eles têm controle absoluto da área, e as pessoas que moram lá estão sob o seu comando, ou seja, debaixo da ponta do seu fuzil, ali impera a lei do silêncio. Os traficantes estão no centro da cidade, o que normalmente não ocorre em outros lugares do mundo, onde isso se dá nas periferias das cidades. No Rio de Janeiro não, estão bem no centro da cidade, a presença da violência é muito nítida, muito próxima. Para você ter uma ideia, o bairro da Barra da Tijuca tem dezenove favelas em meia dúzia de morros. O cidadão de bem está ali sentado, e está vendo uma facção em conflito com a outra. Aqui no Rio temos isso também de diferente. São três facções de traficantes muito bem definidas, que se odeiam entre si e brigam por pontos de venda, e dessa maneira causam verdadeiras guerras, a qualquer preço. Foram essas pessoas que introduziram aqui o fuzil, introduziram o 762, e agora estão introduzindo uma série de artefatos explosivos, metralhadoras ponto 30, munição traçante que é somente usada em guerras. Foram introduzidas exatamente por uma quadrilha em briga com a outra. E a sociedade assiste a isso, impotente. É a inércia e a inépcia do Estado em controlar nada, inclusive socialmente, e é por isso que nós chegamos aonde chegamos. Paralelamente, na minha visão, não houve investimento nenhum em segurança pública e na polícia nesse tempo todo. A Polícia Militar e a Polícia Civil não acompanharam o desenvolvimento e o crescimento do crime organizado. Não houve um direcionamento e um interesse objetivo em que as polícias se desenvolvessem, não somente nas armas, no uso de armas, mas sim no policial, na sua qualificação, no seu preparo e na questão salarial e dos equipamentos.

Pergunta: Parece que o governo federal decidiu investir na Polícia Federal nesses últimos cinco anos. O que está acontecendo no Rio de Janeiro?
Beltrame: O governo federal investiu na Polícia Federal, mas é difícil comparar a Polícia Federal com as polícias estaduais. Hoje, a Federal tem um contingente de 12 a 13 mil homens. É muito pequeno e é muito fácil investir. E a competência da PF é somente contra crimes federais, crimes contra a União. E a polícia dos estados é tudo, é todo o resto. Aqui no Rio recuperamos principalmente os equipamentos. As viaturas daqui tinham que desviar até de uma ponta de cigarro porque senão estourava o pneu. Colocamos 1.335 novas viaturas. O sistema de comunicação fala, se comunica, antes ele não falava. O Centro de Controle conta com duzentas câmeras, quando cheguei tinha sessenta câmeras, hoje funcionam todas. E agora em setembro [2008] vamos mudar o uniforme do policial. Isso no que diz respeito a equipamento, vamos dar um pouco de dignidade ao policial, porque na medida em que ele usa uma roupa suja, em que ele pega um carro ruim, absorve aquilo. Por isso, investimos um pouco nessa imagem. Estamos para resolver um "calcanhar de Aquiles", que é a questão salarial. O policial ganha muito pouco. Os estados estão todos lidando com a crise econômica das décadas de 1980 e 1990, e os estados gastam mal, não investiram bem, e as polícias Civil e Militar estão muito defasadas em termos de salário. Agora, enquanto não conseguirmos atingir isso, estamos procurando outras coisas, o RioCard para transporte dos policiais, estamos investindo em dois hospitais para os policiais e seus familiares.
Tivemos de adiantar o nosso projeto de capacitação, qualificação e o preparo dos policiais em função dos acontecimentos e dos incidentes recentes que foram noticiados.[3] Íamos começar

---

3 Referência às mortes de inocentes provocadas por erros da Polícia Militar em perseguição a supostos bandidos.

isso em outubro, e estamos iniciando agora. Todos os batalhões estão tendo um curso de abordagem e tratamento do cidadão. Estão tendo uma reciclagem, todos os batalhões, de abordagem a viaturas. E o curso de equipamento não letal, acoplado à substituição da utilização do fuzil por uma carabina ponto 40, de uso urbano. Essas são as primeiras mudanças, mas a grande mudança que queremos fazer é a estrutural. Pretendemos fazer um grande projeto para investir em tecnologia, com câmeras por todo o Rio de Janeiro. Até 2010, queremos fazer um Grande Centro de Comando e Controle dividido em doze áreas regionais que vai captar todas essas imagens. E o Projeto Universidade da Polícia já está funcionando, em uma parceria com a Fundação Getulio Vargas, pelo qual pretendemos colocar a Polícia Civil e a Militar em um único centro de formação, sendo que a grade curricular será discutida com a sociedade e as universidades. Os sociólogos e os especialistas vão participar da formação, a fim de montar o currículo dos policiais do Rio de Janeiro.

Em longo prazo este é o nosso projeto estrutural, é o grande investimento que nós temos aqui. Tecnologia e capacitação do policial. E em curto prazo é essa recuperação da terra arrasada que nós encontramos, com tudo quebrado e nenhum equipamento para o uso dos policiais. E a recuperação do efetivo. Temos aqui uma diferença de efetivo de 12 a treze 13 homens. Não se realizou mais concurso, não se valorizou nem se fez mais ingresso. E o Rio de Janeiro tem hoje mais de 3 milhões de habitantes. Estamos muito abaixo da população policial por habitante.[4]

---

4 Em 2009, a Assembleia Legislativa do Rio aprovou uma lei para aumentar de 40 mil para 60 mil o número de policiais militares na ativa. Tendo como base uma população de cerca de 15 milhões de pessoas no estado, a relação

Pergunta: O Pronasci é um novo programa para segurança pública?
Beltrame: O Pronasci, na minha visão, é um projeto salvador, é um programa imenso, que engloba mais de noventa propostas e alinha as ações de todas as secretarias estaduais. Eu sei que o Brasil ainda não tem uma história constante de grandes investimentos sociais que dão certo, mas o Pronasci é a solução. Um projeto abrangente, que atende à dignidade, que dá condições ao ser humano de se desenvolver em todas as áreas. Não adianta dar somente educação se falta a alimentação. Nós temos aqui um ditado que diz: "Saco vazio não para em pé". Não adianta nós termos, hoje, um investimento no Complexo do Alemão, construindo grandes escolas, se as crianças não têm alimentação, estão com pneumonia, não têm saúde, não têm como chegar à escola. Entendo que nós temos que ter ações conjuntas de todas as secretarias no sentido de valorizar a vida e desenvolver ações conjuntas para o ser humano completo. E, nesse processo, eu acho que segurança pública é a última dessas ações. Se se desenvolver toda a escala social, pode ter certeza de que segurança pública vai ser a última, e hoje é o contrário. Como tudo está desordenado, tudo cai no colo da segurança pública.

Pergunta: O que se está fazendo para tirar os maus policiais da polícia?
Beltrame: Isso é um problema. Já vou lhe dizer os entraves. Na Colômbia, 15 mil policiais foram retirados das ruas, mas fizeram isso em um período de exceção. Quem decidia tudo era o comandante. "Eu não gosto do senhor porque o senhor... sei lá, rua." No Brasil nós chamamos isso de "poder discricionário da autoridade policial", lá funcionou assim. Eu me lembro de

---

ficaria em uma situação muito boa se comparada, por exemplo, a São Paulo, que tinha 93 mil policiais militares para aproximadamente 41 milhões de habitantes.

quando tivemos os Jogos Olímpicos em Sydney, eles tinham alguns problemas de corrupção. Montaram um Comitê de Ética que tinha o poder de botar na rua os policiais que consideravam não éticos. Aqui no Brasil não podemos fazer isso, porque temos a Constituição da República que garante, entre os direitos humanos, o direito de ampla defesa. E esse direito de ampla defesa funciona tanto no processo judicial, direito criminal, quanto no direito administrativo. Nós, em um ano e meio, já colocamos mais de 350 policiais na rua, mas garantindo o direito de ampla defesa, respeitando-o em todos os casos. Temos de fazer o processo, e para isso temos a Corregedoria de Polícia. Quisera eu, quando há um desvio de conduta, poder decidir colocar o policial na rua. Mas tem o entrave, que na verdade não é um entrave, porque é necessário respeitar o direito de defesa deles. Mesmo em caso de homicídio, não temos como colocar o policial na rua sem passar por todo esse processo. E no Brasil os processos demoram demais. Basta lembrar, no final da década de 1980, o acidente que aconteceu com o barco *Bateau Mouche*, em que morreram tantas pessoas e a sentença saiu somente no final do ano passado [2007].

É obrigação do Estado garantir os direitos humanos. O único problema que vejo dos direitos humanos aqui no Rio de Janeiro é que ele vem com a óptica de quarenta anos atrás. Conheço a óptica dos direitos humanos da ONU, segundo a qual o Estado era o vilão, que não deixava as pessoas falarem, atuarem, enfim, tudo. Só que hoje não é mais o Estado que não deixa as pessoas falarem, o vilão são pequenos núcleos que não conhecem as leis, não conhecem o Estado. Temos aqui os códigos, as leis, temos de obedecer-lhes. Para essas pessoas, eles não conhecem o Estado, não sabem nem o que é o Estado. Existem pessoas no crime aqui de quatro gerações. E não sei se já viu na televisão, no jornal, como falam: "Não, aqui somos nós que mandamos".

O *éthos* cultural deles é esse, é o que efetivamente traz o confronto. Mas nossa obrigação é defender os direitos humanos. Assim como o policial quando sai na rua também tem que defender a sua vida. Quando o policial sobe o morro ninguém mandou que ele matasse. Mas também o nosso policial não tem que morrer, tem que se defender, não pode deixar que o matem.

Pergunta: O que o senhor diria do fato de os bandidos saberem previamente que a polícia vai fazer uma operação na área? Não se deve avisar as pessoas da comunidade antes?
Beltrame: Não precisa ter gente que os avise. Pelo simples fato de ver um comboio da polícia saindo, o bandido já sabe que a polícia vai para lá. O ideal seria avisar para que as crianças e a população em geral pudessem sair do perigo. Mas temos de agir aqui em segredo máximo, porque senão perdemos a oportunidade e, se avisarmos a comunidade antes, nós mesmos perdemos isso. O que estamos fazendo é agir com muito critério, em cada ação dessas, para minimizar – cada vez mais – o risco de matar inocentes.[5]

Pergunta: Muitas pessoas acham que as armas dos bandidos são oriundas da própria polícia. Agora temos esse programa de rastreamento de armas e munição da polícia. Existe um programa aqui no Rio de Janeiro para acabar com o tráfico de armas?
Beltrame: O ciclo das armas não é complexo e o desvio dos armamentos das polícias Civil e Militar, das Forças Armadas,

---

[5] Desde 2009, com o estabelecimento das UPPs, a polícia adotou a conduta de notificar previamente as comunidades em que a UPP entraria, para que as facções pudessem sair ou fazer acordos que evitassem conflitos armados. Em outros lugares, em comunidades sem UPPs, prosseguem as ações da polícia sem aviso prévio em busca de traficantes, armas e drogas, com feridos e mortes de inocentes.

é um legado muito antigo aqui no Rio de Janeiro. As pessoas possuíam armas em casa porque a lei que regula o seu uso é de 1992. Somente a partir dessa data é que existe um controle do estoque de armas. Antes, tudo era clandestino. Além disso, temos o tráfico das armas que vêm da Bolívia e do Paraguai. A grande maioria são armamentos usados e provêm desses países, onde também são desviados das Forças Armadas. Um quarto item: existem muitos fuzis na clandestinidade. Existe sim, mas também existe a terceirização por parte dos criminosos, funcionando assim: a Mangueira vai fazer uma ação, e ela pega os fuzis de outras áreas, aluga os fuzis ou pega emprestados. Não quer dizer que não tenham fuzis, mas quando há uma ação, parece que há mais fuzis do que na realidade eles têm. Terceirizam e alugam uns dos outros. Um exemplo disso ocorreu na semana passada aqui, em Caxias, quando morreram dez pessoas. Aquela favela, aquele lugar, não tem dez ou quinze fuzis como tinha naquele dia. Eles eram dos criminosos do Complexo do Alemão, que estavam escondidos lá para de noite tomar o ponto da facção rival. Quando a polícia foi lá, encontrou essas pessoas de fora e seus fuzis.

Hoje, a nossa polícia está fazendo o rastreamento e o controle de suas armas. Sabem-se quantas são e se são desviadas. O que precisamos é do controle de nossas fronteiras. Mas está aí o nó, porque nós temos 16 mil quilômetros de fronteira seca e 7 mil quilômetros de fronteira marítima. As armas de dentro já regulamos, pois o mercado clandestino está muito parado. O que se trafica agora no mercado clandestino e criminoso são armas antigas. Hoje, estamos recebendo inclusive a munição, ela já vem com leitura óptica. Até a munição já podemos rastrear. Mas o nosso problema é o mercado clandestino, as armas que são desviadas das Forças Armadas e as armas que vêm desses dois países.

Pergunta: O que é necessário fazer para combater o crime organizado? Será necessário, por exemplo, fazer uma lei tipificando o crime organizado?

Beltrame: Precisamos, primeiramente, de varas judiciais para o crime organizado e a especialização de policiais para combate específico aqui no Rio de Janeiro. Precisamos de um efetivo muito grande para fazer uma polícia ostensiva e que se valorizem as Forças Armadas. Ou seja, que não venham fazer segurança nos estados, mas façam seu papel nas fronteiras, no solo, no ar e no mar. Porque hoje as Forças Armadas, a exemplo das polícias, estão sucateadas. Na medida em que valorizarmos o papel delas nas fronteiras, vai refletir aqui dentro. Não tenha dúvidas. Mas hoje estamos em uma fase em que primeiro temos que recuperar a efetividade da polícia, para depois partir para um combate ao crime. O crime organizado, aqui no Rio de Janeiro, não existe. As pessoas têm de saber fazer uma diferenciação. O crime organizado é o crime silencioso, é o crime fiscal, a evasão de divisas, a lavagem de dinheiro, a sonegação de impostos, o dinheiro que vai para o exterior. O crime de colarinho branco praticado por grandes empresários, também por multinacionais que fazem desvio de dinheiro que sai daqui do Brasil. É o dinheiro que é transferido para o exterior e que poderia estar aqui como investimento nas próprias polícias, e investimento social. Aqui não existe um Grande Senhor da droga. Podem até existir, mas são poucos e são pegos em um, dois, cinco anos. Aqui o crime é muito esculhambado, são pessoas se matando por um ponto de venda de droga, de venda de maconha que rende R$ 300 ou R$ 400. Não temos aqui organização criminosa, aqui ela é a milícia. Essa, sim, é uma organização criminosa bandida, tirana, e a gente está começando a levantar isso e a pegar essa gente, e é isso aí que você está vendo.

Pergunta: Quais são os planos para a polícia comunitária?
Beltrame: Na minha maneira de ver isso é muito simples de responder. A polícia comunitária para mim é o programa ideal, é a polícia de proximidade. Mas não podemos hoje colocar a polícia em um lugar onde ela vão estar exposta, onde a área está muito conflagrada. Eu não posso colocar policiais hoje caminhando, fazendo policiamento comunitário, no Complexo do Alemão. É requisito fundamental para o policiamento comunitário que ele esteja em uma região que esteja – usando uma expressão de que não gosto muito – pacificada. Ou seja, que não tenha atuação criminosa nenhuma, nem milícia, nem tráfico, nem nada, por que aí o que é que acontece? Aí a polícia comunitária pode fazer o seu fundamento. E qual é esse fundamento? É a troca. O morador vai poder chegar ao policial e dizer para ele alguma coisa, orientá-lo, e também o contrário. Só que hoje eu não posso colocar um posto policial em uma área em que a comunidade não se sente segura, está com medo, ou que sabe que se ela se aproximar de um policial já vem um traficante perguntando: "O que você foi fazer lá? O que você queria lá?" Hoje é difícil. O último ponto em que nós colocamos um posto policial foi no Batan. Lá nós conseguimos fazer isso porque a comunidade garantiu. Vieram aqui com mais de quinhentas assinaturas, os policiais moram lá, inclusive tem um que é um oficial do Exército. A comunidade passou para eles, a Associação de Moradores. Assim, quando qualquer célula criminosa procura entrar ali, a comunidade vai lá e avisa, e eles já avisam o batalhão, que age de imediato. No Cavalão a mesma coisa. Agora, onde a coisa é muito conflagrada, não adianta botar polícia comunitária. Vamos expor o policial à morte sem que a sociedade venha a ter o trabalho policial que merece.

No currículo, a matriz policial dos que estão fazendo os cursos e se formando agora inclui a polícia comunitária. Antes não tinha. Hoje todo policial sai capacitado para fazer policiamento comunitário. O policial tem de estar de bem com sua polícia, precisa estar bem consigo mesmo, bem uniformizado, bem alimentado, bem descansado e, sem dúvida, bem pago. Essa melhora não vai ser só para a polícia comunitária, vai ser para toda a polícia. Esse requisito tem de ser alcançado. É uma meta nossa; agora, todo policial que se forma tem o preparo técnico para ser polícia comunitária. A polícia que quero é a que o policial faz seu serviço e, nos dois dias de folga, fica em casa descansando com a família num deles e no outro faz um aprimoramento de seu curso, até pela internet, e volta ao batalhão. Mas, como ele ganha mal, não pode fazer isso, tem de procurar um segundo emprego.

As instituições policiais aqui têm 50 mil homens, não é fácil. O controle não é fácil, e a pressão é muita. Temos nossos problemas também. Veja, na Inglaterra ou nos Estados Unidos, os profissionais são bem pagos, bem alimentados, mas um brasileiro tomou seis tiros no rosto em Londres; e outro brasileiro foi morto nos Estados Unidos porque rompeu uma barreira. Se fosse no Rio de Janeiro, Nossa Senhora! A imprensa estaria em cima.

Henrique Oliveira Vianna, coordenador do Pronasci: uma conversa com Maria Helena Moreira Alves e Philip Evanson
Julho de 2008

O oficial da Polícia Civil, Henrique Oliveira Vianna, foi designado como um dos quatro coordenadores do Pronasci no Rio de Janeiro. Uma das inovações administrativas mais importantes do projeto foi a criação do Gabinete de Gestão Integrada Municipal (GGIM). Nessa esfera, representantes dos governos federal, estadual e municipal procuram trabalhar conjuntamente para selecionar e desenvolver as diversas ações do programa. Além disso, enquanto atuava como coordenador do GGIM, Oliveira Vianna foi nomeado subsecretário para os Direitos Humanos do município de Niterói, em 2009, como responsável pela coordenação da construção de uma Human Rights Clinic, um exemplo da parceria promovida pelo Pronasci com os governos federal e municipal.

Pergunta: Como você vê o Pronasci?
Oliveira Vianna: O Programa Nacional de Segurança Pública e Cidadania é justamente isso: é segurança com cidadania, bem diferente das políticas públicas que foram implantadas de maneira muito fragmentada. É fácil de se entender, mas muito difícil de se fazer. O Pronasci tem uma coisa muito importante, um grande investimento do governo federal, cerca de R$ 1,350 bilhão por ano até 2012, dos quais R$ 600 milhões vão para os programas de formação em segurança e direitos humanos para policiais civis, policiais militares, bombeiros, militares, guardas municipais e agentes penitenciários. São policiais de baixa renda, que ganham uma bolsa de doze meses que não é incorporada ao salário. Fazem um curso de sessenta horas. Podem fazer outro curso e ganhar mais doze meses. O que se faz é melhorar a capacitação dos policiais.

A herança da polícia no Brasil é muito bem caracterizada por seu papel autoritário, por vezes violento, porque sempre foi uma força do Estado. O conceito real, verdadeiro e efetivo da "Polícia Cidadã" é muito distante da trajetória histórica da polícia no Brasil, que sempre foi um braço armado do Estado, disposto a atender interesses dos governantes – até mesmo caprichos dos governantes. Então, para fazer essa transição da polícia autoritária para a cidadã, precisamos de um processo que mexa na raiz do problema. E na raiz do problema está a questão da educação, da capacitação. Educação só cumpre o seu papel quando muda o comportamento. Não adianta termos ideias e pensadores brilhantes, se o comportamento não mudar.

E acho que o Pronasci pode colaborar na mudança do comportamento, porque vai recair sobre as três esferas de governo, a União, os estados e os municípios. Como é uma ação em bloco – não está restrita única e exclusivamente às ações de segurança, mas traz as ações sociais conjugadas, e mais que isso, integradas –, acredito na proposta, na sua eficiência, mas não se pode dizer que apenas ela seja suficiente, porque precisa ganhar também extensão. Precisa alcançar as pessoas, pessoal de segurança, do Brasil inteiro. É um programa que atenderá o federativo. Não são todos os estados que participam, mas somente os estados conveniados. E nos conveniados não são todos os municípios, são só os municípios conveniados. E, nessas cidades, também não serão todas as áreas, mas os bairros e os logradouros que o Gabinete de Gestão Integrada Municipal escolher. Uma ou duas áreas. É importante termos esses objetivos em mente porque na hora da avaliação temos de avaliar em relação ao que se propôs fazer. Não se trata de resolver os problemas do Brasil em dois ou quatro anos, especialmente aqui no Rio de Janeiro, onde a polícia é recebida a tiros constantemente, às vezes até com explosivos, é preciso também ter um conjunto de estratégias especiais.

Pergunta: O Pronasci vai tratar do recrutamento de policiais?
Oliveira Vianna: O Pronasci não mexe no recrutamento. Ainda não. Mas vai ser um instrumento fundamental e poderoso para o policial se aperfeiçoar. No que tange à PM, realmente boa parte do seu efetivo é recrutada nas comunidades, porque o nível de escolaridade exigido para o ingresso na corporação é o ensino

fundamental. É o ensino que boa parte dessas pessoas possui, é o cargo que eles podem almejar. Isso também cria outro problema, que é uma pessoa da comunidade fiscalizando ou agindo sobre outro que é igual a ele, seja pela etnia, seja pela estratificação social. É uma maneira de conter as pessoas pobres, protegendo o livre gozo e a fruição dos bens por parte dos abastados. A polícia acaba servindo para afastar as pessoas pobres das ricas, para que estas possam usufruir do seu patrimônio em segurança. E isso é um conceito distorcido, mas que historicamente temos vivido.

Pergunta: Como o Pronasci tem agido? Há prioridades?
Oliveira Vianna: Nessa primeira fase do Pronasci, algumas ações foram prioritárias. Por exemplo: sensibilização das guardas municipais para fazerem jus à bolsa de formação. Outra ação que foi considerada prioritária foi o financiamento da casa própria [para policiais]. Também foi bem-sucedida a implantação dos Gabinetes de Gestão Integrada Municipal, porque é um órgão legitimador dos projetos dos municípios. Está funcionando. Como é que é feito? Alguém leva a sugestão ao GGIM, que delibera e, se for aprovada, integra a ata do GGIM, que aí nos é encaminhada e fazemos a interface com o gabinete do ministro. É o órgão legitimador. Não tem outra maneira de ter um projeto aprovado se não for por meio do GGIM. Outra ação também, dentro do GGIM, foi que Brasília nos ofereceu um projeto arquitetônico de um prédio para o funcionamento do GGIM, com sala de situação para poder acompanhar os dados, as estatísticas, para acompanhamento de crises, auditório para interagir com a comunidade e um sistema de monitoramento de câmeras. Mas nem todos os municípios receberam o projeto arquitetônico, o que não significa que eles não têm o GGIM com espaço físico.

Pergunta: Como é que um programa para segurança com cidadania está atuando num estado como o Rio com tanta violência?
Oliveira Vianna: No Rio de Janeiro, onde a polícia é recebida a tiros, com explosivos, onde as pessoas muitas vezes são mortas por balas dos marginais, e a culpa é imputada à polícia, temos uma situação especial. Necessitamos de um pensamento estratégico, pautado no respeito aos direitos humanos. É preciso que o policial na ponta da linha, o policial do grupamento tático tenha essa visão também. Evidentemente ele deve usar os meios necessários para se defender quando está em atuação, mas não pode ter como princípio de conduta a eliminação do adversário. Não pode ter, porque senão isso vai se encaminhar para a execução sumária, que não é correta em um Estado democrático de direito. E precisamos intensificar as ações de inteligência e ensino a distância. Também devemos prestigiar os cursos nessa área, que são muito difíceis, as iniciativas ainda são muito tímidas. De qualquer forma, estamos realizando isso, intensificamos as operações de inteligência mais definidas, para que as ações sejam mais cirúrgicas, evitando balas perdidas, tendo um objetivo definido e claro. Onde está o paiol de armas, onde estão escondidos? Eles não sabem. Fazem operações e invasões todos os dias sem ter um objetivo claro, sem saber onde se encontram as pessoas, as armas ou os objetivos que precisam deter. Levam-se cinco anos para estudar bem uma área, mas, como resultado, se a operação for bem feita, tem uma chance maior de produzir resultados, minimizando os efeitos na população inocente, uma prática de acordo com um Estado democrático de direito.
Há certa descrença por parte dos profissionais. Num primeiro momento eles chegam ao programa pela oportunidade de comprar equipamentos novos, um novo colete contra balas, carros etc. Mas nós temos que ouvir o que eles têm a dizer

e desenhar uma polícia comunitária de acordo com a nossa realidade. Estamos muito longe do padrão do policiamento de outros países; no Japão, por exemplo, a delegacia é na casa do policial e a mulher dele atende ocorrências se ele estiver na rua. Se fizermos isso no Rio, a casa dele vai ser metralhada. E no Rio o policial está no combate o tempo todo, não tem folga. Este policial precisa ser ouvido para que possamos desenvolver um modelo de polícia comunitária consonante.

Hoje o policial está cansado de ver – e não digo que esteja certo ou errado, não falo do mérito mesmo da questão, mas do que acontece de fato do ponto de vista do ser humano, da pessoa – um colega ser morto, sem qualquer motivo, apenas por estar em pé ali, no serviço, sofrendo uma rajada de fuzil. E ele passa a pensar: "Eu não quero ser aquele colega que morreu no plantão passado". Então já vai para a rua com o instinto de preservação muito aflorado. Aí é questão de sobrevivência mesmo. Ele prefere sair atirando primeiro e perguntar depois, e mesmo que responda a um processo administrativo, está vivo, prefere isso a ser como aquele companheiro que morreu no plantão passado. É uma situação preocupante. Eu respondo pelo que estou falando, é uma opinião minha nesses vinte anos de polícia do Rio, trata-se de um sentimento consciente ou inconsciente, que domina a mente de muitos policiais. Por isso essa política pública de segurança precisa ser audaciosa a ponto de tocar nessa questão. Do contrário, não se atingirá o nível esperado, porque o homem está precisando de cuidados. A nossa sociedade está um pouco doente, com a cultura do medo. E o policial também está psicologicamente precisando de ajuda. Talvez o programa devesse prever um apoio psicológico para o policial que lida todos os dias com vida, morte, violência, ameaça à família, corrupção. E não existe um programa psicológico nem razoável, nem mediano para esse profissional. Esse é um ponto que vai influenciar diretamente nesse comportamento excessivamente violento. Não é que o curso não ensinou a fazer uma abordagem, mas na hora em que o policial está na rua, ele deixa o manual de lado e sai com a mão no gatilho. E sai com a mão no gatilho porque ele quer viver.

Pergunta: O policial não pode ser considerado uma pessoa oprimida?
Oliveira Vianna: Sim, mas não como no Exército, onde no campo de batalha eles ficam uns meses e depois saem por outros meses. E a família está longe. Toda essa situação no Rio de Janeiro faz do policial um ser humano oprimido. Ele recebe mal, é pobre, vem em geral das mesmas comunidades carentes, e tem que ser psicólogo, antropólogo, sociólogo, conhecer bem sua atividade profissional tecnicamente falando e a contrapartida, o salário, está aquém e as ferramentas também. Assim, fica em uma situação de opressão. Por isso temos no Pronasci a ajuda para a casa própria, porque faz sentido isso, para que o policial não fique com sua família exposta. Se está mesmo combatendo uma organização criminosa, fica muito exposto. A família está muito vulnerável. São todos reféns de uma violência muito grande.

Pergunta: O Bope preocupa muito porque muitas das denúncias que ouvimos e até testemunhamos nas comunidades falam especificamente dele. Entram atirando, cantando aquele rap: "Vou te matar, vou sugar tua alma", e a população tem pânico deles e de sua violência. Por que não se proíbe essa música?
Oliveira Vianna: Com certeza não são todas as unidades do Bope que entram assim. Nem todas as equipes vão agir assim. Algumas sim, outras não. Tocar a música pode. Pode-se dizer que é contra as instruções do Pronasci que se entre em uma comunidade carente tocando esse rap e ameaçando a população

em geral. Mas até isso é complicado para nós, do Pronasci, porque somos o Ministério da Justiça, somos o poder da União, e temos limites de atuação. Existem restrições em relação ao que o governo do estado e a União podem fazer com um município, que é uma entidade autônoma. Não pode ser tutelado pelo estado, pode estar interligado com o estado, mas não pode ser atropelado. E os municípios sabem disso e querem exercer a sua autonomia na plenitude. Isso é claro para o Ministério da Justiça, mas às vezes alguns estados ou municípios não se abrem para as novas ideias vindas do governo federal como gostaríamos que se abrissem.

Pergunta: Como o Pronasci está favorecendo a polícia comunitária? Está mudando o ponto de vista dos policiais sobre a violência?
Oliveira Vianna: Se a bala resolvesse o problema de segurança no Rio de Janeiro já teríamos resolvido tudo, porque muitos tiros já foram dados. Não se pode admitir uma pessoa entrando numa comunidade dando tiro a esmo, fazendo propaganda da violência. Tem que ser uma atuação bem pautada na diminuição dos conflitos, e não no acirramento, porque as pessoas passam a viver num inferno. O filho não pode ir à escola; o pai sai para o trabalho e não sabe se vai voltar; a família fica com medo de que as balas atravessem as paredes da casa, e elas vivem muito ao deus-dará. Um verdadeiro inferno. Então, a polícia não pode aumentar o conflito. A cabeça do policial tem de mudar, tem de estudar direitos humanos, a história da escravidão no Brasil, a história dos quilombolas, a violência herdada da escravidão e da aristocracia escravocrata, que era uma violência não somente contra o escravo, mas depois contra o negro livre e também contra o homem branco pobre. Temos também uma tremenda relação histórica de corrupção da sociedade no Brasil que ainda persiste e que não é de troca de dinheiro, mas

sim de troca de favores. Uma relação terrível de corrupção, muito usada como ponte para os cargos políticos. Hoje, no Rio, há uma relação muito intensa entre cargos públicos e políticos e o crime organizado.

O agente da lei no Rio de Janeiro está muito limitado, tanto fisicamente como ser humano quanto funcionalmente dentro da instituição, bem como na sua cidadania. Ele necessita com urgência de um programa como o Pronasci.

Pergunta: Como é que vocês escolhem uma comunidade para atuar com as ações do programa?
Oliveira Vianna: Quem escolhe a comunidade não é a Coordenação do programa, nem o Ministério de Justiça, é o Gabinete de Gestão Integrada do Município, mas com uma orientação do Ministério, no sentido de que seja uma comunidade bastante conflagrada, com bastantes conflitos, com uma mancha criminal bastante forte e assim tem sido. E varia a atuação, tem comunidade onde reconhecidamente a polícia precisa entrar na frente. Não dá para pensar em programas como Mulheres da Paz como a primeira ação. Por exemplo, há comunidades com uma estimativa de duzentos jovens armados para defender os pontos de venda de drogas, não somente com fuzis, mas com diferentes armas. Ou eles recebem a entrada do Estado de maneira pacífica ou recebem a polícia à bala, nós podemos esperar aí uma ação dura.

Depois entra com o social. A ideia é entrar com o social e não retirar, não parar o programa, mas avançar, como também fazer que as forças de segurança não saiam, permaneçam. Na área social, a restauração ou a criação dos espaços urbanos seguros, com quadras esportivas etc. Um estudo feito no Brasil revela que a incidência de criminalidade é menor onde há razoável atuação nas áreas de lazer, cultura e esporte, mesmo com nível de desemprego elevado. Porque as análises estatísticas, com o cruzamento de dados, costumam apontar muito que onde há maior desemprego, existe maior incidência criminal. Esses novos dados indicam que mais importante em termos de criminalidade, mais importante do que desemprego é o nível de cultura, lazer e esporte que a cidade tem. Se é forte nessas áreas, mesmo que haja desemprego elevado, consegue-se resolver muitos problemas dos jovens. Isso é inclusive verdade quando se comparam cidades que não têm um nível de desemprego alto, mas pouca cultura, lazer ou esporte e níveis de criminalidade mais elevados. Isso é muito importante porque mostra que o Pronasci está no caminho certo. Mas não tenho números para dizer que temos verba para fazer isso. Até pelo preço que se paga, pode haver mortes de inocentes. Porque o programa é social, é com a cultura local, telecentros, pontos de leitura, acesso a informática, pontos de esporte, e as forças de segurança têm que ser treinadas para ficar no limite da lei, usar a força somente em defesa própria, mas não usar a violência como padrão de ação cotidiana.

Pergunta: Como o Pronasci sobrevive às mudanças no governo quando houver uma nova administração eleita?
Oliveira Vianna: O Pronasci tem que ser um programa de Estado, não pode ser um programa do governo Lula e do governador Sérgio Cabral, mas sim uma política de Estado, com continuidade garantida, senão para de funcionar. Uma política que vise interesses públicos, da coletividade. E que possa ser modificado no sentido da construção, mas não no sentido da desmobilização.

Pesquisador e consultor de Segurança Pública do Congresso
Agosto 2008

Com o crescimento do interesse em segurança pública, direitos humanos e a ação da polícia no Brasil, também aumentou o número de pesquisadores especializados no tema. A seguir, publicamos uma entrevista realizada com um pesquisador, consultor do Congresso, focada na polícia do Rio. A conversa descreve o ferrenho espírito corporativista existente das forças policiais e a resistência à crítica, ou autocrítica, uma vez que muitos acreditam que prejudicaria ainda mais a reputação da corporação. A entrevista elenca as ligações entre a polícia e o crime organizado e explica as razões da ausência de apoio popular nas comunidades. O pesquisador conversou conosco sob a condição de preservação do anonimato.

Pergunta: A polícia tem uma imagem negativa e resiste a realizar reformas. Por quê?
Pesquisador: Tudo aquilo que denigre a corporação eles não querem divulgar. Estão mais preocupados em manter o corporativismo interno do que em melhorar a imagem externa da polícia, que é péssima. Erradamente, o comando acha que punir desvios de policiais e divulgar as punições vai piorar a imagem da instituição. Como a opinião pública tem uma péssima avaliação da polícia, pelo constante envolvimento de maus policiais com o crime organizado, seria exatamente o contrário: se punissem, e admitissem os erros dos maus profissionais, melhorariam a imagem dos bons policiais e do comando. Dou um exemplo: trabalhando com o Congresso Nacional, com a CPI das Armas de Fogo, conseguiu-se fazer um levantamento de cerca de 1,5 mil armas de fogo fabricadas no

Brasil, que foram vendidas para a Polícia Militar e acabaram nas mãos dos bandidos.

O deputado Raul Jungmann (PPS), relator da CPI das Armas do Congresso Nacional, reuniu-se com o Comando da polícia e entregou, como uma colaboração com o governo e a Polícia Militar, todo o relatório e a análise. A CPI forçou as fábricas a dizer a quem haviam vendido as armas e elas tiveram de admitir que haviam vendido para a Polícia Militar do Rio de Janeiro. Essas armas, 1,5 mil, entre elas cerca de cinquenta fuzis de guerra, foram vendidas para a Polícia Militar do Rio e acabaram nas mãos dos bandidos. O comandante da PM agradeceu muito pela pesquisa feita e, no dia seguinte, declarou em nota oficial aos jornais: "É uma calúnia o que estão falando. Porque quem é que prova que esses fuzis foram desviados? Obviamente esses fuzis foram roubados dos nossos gloriosos policiais". Em São Paulo foi a mesma relação negativa. Agradeceram ao deputado Jungmann quando receberam o estudo sobre desvio de armas na corporação, semelhante ao ocorrido no Rio, e depois a PM declarou aos jornais que "as informações não eram corretas". Isso é um absurdo. Por quê? Porque prevalece a ideia de que o que há de errado não tem que ser tornado público, pois a imagem já está tão desgastada que qualquer coisa piora mais ainda. Existem duas dificuldades: primeiro, o corporativismo, e segundo, essa ideia de que "roupa suja se lava em casa". No fundo, essa atitude vem do regime militar, em que qualquer crítica era considerada hostil à instituição, ao contrário do princípio democrático, em que um comando que pune os subordinados que incorrem em erro fortalece a confiança na instituição. Nossas corporações policiais não foram democratizadas, e suas normas e seus princípios ainda guardam muito do autoritarismo da ditadura.

O interessante é que, apesar de publicamente a PM do Rio de Janeiro não reconhecer os dados do rastreamento das armas desviadas, na prática passou a controlar melhor o armamento de seus homens. Outra ação importante é contra o desvio de munições. Agora isso é possível fazer, porque a lei manda marcar a munição vendida no Brasil para as Forças Armadas e para as polícias. A nova lei, o Estatuto do Desarmamento, torna obrigatória a marcação de munição. Durante a sua votação, tentou-se fazer que toda a munição produzida e vendida no Brasil fosse marcada, inclusive para civis, mas a proposta não foi aprovada. Aprovaram apenas para os militares e policiais, o que não deixa de ser um grande avanço.

O problema é que estão marcando apenas a munição vendida para a polícia do Rio de Janeiro, por exigência desta última. Os fabricantes não estão cumprindo a lei, pois deixam de marcar a munição vendida para os militares e para os outros 26 estados brasileiros. Mas pelo menos no Rio já se pode identificar a munição usada por bandidos, e descobrir qual é o policial que a vendeu para o crime organizado. Um grande avanço. Agora é mais fácil rastrear munição. Primeiro, porque o bandido foge com sua arma, mas as cápsulas ficam no chão e podem ser recuperadas; segundo, porque uma arma é usada durante anos, e a munição está sempre sendo reposta. Acaba sendo mais lucrativo o seu comércio, daí a resistência de muitos governos, como o [do presidente dos Estados Unidos, George] Bush, de aceitar a marcação de munição.

Quanto ao controle de armamento, embora em público a polícia do Rio negue o envolvimento de policiais com o tráfico de drogas, internamente está agindo para combatê-lo. Está inclusive testando um novo método de controle, através da impressão digital do policial. Ao receber arma e munição, ele deixa a sua impressão digital registrada e relacionada a esse armamento (tipo e quantidade), que precisa ser devolvido ao final do dia de trabalho. Assim, impossibilita-se, por exemplo, que um policial pegue o armamento em nome de outro etc. Essa medida ainda está em fase de teste. Por exemplo, o policial tira uma determinada arma para executar o seu trabalho no dia. Coloca, então, a impressão digital dele, que fica relacionada e como garantia para o recebimento da arma e do tipo e da quantidade de munição que lhe foi repassada. Quando termina o seu turno, ele tem que apresentar aquela arma e as munições. Assim há um controle. Se ele recebeu trinta munições e está devolvendo quinze, precisa prestar contas dessas quinze de diferença. É a única polícia do Brasil que está fazendo controle interno das armas e das munições. Quer dizer, internamente o secretário de Segurança [Mariano] Beltrame está tentando melhorar o controle. Erroneamente não divulgam, para que não se debata em público que há desvio dentro da corporação. A polícia do Rio tem defendido a política de confronto baseada no argumento de que os bandidos lá são muito bem armados. O poder financeiro do tráfico permite que se compre muita arma e munição, inclusive estrangeiras. Não vão dizer que aqui também há muito desvio de armamento de guerra da polícia corrupta para os criminosos, o que faz que o crime organizado do Rio seja o mais bem aparelhado do Brasil. Mas o argumento da polícia é esse: como o crime está muito bem armado, é preciso derrotá-los militarmente, para depois o Estado poder se fazer presente nas favelas através de ações socioeconômicas e educativas. Até concordo com isso, mas o erro está em atacar sem avisar, procurando surpreender as quadrilhas nas favelas, o que acaba gerando uma guerra, com muitos inocentes mortos. O erro está na ideia de "exterminar" os bandidos, e não em erradicar a criminalidade. As quadrilhas se protegem em meio à população pobre – como faziam os *vietcongs* [na Guerra do Vietnã]. Se eles atacam sem avisar, vai ser um morticínio, como tem sido. A população "protege" os bandidos ou porque tem mais medo e desprezo pela polícia corrupta, ou porque é obrigada a colaborar pelo poder terrorista que o narcotráfico exerce sobre ela, ou ainda porque os populares sabem que, após o ataque, a polícia vai embora e quem colaborar com ela vai ser morto pelos traficantes.

Pergunta: Pode-se fazer isso sem que morram pessoas inocentes?
Pesquisador: O governador vai dizer: "É inevitável, é inevitável". Eu veria pelo seguinte lado, em São Paulo, eles não invadiram as favelas de surpresa. A polícia avisou: "Vamos invadir e tomar a favela". O que aconteceu? Os bandidos fugiram da favela. A diferença é que a PM de São Paulo não estava procurando, e não queria o confronto. Queria ocupar o terreno e retirar os bandidos. Tomou conta do terreno e ficou. Qual é o problema dessa política de confronto? A polícia entra, confronta, mata muita gente, até inocentes, e depois vai embora. Ela não tem condições de ficar nesse ambiente hostil, sem apoio da população e cercada por bandidos. Em São Paulo eles ficaram permanentemente, protegendo os investimentos sociais em saúde, educação, treinamento profissional, esportes etc., com a presença da polícia. E aí, gradativamente, a polícia de assalto, como é o caso daqui do Rio de Janeiro, vai sendo substituída pela polícia comunitária, como estão fazendo em São Paulo.

Pergunta: Por que não estão fazendo isso aqui no Rio de Janeiro?
Pesquisador: O comando da polícia costuma dizer que ela não ocupa permanentemente as favelas, como faz com o resto da cidade, "porque não tem homens suficientes, porque são 968 favelas no Rio, mais de um milhão de pessoas vivendo sob o jugo do crime organizado". É uma meia verdade. Uma das razões, na verdade, é porque a polícia aqui não tem o apoio da população da favela. A polícia ficar na favela é muito

complicado, o morador conhece apenas dois tipos de policial: os que estão ligados ao crime – aqueles que os extorquem, intimidam e matam, e destes eles têm medo, desprezo e ódio; e os policiais "exterminadores" – que entram na favela pra matar bandido e acabam matando muitos inocentes, e destes eles também têm medo e ódio.

Falta o bom policial, que suba a favela para proteger a população e prender os bandidos. No geral, os policiais tratam as pessoas pobres das favelas de maneira tão brutal que a população não os recebe como salvadores, recebe-os como inimigos – pior até do que o tráfico. O tráfico está lá, convive etc. é da própria comunidade e os criminosos só são brutais contra os que são seus rivais na venda de drogas e com os moradores que colaboram com a polícia ou atrapalham seus negócios. Com a população em geral não são, porque precisam de seu apoio ou pelo menos do seu silêncio. A polícia vem de fora e traz a morte, a destruição, a extorsão: é o inimigo, quando deveria ser o aliado, o protetor.

Grande parte dessa polícia é parte do crime organizado no Rio. Você olha a composição do crime organizado ali: é o Primeiro Comando, Comando Vermelho, os Amigos dos Amigos, e setores da polícia. Normalmente, quando o comando da polícia vai invadir uma determinada favela, o comando do crime organizado local já sabe, porque os policiais cúmplices do crime já informaram seus sócios. O que está acontecendo no Complexo do Alemão? O Alemão é o quartel-general do crime organizado. Isto é, o lugar mais difícil de ser tomado. São catorze favelas que fazem parte do complexo. Lá está concentrado o maior poder de fogo do crime organizado. Você dirá: eles [policiais] começaram a guerra contra o tráfico pelo lugar mais difícil. Isso não tem lógica, não é cartesiano. Você deve começar pelo lugar mais fácil e ir ganhando espaço e força, aos poucos. Por que começaram logo lá? Para vingar a morte de dois policiais. Quer dizer, não foi uma estratégia, não foi uma política de segurança. Foi simplesmente uma reação. Foi assim: "mataram dois policiais e isso não pode ficar assim". Foi uma revanche para não desmoralizar a polícia.

Os policiais acabam tendo uma atitude parecida com a dos bandidos, uma atitude machista, de vingança, de salvar a honra, e não uma política racional de enfrentamento do crime. A justificativa da polícia para a invasão foi: "Tem que manter a imagem, se nós não revidamos, vai se desmoralizar. Os bandidos vão se sentir todo-poderosos porque fizeram isso, e não aconteceu nada. E depois vai desmoralizar o nosso lado. Assim, temos de ter uma reação". Claro que precisava de uma resposta, mas racional, inteligente, baseada numa estratégia, e não começar reativamente apenas com invasões. Foi uma política equivocada. Por quê? Primeiro, eles avaliaram mal o poder do crime organizado e a falta de apoio da população para a polícia. Quer dizer, eles entraram lá, mataram muito mais inocentes do que pensavam e não acabaram com o crime organizado. Querer vingar a morte de policiais não é estratégia; é um ato emocional, no máximo de retaliação, que só leva ao aumento da violência, e não isola os bandidos, que continuam com apoio popular, porque inocentes são vítimas dos tiroteios. Segundo, as ações caíram num atoleiro, aquilo virou um pântano. Eles entraram e não conseguem sair. Quer dizer, não ficam lá dentro porque não conseguem ficar; são obrigados a ficar fora, cercando. É triste reconhecer, mas esse embate o tráfico ganhou, porque o tráfico continua lá. Terceiro, o governo tem o PAC, que está fazendo obras. É uma proposta da esquerda, nós sempre dissemos que tem que haver projetos sociais, infraestrutura, saneamento básico, saúde, educação etc. O PAC está sendo implantado no Alemão. O governo do estado do Rio disse: "Tomamos o

Alemão, pacificamos o Alemão, garantimos a segurança, e agora o PAC está sendo desenvolvido lá". Qual é a verdade? Eles invadiram o Alemão, tomaram o Alemão brevemente, e não conseguiram acabar com o tráfico, as tropas ficam só em volta, cercando. Eventualmente sobem, entram, fazem tiroteios, mas não tiram o tráfico de lá. Diz-se que o governo negociou com o tráfico. Não admitem isso. Alguns dizem que estão tentando fazer o que se fez em Medellín [Colômbia]. Só que em Medellín eles realmente tiraram o tráfico de lá e, depois, fizeram as obras sociais e de infraestrutura. Aqui eles não conseguiram, essa é que é a verdade. E acabaram negociando com o tráfico para que se pudesse construir e realizar o PAC.

O tráfico é que está fazendo a segurança do PAC. Essa é que é a verdade. O que você tem no Alemão? O governo fazendo investimentos sociais, obras em saúde, transporte, teleférico, educação etc., com a permissão e sob a segurança do narcotráfico. Qual vai ser o resultado disso? Vai melhorar a vida das pessoas? Vai. Vai acabar com o narcotráfico? Não, eles vão sair muito fortalecidos porque são eles que estão possibilitando que essas coisas aconteçam, estão dando todo o apoio e a segurança para as obras do PAC. Quer dizer, derrota total da política de segurança. Pode ser que realmente melhore a saúde e a educação, mas isso está sendo feito com o beneplácito e a proteção do narcotráfico, e vai ser seu grande trunfo para ter o apoio da população local.

Por que a polícia não vai, entra e fica? Porque uma boa parte dos policiais é cúmplice do narcotráfico e porque não consegue conquistar o apoio dos favelados, pela política de extermínio e desrespeito aos direitos dos moradores, que prevalece. Nós tivemos no Rio de Janeiro um chefe de polícia chamado Hélio Luz que dizia: "80% da polícia do Rio de Janeiro é cúmplice do crime, trabalha para o crime organizado". Isto é, se isso for verdade, é como uma guerra em que 80% dos seus soldados trabalham para o inimigo. Você está previamente derrotado. Portanto, eu acho que sem uma limpeza da polícia você não vai a lugar nenhum, porque grande parte das armas usadas pelo narcotráfico foi adquirida com apoio de policiais corruptos, conforme revelou a investigação da CPI das Armas, do Congresso Nacional.

Pergunta: Não foi o Hélio Luz que acabou com os sequestros no Rio de Janeiro?
Pesquisador: Sim, foi a única coisa que conseguiu fazer. Ele colocou policiais honestos para trabalhar lá. No final declarou: "Agora, na Delegacia Antissequestro, não se sequestra mais". Porque grande parte dos sequestros era feita pelos próprios policiais da Delegacia Antissequestro. Ou os policiais descobriam os criminosos, negociavam com eles e dividiam o pagamento do sequestro. Isso tudo relatado pelo próprio chefe de Polícia da época [1995-1998]. Existe um relatório sobre as armas apreendidas com os bandidos em Pernambuco. Aí se veem as armas apreendidas pela Polícia Federal. Muitas eram boas, valiosas, ao contrário das armas apreendidas pela Polícia Civil e pela Polícia Militar, todas velhas. Ambas as polícias, Federal e Estadual, apreendendo armas da mesma população, do mesmo estado. E o resultado é diferente. Por quê? Porque as armas boas que a segunda apreende não são entregues à corporação. Ou ficam com os policiais ou eles revendem para os bandidos. É como a droga, prendem o bandido, tomam a droga transportada, depois vendem a liberdade do bandido e ainda lhe vendem a droga de volta. O bandido tem de pagar pela sua própria droga e para ser solto. Com as armas sucede a mesma coisa.

A questão da corrupção não é pequena, uma coisa paralela. É essencial, e se ela não for enfrentada de maneira eficiente e total, impede que a polícia seja reformada, impede que você tenha qualquer política de segurança real, eficiente. Ainda tem outro dado: a política social nas favelas está avançando, e o crime organizado está mais forte do que nunca. O que é um contrassenso, uma enorme contradição. Deveria ser o oposto: conquistar o apoio da população através da melhoria das suas condições de vida, isolando e expulsando o narcotráfico.

O governo federal, através do Pronasci, está pressionando muito os governos estaduais a reformarem a polícia e a implementarem uma política de segurança preventiva, investigativa, e não apenas repressiva. O programa tem muito dinheiro, e o governo está condicionando o repasse dessa verba à democratização e modernização das polícias. Por exemplo, o Ministério da Justiça forçou a polícia do Rio de Janeiro a trocar os fuzis AR-15 e FAL, que são armas de guerra, por carabinas, que permitem maior controle dos tiros, diminuindo o número de vítimas inocentes atingidas por balas perdidas. Está forçando também todas as polícias do Brasil a trocar pistolas como a 9mm por pistolas calibre 40. As primeiras têm munição perfurante, isto é, transpassa a vítima, e vai atingir terceiros, inocentes. O calibre 40 é impactante, isto é, a munição fica na vítima, não causa danos a terceiros. É mais apropriada para a polícia em áreas urbanas.

Pergunta: Mas os policiais vão dizer que os bandidos do Rio de Janeiro têm armas de guerra, armas pesadas.
Pesquisador: É verdade, e as armas são compradas da própria polícia. Os policiais estão presos a uma visão militarista, e não policial, do combate ao crime. Se os bandidos têm armas de guerra, alimentam uma espiral ascendente de violência. Se

fosse uma guerra era muito mais fácil. Seria uma questão de "cerco e aniquilamento". Mas entre a polícia e os bandidos existe uma população, que é forçada a apoiar estes últimos. Ou a polícia conquista essa população, passa a respeitá-la, a protegê-la, ou não vai conseguir ficar na favela para fazer o seu trabalho. Ou tem apoio da comunidade, ou vai ser derrotada. Se a polícia realmente entrasse no Complexo do Alemão, talvez nem saísse. Porque os bandidos estão tão bem armados, eles conhecem tanto a polícia, porque estão infiltrados nela, sabem com antecipação tudo o que vai acontecer. Eles conhecem a polícia mais do que a polícia os conhece. O narcotráfico tem muitos homens dentro da polícia, sabe o poder de fogo da polícia, sabe a capacidade que a polícia tem. E aí vêm essas ideias paliativas, como trazer a Força Nacional de Segurança Pública. Afirmam que não sendo homens daqui do Rio não estão ligados à corrupção. Só que não sendo homens daqui eles também não conhecem nada daqui. Você tem de conhecer, tem de ter um trabalho de investigação, de conquista da opinião pública local. Um amigo me contou uma conversa que teve com um cabo da Força Nacional de Segurança Pública, do Rio Grande do Sul. Ele perguntou: "Como é que foi a sua experiência quando você esteve atuando na Força Nacional lá no Rio?". Ele, que conviveu diretamente com a polícia do Rio, disse:

> temos corrupção na polícia no Rio Grande do Sul, nós sabemos. Eventualmente se denuncia, às vezes se trata por dentro mesmo. Mas é uma minoria. No Rio os policiais honestos é que são uma minoria. E eles têm dois inimigos, o menos importante é o bandido que ele enfrenta. Para o policial honesto, o inimigo mais perigoso são os outros policiais, envolvidos com o crime. O policial honesto sai, vai fazer a patrulha com outros quatro ou cinco policiais que não são honestos. O honesto está sempre com

medo de ser morto pelos que estão ligados ao tráfico, porque se eles vão fazer um negócio, eles matam o bom policial para que não possa denunciá-los. Depois aparece o bom policial como tendo sido morto pelos bandidos. Fazem um enterro de glória, de honra e tudo. Você pode imaginar como é trabalhar com colegas que estão trabalhando para o inimigo. Eles vivem em pânico, vivem com estresse, têm problemas psicológicos sérios, muitos se refugiam na religião, e aí criam muitos grupos evangélicos apoiando um ao outro. Normalmente, que é que eles fazem? Falam para os colegas claramente: "Olha, eu não vou entrar nessa, mas contem comigo, eu não vou denunciar ninguém. Não me matem".

Esse é o depoimento de um policial. E já ouvi histórias semelhantes contadas por vários outros. Ser policial no Rio é horrível. Você vai para a rua com medo de levar um tiro nas costas dado pelo seu colega. Você vive em pânico.
Se você for uma minoria é muito difícil. No caso da Polícia Civil, tem um mecanismo que é eficiente para impedir denúncias e críticas. Um delegado pode transferir um subordinado seu para outro local de trabalho, sem ter que dar satisfação a ninguém. Se você tem uma posição crítica, ou não entra no esquema de corrupção, você que mora no Rio, tem a sua mulher, tem os seus filhos e filhas trabalhando lá ou na escola, o delegado pode lhe transferir a seu bel-prazer para uma cidade bem longe, na fronteira de Minas Gerais. Ele acaba com a sua vida. Sua mulher vai perder o emprego, seus filhos vão ser transferidos de escola ou você vai ficar permanentemente longe de todos. Isso me foi contado por uma policial. Ela disse: "Só esse mecanismo é suficiente para dar um poder quase absoluto ao delegado". Quer dizer, qualquer um que o contrarie, ele transfere. É um ato pessoal, ele não tem que dar satisfação

a ninguém. A estrutura, como está montada, dá um poder enorme a quem está em cima e, quando quem está em cima está com a corrupção, você tem que obedecer.

E aí dizem: "Ah, o policial é corrupto porque ganha pouco". Isso não é verdade. Quem mais ganha com a corrupção são os oficiais de cima, que têm bons salários. Quanto mais alto você está na hierarquia, mais você recebe nos esquemas de corrupção. O tráfico paga 60% ao coronel, e aí vai baixando, vai baixando até chegar ao soldado que recebe pouco. Quanto mais alto você está na hierarquia, mais você ganha. Isto é, quanto mais alto também o salário, mais ganha. O filme *Tropa de elite* [2007] mostra esse tipo de corrupção nos altos escalões da polícia. O que faz que haja corrupção é a falta de controle. E não basta controle interno, tem que haver controle de fora, *ombudsman*, gente com autonomia e independência para investigar. As ouvidorias criadas no Brasil são nomeadas pelo secretário de Segurança, isto é, pelas próprias autoridades policiais. Como investigar a polícia assim? No Rio, o policial sai na rua e o comando não tem o menor controle do que ele está fazendo. Esse estacionamento aqui, por exemplo, só funciona porque o guardador de carro dá dinheiro para o oficial da Polícia Militar da área, que permite que ele tenha o estacionamento. Todo estacionamento de táxi que tem na cidade precisa pagar a polícia local, porque senão a polícia não deixa funcionar. Então, o primeiro mito: "o policial é corrupto no Rio porque ganha pouco" não é totalmente verdade. O bom policial ganha pouco. O mau policial ganha muito. Uma coisa é o salário, e a outra são as várias formas de corrupção que ele tem. Como não há controle algum, isso permite que ele faça o que quer e as propinas são de todo tipo, além de dividir os ganhos muitas vezes com os chefes do tráfico de drogas. Você vê que vai ser muito difícil controlar tudo isso. Controle externo é o que falta. Sem isso, não vai a lugar nenhum. Ou seja, a Ouvidoria verdadeira. Controle de armas e munições, eles estão dando os primeiros passos nesse sentido, e embora a polícia não esteja capacitada, deve fazer o rastreamento das armas e das munições. Têm que ser treinados para isso. Temos a questão da formação dos policiais, que é péssima. Os cursos são muito ruins, muito rápidos. Não aprendem nem a atirar, dão meia dúzia de tiros porque a munição custa caro e o comando não quer gastar. E depois de seis meses vão para a rua sem nem saber atirar. Vão aprender é na rua, e muitas vezes acabam matando inocentes até por engano, por não saber atirar, vira bala perdida. Também entra a questão do tipo de armas que usam, que não é adequado.

Em um curso de formação, ouvi o professor civil perguntar: "De repente, estou no metrô. São seis horas da tarde e está cheio de gente. Vocês encontram o criminoso número um que vocês estão buscando. Identificam-no. Ele também vê vocês e puxa uma arma. O que vocês fazem?". Todos responderam: "Nós o fuzilamos". No metrô, às 18h! Por quê? Primeiro porque não foram ensinados que não se pode colocar em risco a vida de inocentes no combate com bandidos. Segundo, o mau treinamento, não sabem atirar, acabam vitimando terceiros. Terceiro, a mentalidade deles é muito machista, é igual à do bandido, olho por olho. Se você matou um policial, eu vou lá e mato um de vocês, e mato mais três. Uma mentalidade igual. Quer dizer, a polícia não conseguiu se diferenciar do bandido. Eles recrutam nos estratos onde essa cultura existe, possuem os mesmos valores. Ele quer matar. Como uma criança. Você me dá um tapa, eu vou e te dou dois tapas. No caso, com armas de guerra na mão, eles matam vários. Atiram primeiro e depois perguntam. Você precisa de um treinamento melhor. Vários deles me disseram: "A gente fez alguns cursos, mas quando acabam os nossos superiores nos dizem 'vocês fizeram este curso, isso é só teoria. Agora vamos para a vida real, vamos aprender a ser policial mesmo. O resto é só para falar para jornalista'". Os bons cursos de formação devem ser práticos, da vida real, e não descolados da realidade. Como abordar um bandido, como abordar uma prostituta, um velhinho etc. Mas o principal é o controle. Nos Estados Unidos e em outros países há inclusive câmeras com vídeo espalhadas onde os policiais estão para que possam controlar as atividades deles. Aqui não, ele sai na rua e faz o que quiser. Às vezes até ele mesmo organiza os assaltos, em outros bairros diferentes do qual ele está. É preciso controle, é necessário ter a tecnologia adequada para controlar, que existe, mas não é usada corretamente. A estrutura não ajuda, está tudo errado, acho que o comando quer mudar, mas não sabe como. O [secretário] Beltrame quer melhorar a polícia, mas não consegue. Prevalece na tropa a mentalidade do regime militar, o modelo do Rambo, do Bope. No fundo acham que essa coisa de polícia comunitária, de ficar conversando com o povo, é coisa de mulher, é coisa de trabalho social. Acham que o verdadeiro policial tem de ser treinado para matar, essa é a visão das unidades consideradas as melhores da polícia. E, por outro lado, temos os setores corrompidos, que colaboram com os bandidos e dificultam o trabalho das unidades de extermínio. Quando elas chegam a uma favela, os bandidos, avisados por seus cúmplices dentro da polícia, deixam algumas armas lá e drogas também, para não desmoralizar os policiais. Assim, eles podem ir para a imprensa dizer que apreenderam tantas armas e tantos quilos de droga. Na verdade, os bandidos já sabem quando vai chegar a polícia e se preparam.

A polícia tem setores tão vinculados ao crime que sabe exatamente o que fazer. Quando necessitam prender determinado bandido, para satisfazer até a opinião pública, sabe onde ele está e vai lá e prende. E também quando o governo precisa mostrar que está sendo eficiente, vai lá e sabe exatamente onde estão os traficantes e as drogas. Então, o governo precisa do policial corrupto que é o único que sabe onde estão as drogas e os traficantes. Porque quase não existe trabalho de inteligência independente do crime organizado. O governo usa o policial que está vinculado ao crime organizado e que, de repente, recebe muito em troca, e passa a informação para o governo e eles vão lá e prendem determinado bandido, para não desmoralizar totalmente a polícia e o próprio governo. Quando acontece um crime que horroriza a opinião pública e causa muita pressão, o próprio governo, para dar uma resposta à opinião pública, tem que apelar para os policiais que conhecem e sabem onde estão os bandidos. No caso do Tim Lopes, por exemplo, o governo está nas mãos da polícia corrupta. Não é a polícia honesta que pode solucionar o crime. É a polícia desonesta, que pode ir lá e resolver a coisa. O preço é justamente essa troca. "Quando você precisar de nós, vamos lá e trazemos o bandido." É por isso que a maior parte dos chefes do tráfico está presa. Quando se identifica publicamente um chefe, sai na imprensa, fica aquela pressão da opinião pública, o governo manda prender. A polícia vai lá e prende. Sabe direitinho onde está, nem precisa dar tiros. Por isso, quase todos os chefes que foram identificados pela imprensa estão presos. Mas para cada um há dez substitutos e a polícia desonesta faz imediatamente um acordo com eles. E com o governo também, para deixar funcionar o tráfico em troca de prender os bandidos que estão dando muito na vista.

A organização do crime continua ali forte. Quando fica necessário prender um bandido ele é entregue à polícia. E a polícia fica devendo uma. É uma negociação e uma lógica diabólica. Por isso, o ex-chefe da Polícia Civil Hélio Luz dizia ironicamente: "A melhor polícia do mundo é a do Rio. Como tem íntima relação com o crime, quando lhe é conveniente prender um bandido, vai lá e prende".

Para não terminar com uma nota de pessimismo, ultimamente o governo do Rio deu início a duas iniciativas, dentro do figurino defendido pelo Ministério da Justiça, usando jovens policiais, recém-formados e ainda não capturados pelo crime, promoveram a ocupação de duas favelas, Dona Marta e Cidade de Deus, esta última tornada famosa pelo filme de mesmo nome. Mas antes avisaram da invasão, e os bandidos fugiram. Houve a ocupação, e simultaneamente começaram várias iniciativas em benefício da população local, dentro de um modelo de policiamento comunitário. Essas ainda são iniciativas isoladas, mas se derem certo, e não forem sabotadas – como aconteceu com experiências localizadas de policiamento comunitário – pode ser o início da substituição do modelo arcaico, violento e autoritário, por um modelo democrático e moderno de policiamento.

Antônio Carlos Carballo Blanco, oficial da Polícia Militar do Rio de Janeiro: uma conversa com Philip Evanson
Setembro de 2008

O tenente-coronel Antônio Carlos Carballo Blanco entrou na Polícia Militar em 1984 e a deixou por um tempo em 2008, após um protesto malsucedido de policiais do Rio de Janeiro por melhores condições de trabalho e salários. Retornou à ativa em 2009. Carballo tem sido um dos principais apoiadores do policiamento comunitário, tendo comandado uma unidade do GPAE [Grupamento de Policiamento em Áreas Especiais] nas favelas de Cantagalo e Pavão-Pavãozinho, na Zona Sul entre 2001-2002. No comando do Batalhão de Botafogo em 2010, tornou-se em 2011 diretor de ensino da Escola Superior da PM do Rio.

Pergunta: Fale um pouco sobre a polícia comunitária o Grupamento de Policiamento em Áreas Especiais (GPAE). Você comandou, entre 2000 e 2002, uma unidade nas favelas de Cantagalo e Pavão-Pavãozinho.
Carballo Blanco: Fiquei dois anos em Cantagalo e Pavão-Pavãozinho. No caso do GPAE a regra é muito simples. O primeiro princípio é o que eu chamo de "autoridade moral" – no sentido de que a polícia seja polícia e não se iguale ao bandido. Outras coisas que adotamos como procedimento são algumas regras de convivência, acordadas no processo de relação com a comunidade. Por exemplo, há dois princípios de trabalho: a preservação da vida e o direto das pessoas de ir e vir. Para que isso ocorra, as pessoas não podem estar armadas, circulando no meio da comunidade. Isso seria contrário a esses princípios. Outra regra, a intolerância com comportamento desviante praticado pelo policial. O policial tem que estar ali não só para dar um exemplo, mas principalmente para mediar aqueles conflitos, tentar resolver os problemas que surgem etc. E a terceira regra, quando ocorrer o ilícito, o policial tem que sempre agir dentro da lei, prender dentro da lei, conduzir a delegação, tem que assumir os riscos. Ainda coloquei outra regra, o não envolvimento de crianças com práticas dos delitos. Além disso, há uma estratégia ligada ao desenvolvimento da pessoa.
O que de fato funcionou foi a postura individual. Até eu fui reprimido, entre aspas. O que eu fazia? Eu procurava levantar a expectativa das demandas da comunidade, atuava como facilitador entre o governo e a comunidade, e quando havia conflitos, agia como uma espécie de síndico. Os comerciantes estavam causando problemas porque o comércio funcionava até 2 horas da manhã. Reuni todos os comerciantes, redigi um

documento e assinei como sendo um acordo feito com aquela comunidade em relação ao funcionamento daquela atividade comercial. Tudo informal. Mas a prefeitura não estava presente, e eu tive que fazer alguma coisa, um espécie de Estado dentro do Estado.

Outra coisa, entre janeiro e setembro de 2000, ocorreram dez mortes violentas. Eu assumi em setembro, e durante dois anos não tivemos um caso de morte, nem um caso de bala perdida, nem pessoas feridas. Conseguimos levar algumas benesses para jovens, cursos de informática, de línguas, um laboratório de inglês e espanhol, o "Espaço Criança Esperança". Com tudo isso, a prefeitura olhou preocupada com a perda do dividendo político, e entrou com uma estratégia de tentar desqualificar o trabalho, afirmando que tinha tráfico etc. Pois não, o tráfico continua, é um desafio permanente. Agora, morte não tem.

O grande mérito do GPAE é que cumpre a Constituição, ao contrário das outras políticas. A Constituição Federal diz no artigo 144: a segurança pública, dever do Estado, direito e responsabilidade de todos. A segurança pública existe para manter as pessoas e o patrimônio das pessoas livre de qualquer perigo. O GPAE não põe em risco as pessoas, ao contrário das políticas de segurança pública que se sucedem e que não cumprem a Constituição. Eles maximizam e expõem pessoas a riscos, utilizam armas de alto risco. Isso dos dois lados. E é pior do lado da polícia, porque eles têm a obrigação de zelar pelos princípios constitucionais. A própria polícia é parte importante nessa dinâmica conflituosa. Quem perde com isso são as pessoas que têm impossibilitados os seus sonhos, suas vidas são ceifadas. O patrimônio dessas pessoas é destruído porque usam armas de alto poder destrutivo. O papel do GPAE é esse, cumprir a Constituição na medida do possível, minimizando o risco das pessoas. Do ponto de vista do desenho arquitetônico, o ambiente da favela é extremamente complexo. Qualquer disparo que você dê, o risco é muito grande. São casas de alvenaria e qualquer arma com poder de impacto de perfuração pode provocar mortes, sequelas e danos irreparáveis.

A Polícia Comunitária [PC] foi construída no imaginário coletivo dos policiais para que seja social. Mas muitos pensam que isso não é trabalho de polícia. Trabalho da polícia é prender e atirar. Eu tenho uma definição muito simples da polícia comunitária, trata-se da aplicação de uma metodologia da resolução dos problemas com a participação da sociedade. Mais nada! O policial não vai deixar de usar armas, só vai aplicar a metodologia policial de resolver problemas, uma metodologia de resolver conflitos. Eu sempre vejo o policial como um administrador de emoções. Daí a importância de você ter uma metodologia bastante consistente e objetiva de respeito do uso da força. A polícia comunitária é uma ameaça a esse tipo de política clientelista, abre novas perspectivas, possibilidades de que, mesmo com uma graduação mínima, possa se construir uma consciência na comunidade em relação ao que é a cidadania, os direitos da pessoa.

Pergunta: É possível ter polícia comunitária no Complexo do Alemão?
Carballo Blanco: Matematicamente não tem efetivo, não tem gente. Nós temos até como fazer isso numa forma mais tranquila. Se tivermos pessoas suficientes, acho que, sim, podemos fazer GPAE. É uma visão limitada dizer que não dá. É uma visão que diz: vamos comprar mais blindados, mais carabinas. Existem certas coisas que ainda não consigo compreender. Por que o Brasil não efetivou a transição democrática nas organizações policiais? Tivemos governos progressistas para isso, Fernando Henrique, Lula. Estamos esperando há dezesseis anos.

Pergunta: Pode falar um pouco da história do Brasil e das consequências para a polícia?
Carballo Blanco: Na década de 1970 aconteceram muitas coisas. Se nós pegamos de 1955 até 1975, o Brasil transformou-se numa velocidade incomparável na história do mundo. O Brasil mudou de uma sociedade tipicamente rural para uma sociedade industrial. Isso gerou grandes mudanças nas cidades. O poder público não estava preparado, nem do ponto da vista da infraestrutura, nem do ponto de vista de demandas para serviços. As pessoas começaram a ocupar determinados espaços que, pela topografia típica do Rio de Janeiro, são de difícil acesso, diferente da topografia de São Paulo, Buenos Aires. Por outro lado, era o período ainda da ditadura militar. O foco da ação policial estava voltado para a procura de subversivos ou proibir a manifestação de pessoas descontentes com o regime. Isso fez que a polícia ficasse muito distanciada do cotidiano das pessoas.
Foi uma época muito mal aproveitada. Havia ainda muito recalque em relação à presença de Brizola, principalmente da parte dos militares, e como nós fomos policiais e militares, essa influência gerou uma resistência interna dos policiais. Coincidentemente, foi o período do casamento entre drogas e armas. Pela primeira vez, armas automáticas começaram a ser vistas nos morros. Foi um momento muito delicado. Claro que houve avanços, mas com um saldo negativo. O Rio de Janeiro retrocedeu no processo [de segurança pública], enquanto outros estados, Minas Gerais e no Nordeste, evoluíram. Hoje, em São Paulo, o curso de formação da PM em polícia comunitária é de um ano.

Pergunta: O número de homicídios caiu em São Paulo?
Carballo Blanco: Não sei, isso é um grande mistério. O que eu sei é que aqui no Rio de Janeiro estamos começando a

descobrir coisas novas. Não são coisas novas, mas são novas informações. O Rio tem, em média, de 3,6 mil a 4 mil casos de desaparecidos por ano. Esses casos não são computados como homicídios. Temos informação de que pelo menos 70% desses casos são homicídios, ou seja, nós estamos falando, na realidade, que o Rio de Janeiro tem por ano entre 10 mil e 11 mil homicídios, considerando esses números de desaparecidos que não são contabilizados, sem contar autos de resistência que são as mortes provocadas em decorrência da ação policial, mas que não são contadas como homicídios. É muito, mas não aparece. Você classifica os dados em categorias como você quiser. Nós necessitamos um tipo de monitoramento externo. Isso seria bom para a classe de nossos governantes. Alguns indicadores demonstram que os índices de mortalidade entre jovens do sexo masculino, entre 15 e 24 anos de idade, são comparáveis aos de uma sociedade em guerra.

Pergunta: Como você vê a reforma da polícia?
Carballo Blanco: Eu acho que na instrução policial de hoje é importante que se tenha alguém por dentro que fale. Mas a mudança precisa vir da sociedade. Se deixar por conta das políticas, a tendência seria reproduzir as mesmas lógicas, os mesmos esquemas, e as mudanças não vão acontecer. É importante combinar as pessoas que estão com a sociedade organizada, sensibilizar as pessoas. Todo esse investimento que está sendo feito na formação, na capacitação, é uma boa iniciativa por um lado. Uma visão bastante realista da má qualidade da formação policial. Se isso é importante por um lado, por outro é público e notório que é um esforço em vão. Por quê? É o que eu chamo de conflito axiológico, conflito dos valores mesmo. Você tem uma prática que vai de encontro a um modelo teórico, este destoa daquilo que internamente

funciona nas discussões policiais. É como se fosse treinado para desenvolver determinadas habilidades, mas na prática a cultura institucional o conduz a outro comportamento. Todo aquele investimento que foi empreendido no sentido de dar condições profissionais de exercer bem aquela atividade praticamente deixa de existir. A prática é outra. O que prevalece é a política de confronto ou a política de quebrar corpo. Então, por que você aprendeu conceitos de direitos humanos e da polícia comunitária se a prática o está encaminhando para outra direção? Parecem coisas contraditórias.

Pergunta: Houve vários filmes sobre policiais. Tropa de elite *teve um grande impacto. Até governantes o recomendaram. O que você acha desses filmes?*
Carballo Blanco: Eu falei num programa de televisão em São Paulo, com o diretor do *Tropa de elite*, ele estava no meio da roda. Eu acho que o filme, de certa forma, reedita o mito sebastianista. A ideia é de que nós precisamos de um salvador, que o salvador é o Capitão Nascimento. E a população aplaude. O cenário é de desconfiança, de incerteza e de desesperança. Eu acho que o filme sinaliza a falência das instituições, por um lado, e por outro, uma figura de alguém acima do bem e do mal que vai salvar. Se os governantes estão vendo Capitão Nascimento como uma esperança? Não sei. Os acontecimentos políticos não podem ser quebrados. Eles dependem do voto. Nós esperamos salvação no outro mundo.

Capítulo 8
A voz dos governos

Ex-presidente Luiz Inácio Lula da Silva (2002-2012): uma conversa com Maria Helena Moreira Alves e José Valentin Palacios
Julho de 2008

Como presidente, Luiz Inácio Lula da Silva promoveu avanços sociais significativos para os trabalhadores e os pobres brasileiros, assim como um grande desenvolvimento econômico que beneficiou todas as classes sociais. Ao mesmo tempo, assumiu um papel de líder internacional. Durante o seu segundo mandato, sua taxa de aprovação foi fenomenal, batendo sucessivos recordes.

No entanto, a segurança pública foi um dos principais desafios de sua gestão. O governo Lula investiu intensamente na Polícia Federal durante o primeiro mandato (2003-2006). Em 2007, no começo do seu segundo governo, criou o Pronasci, como um meio de o governo federal estabelecer parcerias com os estados e municípios para melhorar a segurança pública.

Lula procurou impulsionar novamente o debate sobre a política de segurança pública e pediu para que as pessoas se sentassem lado a lado para discutirem papéis e responsabilidades em relação aos problemas da área. Ele repetiu essa mensagem no debate de encerramento da primeira Conferência Nacional de Segurança Pública em Brasília, em agosto de 2009, lembrando que "o policial não é o inimigo, mas sim uma espécie de guardião da comunidade".

Maria Helena: O seu primeiro governo foi dedicado à estabilização da economia e à distribuição de renda, com diminuição da pobreza. O presidente Fernando Henrique Cardoso, em entrevista comigo, disse que lhe entregou o país com a inflação controlada e que achava que o seu maior desafio seria resolver o problema da segurança pública e da violência.

Lula: Ele me deixou o país totalmente quebrado, com uma inflação de 17%, não tínhamos nem um centavo para importar coisa nenhuma. Nós precisamos fazer o maior ajuste fiscal que um louco pode fazer no mundo, e eu fiz aqui, porque tinha capital político para trocar. Foi muito difícil tudo, apesar de extremamente necessário para pagar a enorme dívida externa que o país tinha e para tirar o Brasil do FMI [Fundo Monetário Internacional]. Eu até fiquei um pouco magoado com o Fernando Henrique, mas agora, depois da morte da dona Ruth [Cardoso, a mulher do ex-presidente], quando estive no velório senti que deveria procurá-lo para conversar. Sabe o que aconteceu? Eu naquele velório vi tanta gente do PSDB e do PT que fomos todos amigos durante esses últimos trinta anos. Tanta gente que lutou junto pela democracia, e agora nesses últimos anos, tivemos essa briga fratricida. Ele reclamou que eu não o convidei para conversar, para jantar. Mas ele também não me convidou, e detesta que eu fique comparando o meu governo com o dele. Então, agora decidi que só comparo os meus dois governos, com 2003 em diante.

Maria Helena: Mas é isso mesmo que quero fazer – comparar os governos – porque, a meu ver, o seu primeiro governo já entrou para a história como o governo que mais fez para diminuir as desigualdades sociais e regionais também. Realmente é um grande desafio para esse seu segundo governo, principalmente com a perspectiva que tenho, a área de segurança no Rio de Janeiro. O senhor acha que o seu segundo governo pode inovar nessa área com programas como o Pronasci?
Lula: Olha, deixe eu lhe dizer uma coisa de coração. Para mim, o Pronasci é um extraordinário programa para enfrentar os problemas na área da segurança. Mas a segurança, na minha opinião, no caso do Brasil, é menos uma questão de polícia e mais uma questão da presença do Estado nos lugares em que as pessoas precisam dele. Na hora que o Estado brasileiro, que ficou ausente durante séculos dos principais conglomerados de pessoas mais necessitadas, seja os povos do Nordeste, seja os povos da periferia das regiões metropolitanas, na medida em que o Estado não se apresenta com saúde, não se apresenta com educação, não se apresenta com lazer, não se apresenta com perspectivas de melhoria de vida da sociedade, o que acontece? Leva ao absoluto desespero, leva muitas pessoas a caírem nas mãos do crime organizado, do narcotráfico. Isso torna as pessoas violentas, imagine uma pessoa que vê na televisão os ricos, e tanta corrupção, corrupção, corrupção, enquanto ela passa fome, e os serviços não estão lá para ela, o Estado não está lá, a escola do filho dela é pior. Sabe? Nós estamos fazendo uma experiência, junto com o Pronasci, mas não somente com ele, de fazer uma pequena revolução nos grandes centros urbanos brasileiros. Quando nós decidimos fazer o PAC, colocamos R$ 41 bilhões

para fazer urbanização de favelas e saneamento básico. E isso está permitindo que façamos intervenções em lugares em que o Estado jamais entrou, como, por exemplo, o Complexo do Alemão, Manguinhos, Rocinha, Pavão-Pavãozinho, entre outros. Mas não estamos entrando para fazer umas vielazinhas. Estamos entrando para levar melhoria das ruas, para melhorar a iluminação, para melhorar as casas, para fazer escolas, para fazer locais de microempreendedores, para levar biblioteca, para levar delegacias também, para levar formação profissional para os jovens. E o Pronasci entra com isso, para interligar e trabalhar com formação de policiais em direitos humanos e dos cidadãos, complementar o trabalho da comunidade, começar a ter uma polícia presente na comunidade e não somente repressão. Eu penso que quando o Estado estiver presente de corpo e alma nos lugares mais pobres deste país, com política de emprego, com política de educação, com política de saúde, com política cultural, essas pessoas não vão mais precisar cair nas mãos do crime organizado. Você passa por um processo seletivo natural, as pessoas têm opções.

Olha, Maria Helena, você que é estudiosa, sabe o seguinte: não é pouca coisa para um país ficar vinte anos sem crescer. Um país vinte anos sem gerar emprego. Você pega o seguinte dado: nos primeiros cinco meses deste ano [2008], criamos mais empregos formais que todo o primeiro mandato do Fernando Henrique Cardoso. A construção civil passou vinte anos só caindo, só desempregando. A indústria naval do Rio de Janeiro, em 1970, ela tinha 36 mil trabalhadores, em 2002 ela tinha apenas 1.900, e hoje ela já está com 40 mil outra vez. A indústria automobilística brasileira estava quebrada, hoje ela bate recorde atrás de recorde. Ora, tudo isso, mais saneamento básico, mais Bolsa Família, mais ProUni, mais Reuni. É um conjunto de políticas sociais que estão funcionando, chegam à sociedade civil, e ela percebe que hoje as pessoas têm outro horizonte. Mas nós não vamos conseguir fazer tudo. É preciso que tenha outro governo que dedique mais quatro ou oito anos para reforçar tudo isso. Para que a gente sonhe em ter uma nova geração daqui a dez ou quinze anos, vivendo realmente com dignidade. Essa é a nossa perspectiva e esse é o meu desejo. Essas são intervenções do Estado que podem mudar a cara da violência no Brasil.

José Valentin: Desculpe interromper, mas, sobre o Complexo do Alemão, estou trabalhando diretamente lá dentro da comunidade e queria dizer o que as pessoas estão sentindo. Eu fiquei muito impressionado quando eles falaram que iam construir um teleférico no Complexo do Alemão. Eu fiquei um pouco preocupado porque a comunidade não está aceitando isso, porque eles dizem que o teleférico, pendurado ali, vai virar alvo de tiro. Eles querem isso tudo que o senhor falou, escola, saúde, saneamento básico, cultura, emprego, mas não estão gostando de o teleférico ser tão caro, e a principal obra, e ainda por cima que vai virar alvo dos tiroteios.
Lula [risos]: É normal que eles tenham essa preocupação porque o cidadão pensa que vai ficar lá dentro da cabine pendurado. Não vai ser a céu aberto, vai ser dentro de uma cabine, mas vamos relativizar isso. Olha, uma parte da violência é verdadeira. A outra parte é que a imprensa brasileira e, sobretudo a televisão, transforma um gesto de violência não só numa informação para a sociedade. Em alguns casos, eles transformam em uma verdadeira novela. Passam dias e dias falando a mesma coisa, mas vamos ver como é que vai funcionar para as pessoas pobres. Na hora que você tiver o teleférico, as pessoas vão economizar as duas horas que levam hoje para chegar ao metrô, vão chegar em dezenove minutos. Mas ainda não sabem disso. Na hora que melhorar a iluminação, colocar o transporte melhor, der mais oportunidades, as coisas começam

a mudar. É necessário que seja um conjunto de medidas, não é só o teleférico.

Maria Helena: O ministro [da Justiça] Tarso Genro colocou uma questão importante sobre a federação. Até que ponto o governo federal pode agir ou intervir nos estados e nos municípios. A minha pergunta é a seguinte: até que ponto esses programas podem realmente funcionar se um estado ou um município não colaborar? O ministro chegou a falar na necessidade de um novo pacto federativo. Como é que o senhor está vendo isso?
Lula: Esse foi um erro histórico no Brasil. Não haver harmonia entre a União, os estados e os municípios. Não tem como o governo federal fazer as coisas em um município, por exemplo, não tem como o governo federal cuidar do município de Volta Redonda. Quem tem que cuidar de Volta Redonda é o prefeito. Com uma ajuda nossa e com a ajuda do governo do estado.

Maria Helena: Então como é que fica essa ideia que o ministro Tarso Genro colocou sobre um novo pacto federativo? Ele sugeriu que deveria haver um novo pacto federativo especificamente sobre essa questão da segurança, para que os governos federal, estadual e municipal pudessem trabalhar juntos, de maneira integrada, sem se boicotar, somente pelos seus interesses políticos locais.
Lula: Nós estamos avançando muito no sentido de trabalho integrado com estados e municípios em várias áreas, não somente na de segurança. Você está lembrada que, antes de eu chegar ao governo, prefeitos não eram recebidos. Vinham aqui e eram recebidos com cachorro policial, apanhavam. Desde que tomei posse, todo ano, em março, nós participamos da Marcha dos Prefeitos. Tem ano que vou eu e mais dezoito ministros. Vamos à reunião, fazemos debates, eu faço debates, os ministros fazem debates, eles vêm sempre com uma pauta de reivindicações, e nós passamos o ano vendo o que podemos

fazer, e no ano seguinte vamos lá de novo prestar contas do que atendemos. Aí, eles pedem mais coisas, entregam outras pautas de reivindicações, outros debates. Esse é o novo pacto federativo, não é necessário mudar as leis, é necessário ter respeito, e trabalhar realmente em conjunto. É importante as pessoas compreenderem que não se trata de o prefeito vir aqui pedir dinheiro. O importante é que o prefeito entenda que tem aqui uma instituição federal que pode tratá-lo com dignidade independentemente do partido que ele representa. O César Maia [então prefeito do Rio de Janeiro] pode dizer para vocês, com a oposição que faz ao meu governo, ele tem de admitir que nunca a cidade do Rio de Janeiro recebeu o dinheiro que ele recebe. Isso mesmo sendo oposição e mesmo usando o blog dele para falar mal de mim. Por que ele recebe dinheiro? Porque eu não estou preocupado com o César Maia, estou preocupado é com o povo do Rio de Janeiro. E assim vai. Qualquer prefeito do PSDB, do PMDB, do partido que você possa imaginar no Brasil, é ouvido e atendido. Hoje temos intervenções do governo federal em mais de 5,2 mil municípios do Brasil. O "Territórios da Cidadania" é, na minha opinião, o melhor programa que a esquerda já teve. Obviamente ainda está em uma fase experimental, porque entre você lançar um programa, criar um território, criar os locais designados e começar a funcionar leva tempo. Mas o que são os "Territórios da Cidadania"? Neste programa, mapeamos os 2 mil municípios mais pobres do país, dali organizamos e mapeamos de maneira que tem território que tem vinte municípios, tem território que tem quinze municípios. Um município é o central. E nós criamos gestores do território em cada município. Cada gestor é escolhido e eleito pela comunidade. E vamos levar todas as políticas públicas para os territórios de uma só vez. Escolhemos as cidades, ou povoados, mais pobres do Brasil.

Estamos começando com sessenta territórios, o que dá quase novecentos municípios juntos. Mas eu penso que no ano que vem vamos ter mais sessenta territórios. O coordenador desse programa é o Ministério do Desenvolvimento Agrário. Eu acho que, se der certo, nós vamos poder realmente chegar com equipamentos e a presença do Estado em lugares que, por serem tão isolados e pobres, nunca puderam ter atenção do governo federal e nunca tiveram nada. E se juntamos vários, então, fica mais fácil a intervenção do governo federal, e melhor a ajuda para políticas públicas de saúde, de educação, de desenvolvimento, de emprego, de moradia. E sabe o que mais? Estamos trabalhando muito na área agrária, que é a mais problemática e pobre do Brasil. Nós, nestes seis anos de governo, já desapropriamos mais de 35 milhões de hectares de terra. Sabe o que é isso? É o Chile inteiro.

José Valentin: Isso me surpreende. Por que, então, o MST [Movimento Sem Terra] reclama tanto que não tem reforma agrária?
Lula: O MST não tem o que fazer agora. Veja só, eles não estão mais invadindo terras. Estão invadindo a Monsanto, invadindo a Aracruz Celulose, estão parando os trens da Vale do Rio Doce. Mas a verdade é que nós já desapropriamos 35 milhões de hectares de terra e assentamos 509 mil famílias. Agora eles estão bravos comigo porque este ano eu parei com isso. Este ano eu quero fazer que eles produzam. Nós apresentamos um programa, o "Mais Alimentos", por conta da inflação maior dos alimentos, e nós vamos financiar, até 2010, 60 mil tratores e outras máquinas agrícolas para a agricultura familiar – com R$ 25 bilhões de financiamento. Vai integrar com o Bolsa Família, com o programa de Merenda Escolar, para um mercado garantido, e também para baratear os alimentos em geral. Aqui tudo é integrado.

Maria Helena: Como vai afetar a segurança e a integração dos programas de segurança?
Lula: Olha, você não pode pensar em escrever sobre segurança pensando somente que é uma questão de polícia. Polícia reprime mesmo e violência policial existe mesmo, e nós temos de tratar de diminuir essa violência e mudar o padrão de atuação da polícia. Mas o mais importante é que você tem de tratar a segurança como uma questão de polícia, mas principalmente combinada com uma melhoria na vida das pessoas. Não tem como fazer cair a violência se a pessoa não tem como sobreviver. Faça seu trabalho sobre segurança, mas faça um capítulo que é para inovar o debate sobre segurança, porque senão nós ficamos na discussão de segurança clássica. Primeiro, o culpado quem é? É o governo federal, é o governo estadual ou é o governo municipal. A Constituição diz quem é responsável pela segurança. Precisa botar mais polícia na rua. Os policiais são corruptos. Esse debate já faz cinquenta anos. Nós vamos continuar tendo policiais corruptos até que tenhamos novas gerações formadas neste país com outra mentalidade. Mesmo nos países mais avançados estamos cansados de ver situações de policiais corruptos. Agora, o que vai diminuir a violência é um bom policiamento, mais inteligência, policial mais comunitário, uma polícia mais perto da população e com outra formação, outra mentalidade civilizatória. Tudo isso é correto. Agora, você pode fazer tudo isso, se não tiver comida na boca do povo, se não tiver emprego, se não tiver educação, boas escolas, se não tiver cultura, ele vai ter a possibilidade de cair na criminalidade. Eu penso que o seu livro sobre segurança deve colocar um forte teor, um forte conteúdo sobre a irresponsabilidade dos governantes que deixaram nos últimos cinquenta anos este país ser o que foi. Quem foi o bando que

deixou nos últimos cinquenta anos aquilo virar o que virou por causa da extrema pobreza, por causa do desleixo dos governantes, por causa da irresponsabilidade incrível dos que tinham o dever de fazer o Estado estar presente e dar um mínimo de condição de vida para as pessoas? E são todos eles, mesmo os que se diziam de esquerda, começando com o desleixo. Se você tem dez casas ocupando um lugar, sem condições de vida, pode fazer uma intervenção e construir moradias com dignidade em outro lugar. Mas se tem vinte, cem, mil casas até, em lugares sem nenhuma segurança física, subindo pelos morros e até caindo com as chuvas como já passou, aí tem um problema social que não tem como mexer mais. Quando eu fico imaginando que aquilo tudo há cinquenta anos era uma fazenda, e que se poderia ter feito um projeto urbano e de moradia adequado, com saneamento básico, com escolas, com postos de saúde, fico pensando quem foram os irresponsáveis que deixaram todos esses anos as pessoas morarem nessas terríveis condições sem fazer nada.

Eu durante muito tempo joguei bola na favela de Heliópolis, em São Paulo. Ali tinha mais de quarenta campos de futebol. Quem foi que deixou crescer aquela favela quando poderia ter feito a intervenção, quando chegou a primeira pessoa, quando chegou a segunda? É a tal história da total falta de presença do Estado que irresponsavelmente não lidou com nada, não fez nada, não fez moradia digna, não deu educação, não deu saúde. Não, foram deixando. E político vai lá, faz discurso, promete tudo isso, eu fico indignado.

Eu estou dizendo para as pessoas nas favelas que o que nós estamos fazendo agora é um processo de reparação. Estamos fazendo uma reparação por conta da irresponsabilidade dos governantes desse país que deixaram as pessoas morarem mal. Não era necessariamente o presidente da República, não era

Getúlio [Vargas], porque somente quem vê aquilo é o prefeito, é o vereador, é o secretário. Não é o governador do estado, mas esses teriam que induzir os prefeitos a ser responsáveis. Houve um acúmulo de irresponsabilidade que nós agora vamos tentar reverter, fazendo intervenções. Eu fui agora a Pernambuco lançar uma obra em um lugar chamado "Canal da Malária". Olha o nome do lugar onde moram: "Canal da Malária". As pessoas moram em cima de um canal, com casinhas em palafitas por cima. Como é que deixam as pessoas fazerem casas ali?

Maria Helena: Onde é isso?
Lula: Em Pernambuco. As palafitas – nós agora estamos desmontando isso, levando para áreas seguras, sem água parada com mosquitos, com moradias dignas. Como é que se pode deixar as pessoas fazerem casas em palafitas neste país?

Maria Helena: Mesmo no Rio de Janeiro, a Maré ainda tem casas de palafitas.
Lula: Eu acho que no seu livro você deve analisar tudo isso, as raízes de toda essa condição sub-humana que deu nessa violência. E nós estamos justamente, com o PAC e o Pronasci e os outros programas sociais integrados, querendo mudar a violência, fazendo essa reparação.

Maria Helena: Se vocês conseguirem fazer até um pouco disso, esse programa vai entrar para a história como uma ação integrada e inovadora para a questão da segurança pública.
Lula: Olha, eu sou um homem católico. Creio muito em Deus. Tinha muito medo de um segundo mandato por conta da desmotivação, por conta de tantos problemas. E hoje eu dou graças a Deus que tive um segundo mandato, porque está sendo infinitamente melhor do que o primeiro. O que temos

de obras neste país... não se tem noção. Se você conversar meia hora com a Miriam Belchior [então secretária-executiva do PAC], e ela mostrar todas as obras que estão sendo realizadas, vai ver que o que temos é incrível. Graças a Deus conseguimos destravar o país para fazer as coisas acontecerem. O que tem de obra em aeroportos, portos, estradas, ferrovias, e isso também gera empregos.

Maria Helena: E moradia popular?
Lula: Se você conversar com a Caixa Econômica, este ano [2008] nós estamos fazendo mais do que em todo o meu primeiro mandato, porque todo mundo aprendeu.

Maria Helena: E está com mais dinheiro?
Lula: Não só porque o governo está com mais dinheiro. É porque o povo está com mais dinheiro. Se não tem comprador de casa, não tem casa construída, não tem indústria de construção civil. Você lembra, na década de 1970 e começo de 1980, das invasões dos conjuntos habitacionais? Por que acontecia aquilo? Porque a Caixa Econômica financiava, o empresário construía, não conseguia vender, aquilo ficava vazio e o povo invadia. Veja se você encontra um bloco habitacional vazio? Estão acontecendo coisas neste país. Graças a Deus, estão acontecendo. Comida. A mortalidade infantil no Nordeste caiu 74%, o povo está comendo, e ainda precisa muito mais. Precisa muito mais. Acho que precisamos consolidar a estabilização da economia, embora tenhamos 200 bilhões de dólares de reserva, e quando é que você imaginou que este país teria isso e que sairia do FMI?

Maria Helena e José Valentin [risos]: Pois é. Agora nós não podemos mais ir às passeatas de que gostávamos para gritar, "Fora daqui, FMI!".
Lula: Pois é, as coisas estão acontecendo. Obviamente não temos o dinheiro para fazer todas as coisas que gostaríamos de fazer, mas acho que as coisas têm começo, meio e fim. Eu tenho, neste ano [2008], quatro siderúrgicas para anunciar, uma refinaria de 600 mil barris por dia.

Maria Helena: Que vai ser onde?
Lula: No Maranhão. Tenho uma [refinaria] que produz 200 mil barris por dia no Ceará. Só isso são investimentos de quase R$ 160 bilhões e que vão gerar milhares de empregos nos estados mais pobres do Brasil. Obviamente isso vai gerar mais emprego, isso vai gerar mais renda, vai nos dar oportunidades de melhorar muito a vida das pessoas mais pobres. Agora, de vez em quando, eu falo que um homem de 30 anos que está hoje preso porque cometeu um delito, mas o responsável por tê-lo transformado em um bandido está solto. Eram os ministros da Economia, do Planejamento, eram os políticos que nem ligavam para ele porque criaram uma geração sem oportunidades. Uma geração inteira! Agora queremos criar uma outra geração. Vou lhe dar um exemplo, que é meu orgulho. A primeira escola técnica brasileira foi feita pelo presidente Nilo Peçanha, em 1909, na cidade de Campos de Goytacazes, no Rio de Janeiro. De 1909 até 2003, foram feitas 140 escolas técnicas profissionais. Quando eu cheguei aqui, o Paulo Renato, ministro de Educação do Fernando Henrique Cardoso, tinha feito uma lei tirando da União a responsabilidade pelo ensino técnico profissional. Nós mudamos essa lei. Quando eu deixar a Presidência da República, além das 140, vamos ter mais 214 novas escolas técnicas aqui no país.

Maria Helena: Não só nos grandes centros, mas também no interior?
Lula: Espalhadas pelo país. Vamos ter feito em oito anos uma vez e meia tudo o que foi feito entre 1909 e 2002. Você vê o esforço. Estamos construindo dez novas universidades federais; estamos construindo 48 extensões universitárias; estamos fazendo a Universidade Federal da Integração Latino-Americana. Vamos fazer no Ceará a Universidade Africana [Universidade Federal de Integração Nacional da Lusofonia Afro-Brasileira], para que estudemos os países africanos de língua portuguesa. Criamos o ProUni, que já tem 400 mil jovens com bolsas de estudo nas universidades. Quantas novas universidades o Fernando Henrique criou? Aprovou a do Vale do São Francisco, mas fomos nós que a implantamos. Então, é isso, o país estava abandonado.

Maria Helena: A cidade do Rio de Janeiro ainda está abandonada. Os governadores, os prefeitos, os deputados estaduais, os vereadores não fizeram nada e tantos estão envolvidos em sucessivos escândalos.
Lula: Mas também o povo do Rio elege mal, parece que acredita em Papai Noel. Estamos com esperança de fazer melhores intervenções. Estamos fazendo o novo polo petroquímico em Itaboraí. São 9 bilhões de dólares de investimento. O [governador Sérgio] Cabral está sendo parceiro.

Maria Helena: Mas com essa política de enfrentamento, de confronto, o senhor está de acordo?
Lula: Na área de segurança, deixe-me falar uma coisa. O policial também tem medo, não é um ser superior. No caso do Rio de Janeiro, os policiais muitas vezes têm armas menos poderosas do que os bandidos. Esse é um dado concreto.

Maria Helena: Mas se você está dentro de um Caveirão não tem medo, não.
Lula: É verdade. Mas você vê na hora que apresentam as armas dos bandidos, elas são mais modernas que as armas da polícia. E eles entram em um território que eles não conhecem. Foi assim que os Estados Unidos foram derrotados no Vietnã, entraram em um território que não conheciam. Estavam aqueles vietnamitas de um metro e sessenta, magrinhos, em um buraco que mal cabia um tatu. E eles derrotaram os americanos. É importante trabalhar com o lado psicológico também. Você tem um policial que é um ser humano, mal remunerado, mal preparado e que tem tanto medo de morrer quanto o bandido. No Rio de Janeiro nós temos uma coisa especial, que é o seguinte: o crime organizado virou uma indústria. Uma indústria que emprega muitos dos pobres, e os poderosos que comandam a indústria estão fora da favela. E aí acontece uma verdadeira barbárie. A polícia mata crianças, o Exército mata aqueles jovens no Morro da Providência, mata muita gente. A questão da polícia comunitária, a questão de envolver as mães, de ter programas comunitários sociais. Tudo isso é coisa de longo prazo. Não tem solução de curto prazo.

José Valentin: Perdão, presidente, eu estou trabalhando dentro da comunidade, e sou chileno, e talvez mais sensível a algumas violências que me lembram do [ditador chileno Augusto] Pinochet. Por exemplo, agora, neste momento, tem de acabar com o Caveirão. Isso tem que acabar agora. Não em longo prazo, porque o Caveirão entra, inclusive nas escolas, atirando para todo canto. O problema, presidente, é que você na comunidade vê uma repressão seletiva. Por exemplo, na cidade do Rio de Janeiro, nos morros que estão dentro da Zona Sul, perto de áreas nobres, não acontece o que acontece na Penha, porque lá não entra o Caveirão dando tiros. Já pensou na Rocinha? Poderia atingir São Conrado. Já na Vila Cruzeiro, no Alemão, na Penha, o Caveirão

chega, a polícia abre fogo direto. Eu entendo o que o presidente diz, que o policial tem medo, é mal remunerado. Tudo isso percebo, mas não entendo como uma pessoa com "quatro dedos de frente", como falamos no Chile, pode abrir uma escola com mil estudantes pequenos, entrar com o Caveirão e começar a disparar lá de dentro para o morro. Eu não entendo. Isso está acontecendo, presidente, e gostaria de lhe informar pessoalmente disso, porque nós assistimos a muitas dessas coisas, e pensamos em não falar para você porque as pessoas estão com tanto medo que não querem que a gente conte nada, e não os identifiquem porque têm medo de represálias, de serem perseguidos e até assassinados e de suas famílias sofrerem também. E não querem nem que se identifiquem as escolas onde isso acontece, porque olhe só a situação deles. Depois que uma escola foi invadida três vezes pela polícia, e com o Caveirão dentro, o chefe dos bandidos foi pedir explicações para a diretora. "A gente nunca entrou na escola, por que você deixa o Caveirão entrar?" Mas a nossa preocupação, presidente, é que o senhor pudesse saber do que está acontecendo diretamente. Porque nós estamos trabalhando com as comunidades. Não ficamos sabendo pela imprensa nem por nenhum organismo oficial. Foi com a própria comunidade, porque fomos lá, nós vivemos em muitas áreas, a gente está há muito tempo com diferentes comunidades e estamos sabendo realmente o que acontece lá dentro.
Maria Helena: Você vai falar dos corpos?
José Valentin: Não, vou falar primeiro do "corvo", uma faca que tem um desenho que tem uma ponta ao contrário e que a pessoa coloca essa ponta dentro da parte de baixo da barriga e puxa, abrindo a barriga completamente de baixo para cima e expondo as vísceras. No Chile foi usada na Operação Condor. Eu levei um susto quando ouvi a descrição das pessoas no Rio. Rapidamente voltei, como num flashback, e entendi o que estava acontecendo, que estavam abrindo as pessoas com essa faca que descreviam, mas não sabiam como chamar. Isso está sendo feito nas comunidades do Rio pelo Bope. E sabe por que fazem isso? Para que o

corpo, se for jogado na água, não flutue, quando jogam no rio ou no mar. Sem as vísceras o corpo afunda e desaparece.
Maria Helena: O que está acontecendo é muito grave. Execuções sumárias, tiroteios a toda hora, e até o uso de tortura e dessa faca "corvo". Eu acho que talvez o [governador] Cabral não saiba. Tenho certeza que o senhor não sabe.
Lula: Vocês devem fazer uma entrevista com ele, é necessário que ele seja informado disso, diretamente.

Maria Helena: Estou ansiosa para fazer essa entrevista, mas não tenho acesso a ele porque tenho sido crítica dessa política de confronto.
Lula: Ele os recebe, claro que os recebe. Vou dar instruções para que a própria Presidência agende uma entrevista com o Cabral. Ele tem de ouvir isso que estão me contando. É muito grave. Fale com o Cabral, é muito importante.

Maria Helena: Não é possível que quem lutou tanto pela democracia e pelo Estado de direito veja as pessoas mais pobres sofrerem esse tipo de terror. Não é bom dizer que a segurança é longa caminhada. Isso tem que parar agora.
Lula: Mas não tem uma solução em curto prazo.

Maria Helena: Eu perguntei ao pessoal da Secretaria de Direitos Humanos, e ao próprio secretário Nacional de Segurança, e falaram a mesma coisa que penso: "tem de acabar com o Bope".
Lula: Mas se você acabar com o Bope, você vai ver que a população se vira contra o governo.

Maria Helena: Não vira, não.
Lula: Vira.

José Valentin: A classe média e a classe alta talvez se virem contra o governo. Mas os pobres, não.
Maria Helena: Eu aposto que não. Se o governo tiver essa coragem de enfrentar diretamente essa violência contra os pobres, eu aposto que a população não vai ficar contra, sempre e quando sejam bem informados sobre o que está acontecendo.
Lula: Você está falando da Polícia Militar, Maria Helena?

Maria Helena: Não, do Bope. É do Bope que as pessoas falam. O senhor já viu como o Bope é treinado? "Vamos matar, vamos sugar tua alma, chegamos para matar." Aliás, presidente Lula, não sou só eu que estou pensando isso. Tivemos uma reunião com o Núcleo de Estudos da Violência (NEV), da Universidade de São Paulo (USP), e tinha um major da PM de São Paulo que nos impressionou com o que disse. Falou: "Sabe de uma coisa? Estávamos mandando nosso pessoal aqui de São Paulo para treinar com o Bope do Rio de Janeiro, paramos. Não mandamos mais treinar com o Bope porque é tão violento o treinamento que nós não queremos que o pessoal de São Paulo vá treinar lá".
Lula: Você já viu o filme *Tropa de elite*? Assistam ao filme. É aquilo mesmo. Mas vou arrumar para vocês falarem com o Cabral. Ele tem de saber de tudo isso.

Fernando Henrique Cardoso, ex-presidente do Brasil (1995-2002): uma conversa com Maria Helena Moreira Alves
Setembro de 2007

Embora Fernando Henrique Cardoso e Lula pertençam a partidos antagônicos no cenário político, é possível dizer que houve certa continuidade das políticas entre as administrações, especialmente nos esforços para manter baixa a inflação e avançar com a agenda de desenvolvimento social. Nesta entrevista, realizada em 2007, FHC menciona os desafios enfrentados pelo seu governo e revela algumas das complexidades da política de segurança pública, bem como a procura de novas ideias e práticas.

Fernando Henrique Cardoso: Sobre a questão da segurança, para você ter uma ideia de como o Brasil estava despreparado, nós não tínhamos uma visão de coisas elementares. Vou dar um exemplo: não tínhamos a tipicidade do crime de colarinho branco. Não existia a ideia do crime de lavagem de dinheiro, não existia nem a ideia. Em um mundo globalizado de crime organizado, lavagem de dinheiro, paraísos fiscais, droga, nós não tínhamos instrumentalização para trabalhar contra isso. O Banco Central não tinha autorização para disponibilizar para a Receita Federal os dados que possuía. Não havia autorização legal para isso. Fomos criando mecanismos de controle para o mundo contemporâneo. Era um Estado muito despreparado. A inflação não permitiu a organização do Estado durante muitos anos, e tudo era muito desorganizado. No caso da segurança também era assim, muito desorganizado. Não existia nenhum programa no âmbito do governo federal que financiasse a melhoria das polícias estaduais. Existia um, que era o Fundo de Organização Penitenciária. Nós criamos um fundo especial para melhorar o desempenho das polícias. No meu modo de entender, não foi bem utilizado no meu governo. Por quê? Porque eu queria que fosse utilizado concentrando em algumas áreas mais dramáticas para que tivéssemos uma espécie de *show case*, um trabalho bem feito que pudéssemos mostrar que pode melhorar. Mas todos os governadores – a segurança é do âmbito dos governadores – querem um pouquinho. Criamos um fundo e o fundo se dispersa. Depois nós percebemos que eles usavam o dinheiro basicamente para comprar uniformes, pneus, essas coisas, não o aparelhamento da polícia.

Uma coisa que todo mundo fala, mas que ainda não se faz, é um comando unificado. Por quê? Porque na Constituição de 1988, que é anticentralizadora, nós dispersamos os comandos das polícias e colocamos nas mãos dos governadores. Mas nós não tocamos nas estruturas das Polícias Militar e Civil, e da Polícia Judiciária. E, além disso, tem a Polícia Federal, e o sistema de comunicação entre elas é muito precário. A tal ponto que até hoje no Brasil os fichários das polícias não se comunicam, não tem integração e trabalho em conjunto, colaboração, nada. Agora começa a ter. Mas de maneira precária porque nunca passou até esse momento uma legislação no Congresso que mudasse a estrutura das polícias e as obrigasse a trabalhar de maneira integrada. Porque se passa na Câmara, não passa no Senado, porque a Polícia Militar tem muita força no Senado, lá tem muito ex-governador, e os governadores se baseiam muito nas Polícias Militares que são, em geral, mais efetivas que a Polícia Civil, e o governador precisa ter um apoio logístico e a Militar lhe dá.

No entanto, o que nós pudemos fazer? Eu senti que dois governadores tentaram fazer alguma coisa para mudar. Uma pessoa fundamental foi a Benedita [da Silva], governadora do Rio de Janeiro. O outro foi o Paulo Hartung, governador do Espírito Santo. Pode-se dizer o que quiser da Benedita, mas a minha experiência com a Benedita é que ela tentou – não conseguiu –, mas tentou acabar com a corrupção na Polícia Judiciária, que é um escândalo no Rio. Aquela coisa que de dentro da cadeia os presos comandam operações. Tentamos ajudar dando dinheiro para ela para tentar fazer funcionar o trabalho anticorrupção junto com as polícias estaduais e com a Polícia Federal. Onde funcionou foi no Espírito Santo, ali foi possível um bom trabalho de integração da Polícia Federal com as polícias locais, um comando integrado, uma força-tarefa que desmantelou lá uma organização perigosa na qual estava metido o presidente da Assembleia Legislativa, que era o grande chefe. Ele está preso agora. Metidos com contrabando, com violência, com droga, muito complicado e se desmantelou a organização com um trabalho integrado.

Algumas coisas assim funcionaram. Em segundo lugar vem a questão da droga, em que tivemos uma grande pressão americana que, na verdade, como sempre, quer que o Exército esteja no controle, como fazem na Colômbia. Queriam o Plano Colômbia no Brasil, e nós em um governo democrático não íamos aceitar isso, e nunca topamos. Mas para você ver como é difícil controlar a chegada da droga ao país: uma vez me levaram para aquele lugar de comando de controle de voos e me mostraram o seguinte: no radar se pode ver todos os aviões que entravam no Brasil. Neste centro de controle é possível ver todos, os legais e os ilegais também. Entravam, na época, pelo menos dez ilegais por dia. E, pelo radar, nós podemos ver por onde entrou, em que lugar e onde aterrissou. Mas veja a dificuldade, você não pode derrubar o avião. Agora tem uma lei sobre isso, naquela época não tinha. Então, a Força Aérea vai lá, intercepta o avião, e o sujeito simplesmente não obedece. Volta para o país dele temporariamente e é só. Para aprovar uma lei de abate de avião foi muito difícil.

Maria Helena: Foi aprovada essa lei?
Fernando Henrique Cardoso: Sim, foi aprovada, mas é muito complicada essa lei porque é uma lei que permite matar. Você vai abater o avião e mata. E quem vai dar a ordem de matar? Naquele momento tinham abatido um avião no Peru, e mataram uns americanos. Como resultado, o governo americano já ficou nervoso com a lei do abate. Mas finalmente a lei passou e foi agora regulamentada.

Maria Helena: Os Estados Unidos agora também têm a lei do abate, dentro das leis contra o terrorismo.
Fernando Henrique Cardoso: Sim, mas pelo que eu saiba nunca se usou. É complicado também até para prender quando se força o avião a descer. Para prender você tem de ter a Polícia Federal, a Receita Federal, a Alfândega. Essa gente vem, em geral, para trazer drogas e desce em aeroportos pequenos do interior de São Paulo, Campinas, Minas e outros lugares de difícil acesso. Às vezes nem se sabe mesmo onde estão. Às vezes são lugares de tão difícil acesso que você tem como ver o avião no radar descendo, mas não tem meios de mandar a tropa para lá para prender, principalmente a tempo. Você vê como nós estamos ainda pouco aparelhados como aparelho de Estado para isso.

Outra coisa importante sobre a segurança pública. Pela Constituição, não é federal, é estadual. O que o governo federal pode fazer é supletivo ao que faz o governo estadual. O que, pela Constituição, é próprio do federal é droga, contrabando, armas e a defesa das fronteiras. Na questão de drogas, nós criamos a Secretaria Nacional de Combate às Drogas (Senad). Chamamos o general [Alberto Mendes] Cardoso para coordenar o trabalho e ele é contra a violência com a questão de drogas. Assim, a Polícia Federal ficou contra e passou a bloquear as ações da Senad insistindo que quem pode prender é a Polícia Federal, e a Senad ficou muito sem espaço para atuar, e acabou fazendo ações mais de tipo social.

Mas há, portanto, limitações constitucionais para você fazer alguma coisa, há limitações da máquina pública que está toda despreparada, há limitações – menores hoje – de dinheiro, porque aumentar o salário, por exemplo, é necessário. Há limitações da compreensão do problema. Como é que você faz que o país participe do processo. Essa é a situação. E isso não se vai resolver assim tão facilmente, sem um enorme trabalho de educação pública quanto às complexidades do problema.

Maria Helena: Você também criou a Secretaria de Direitos Humanos no seu governo?
Fernando Henrique Cardoso: Sim, no começo era dentro do Ministério da Justiça. Depois ficou uma Secretaria com *status* de Ministério. O Paulo Sérgio Pinheiro foi o secretário. Primeiro ele trabalhou com o Miguel Reale como ministro da Justiça, depois com o José Gregori, e com o José Carlos Dias. Quem organizou tudo mesmo foi o Gregori. Isso funcionou bem, havia um Plano de Direitos Humanos e houve mobilização em torno disso. Funcionou com a revisão da questão dos negros, da questão das mulheres, com a questão da delinquência infantil. Houve várias medidas, digamos, civilizatórias. Primeiro, passamos a aceitar as decisões dos Tribunais Internacionais. Apoiamos fortemente a criação da Corte Internacional Penal, em Roma. A Corte que pode julgar, por exemplo, o Pinochet. O que é uma coisa nova porque quer dizer que se aceita cessar a soberania de um país para certo tipo de crime: genocídio. Não é o país que pode dizer sim ou não. São crimes contra a humanidade. Nós apoiamos e depois funcionou. Depois apoiamos aquela coisa que a ONU tem, *hearings*, que manda enviados especiais. Por exemplo, quando a Mary Anderson, que foi presidente da Irlanda e era na época secretária de Direitos Humanos na ONU, veio para o Brasil para fazer um *hearing*, nós dissemos: "Abram-se as portas, podem ver tudo". Antes disso, o Brasil não aceitava a entrada de gente da ONU e nem da OEA [Organização dos Estados Americanos] para fazer investigações. Mais tarde, começamos a fazer, através da Secretaria de Direitos Humanos, que as ONGs começassem a participar dos relatórios que o Brasil manda sobre negros, mulheres, e

violações. E participassem na produção dos relatórios, e inclusive viajassem junto com as delegações. Isso foi muito difícil porque não se fazia isso, e a diplomacia não estava acostumada.

Maria Helena: O programa de segurança no seu governo passou pelas ONGs?
Fernando Henrique Cardoso: Sim, mas com controle. Passar pelas ONGs não quer dizer que elas decidem. Acho importante que se discuta, que passe pelas ONGs. As decisões, não.

Maria Helena: Você nunca pensou em fazer uma força de segurança pública, como o Lula fez agora, com a Força Nacional de Segurança?
Fernando Henrique Cardoso: Não, na verdade, eu sempre tive dúvidas a respeito. Isso é uma maneira de fazer o que as pessoas querem que o Exército faça, e o Exército não faz. E tem razão em não fazer. Quando o Itamar era presidente, por causa da Conferência no Rio, houve um pedido de autorização para o Exército entrar no morro. Mas o problema é o seguinte: como é que se tira o Exército do morro? Se o Exército entra no morro, acalma. E depois? Não muda nada. Então eu sempre tive dúvidas se esse é o melhor caminho para resolver isso.
Em alguns casos, sim, o Exército pode intervir. Houve uma época, quando tínhamos muita inflação, que estávamos com muitos problemas entre as polícias, pela equalização de salários etc. Houve momentos, por exemplo, em Tocantins, que as polícias estavam em greve. Aí sim tivemos de mandar o Exército para acalmar. E o Exército pode. O governador tem de pedir pela Constituição [a intervenção]. E é verdade, quando chega o Exército, eles param a greve. E ainda bem que param. Quando chegam os tanques, tudo para. Senão, é uma mortandade enorme, porque o Exército não está preparado para isso. A turma do Exército não é treinada como a polícia. A polícia

se infiltra; ela tem a inteligência primeiro, bem ou mal, mas tem, tem o suspeito, tem a coisa meio precária, mas tem. Não vai matando todo mundo. Pode matar inocentes, mas não todo mundo. As tropas de repressão matam todo mundo. Elas já chegam atirando. Elas não sabem fazer outra coisa. Eu sempre tive dúvidas em fazer uma força dessa natureza. Não estou querendo criticar, porque eu sei que agora a coisa está tão dramática que o Estado pensa que deve fazer e preparar alguma coisa porque de repente pode precisar. Não estou querendo criticar o governo Lula no que foi feito, estou só dizendo que é uma arma perigosa. É uma força destrutiva.

É mais difícil acabar com a violência do que acabar com a inflação. Minha tarefa foi acabar com a inflação. Você não pode fazer tudo. Eu tinha de botar o Estado em ordem. Agora a questão do Lula é a violência. Acabar com a violência, com o tráfico de drogas. E a droga não é um crime local, é um crime organizado, global, difícil. Não é só a droga. Tudo virou global. Hoje você quer uma mulher, descreve o que quer, paga. O comando é na Romênia. Em 48 horas chega a mulher na sua porta. Você quer um fígado, a mesma coisa, uma criança... e se você ler sobre isso fica horrorizado. E o pior é que são pequenos grupos integrados, mas espalhados, usando a internet de maneira global. O mais grave é como é que a droga vem para os Estados Unidos. Ela passa pelo Brasil, pelo México – e lá vem de mil maneiras, de submarino, por avião, mas vem também pela fronteira. E para passar na fronteira, é claro, uma parte é corrupção dos policiais. Essa quantidade de droga não pode ser só de sujeitos que enganam a polícia. E tem outras maneiras, talvez mais dramáticas, ou difíceis de controlar. O sujeito que vende tomate do México para os Estados Unidos é um comerciante, mas de vez em quando pega uma caixinha de droga, e põe lá dentro e ganha um bom dinheirinho. Quer dizer, o legal e o ilegal ficam cinzentos. É uma coisa que está acontecendo em amplas proporções. São canais legais, até com bancos e outras coisas, a mistura do legal e ilegal. Estou dizendo isso para mostrar que a coisa é muito extensa, muito difícil, inclusive cultural.

No caso do Brasil, por exemplo. Vamos nos limitar à violência. Ou nós criamos um clima para resolver isso de qualquer maneira e que é ruim demais, ou não tem solução. Tem de haver um pacto social, um pacto acima de todos os partidos, com toda a sociedade civil. Não tem outro jeito. Temos que fazer um pacto nacional – acima dos partidos – e desenvolver uma campanha enorme, dia e noite, dia e noite. Decidir quais são as medidas que devem ser tomadas e com um esforço enorme. Não é fácil, não. Mas fora disso, o que vai acontecer? Vai ter repressão violenta aqui e acolá, e não resolve nada. Nem sei se com um pacto se pode resolver, porque é globalizado, mas pelo menos você restringe a abrangência da criminalidade que está se espalhando. Sobretudo restringe a área cinzenta. Por exemplo, o rapazinho que é o avião não é propriamente um criminoso, mas faz parte do crime. E quem consome também. Forma uma rede. E como é que quebra essa rede? Tem a ver com uma mudança cultural profunda, criar uma mudança de espírito nas pessoas.

Acho que temos de discutir até a descriminalização de drogas, como a maconha. Na medida em que algumas drogas são consumidas menos nos Estados Unidos, o crime organizado aumenta o consumo nos nossos países. Temos de fazer uma campanha como fizeram com o cigarro. Televisão, rádio, proibindo propaganda, proibindo em lugares, fazendo que as pessoas fiquem com vergonha e que seja pouco social. Temos de mudar a cultura completamente. Tem que estigmatizar quem está se drogando. Porque não é o gerente de droga ou o menino lá que é avião, é o consumidor. E nós nunca atacamos o consumidor no Brasil. Ao contrário, a lei agora permite, o consumidor não é criminoso. Quer dizer, o sujeito pega seu carro, sai de Copacabana, do Leblon, de outros bairros ricos, vai ao seu ponto de droga e volta para casa. Ou pede até pela internet ou telefone. Quer dizer, o foco do combate está errado. Agora não adianta um governador ou chefe de polícia tentar resolver isso. Não vai conseguir. Tem que ser um pacto nacional.

Tarso Genro, ministro da Justiça: uma conversa com Maria Helena Moreira Alves e José Valentin Palacios
Julho de 2008

Ministro da Justiça de 2007 até 2010, Tarso Genro foi ministro da Educação, das Relações Institucionais e possui uma trajetória no que diz respeito aos direitos humanos. Trabalhou para acabar com a tortura nas prisões, com o tráfico de pessoas e a prostituição infantil. Seu programa de reforma da polícia e da segurança foi centrado nas iniciativas do Pronasci, que lançou em 2007 no Rio de Janeiro.

Maria Helena: Queria perguntar se o governo federal pode fazer alguma coisa, se pode mudar a política de enfrentamento que o governador Sérgio Cabral está levando adiante, se pode mudar o treinamento do Bope.
Tarso Genro: Esse modelo de operação policial que está se levando a cabo no Rio de Janeiro é o modelo já aplicado anteriormente, sobretudo depois do golpe de Estado de 1964, no qual a forma de comunicação da polícia com a comunidade se dá sempre através da violência e não na forma de diálogo, de convivência comunitária, da vida cotidiana das pessoas na comunidade. O que está ocorrendo no Rio de Janeiro, na verdade, é produto de um aprendizado do aparato do Estado,

é o aprendizado da violência, o aprendizado da repressão, o aprendizado do estranhamento do Estado em relação à sociedade, que não se dá somente no âmbito da segurança pública, mas que, na segurança pública, se dá de uma forma extraordinariamente negativa.

Então, como fazer para mudar isso? É necessário mudar politicamente o pacto federativo entre União, estados e municípios. Porque não adianta somente o Estado, o Estado federal, mudar o seu comportamento. Se nós não tivermos, na base da sociedade, uma mudança na cultura da comunidade, uma mudança no aparato repressivo, essa mudança vai se transformar em impotência, e essa impotência pode exacerbar, inclusive, a violência. O que nós estamos propondo? Estamos propondo uma mudança radical no paradigma de segurança pública no país, que tem de ser acompanhada pelos governadores, seus secretários de Segurança e demais instituições que se correlacionam com isso, e tem que ser acompanhada pelas prefeituras também, que são as quem têm mais acesso cotidiano às pessoas, através de políticas preventivas. Esse é o modelo contemplado no Pronasci. E, sobre os policiais, nós temos que desenhar uma política de formação, de alta qualidade, para que eles acompanhem essa mudança institucional e essa mudança cultural.

Também não adianta só substituir o armamento policial. Se você só substituir o armamento policial, e não trabalhar na base da sociedade para estabelecer uma nova relação, a consequência pode ser que os policiais não queiram entrar nas regiões de maior conflito, não queiram entrar em regiões de confronto com o crime organizado, com as quadrilhas que controlam grande parte das regiões mais pobres do Rio de Janeiro. A nossa proposta é uma mudança de paradigma completa, cujos efeitos serão processuais, não serão imediatos. Por exemplo, para os policiais do Rio de Janeiro nós estamos oferecendo imediatamente formação com recursos para eles ganharem um aumento salarial enquanto estão estudando. Também um plano habitacional para retirá-los do local em que suas famílias ficam inseguras, o local onde eles operam e, combinado com isso, as políticas preventivas que devem ser realizadas pelas prefeituras, pelos estados, segundo sua característica. Isso é um processo de transição. Temos de desenhar um processo de transição para outro modelo de segurança pública.

Maria Helena: Mas no meio-tempo, enquanto isso nós temos policiais que estão usando extrema violência, inclusive tortura, execuções sumárias e desaparecimento de corpos. Isso preocupa muito. E advogados com quem temos falado, inclusive o subprocurador do Rio de Janeiro, Leonardo Leite Chaves, que comentou uma coisa que nos chamou a atenção. Ele disse: "Olha, desaparecimento é uma coisa muito séria porque não há crime. Sem corpo não há crime. Então a impunidade é garantida". E, ao mesmo tempo, temos ouvido nas comunidades que: "Todo mundo sabe onde estão enterrados. Sabem dos cemitérios clandestinos e onde estão. Mas nós não conseguimos que as autoridades venham procurar os corpos". Agora se achou o cemitério clandestino de Gericinó, Duque de Caxias. Mas não é o único, existem vários. Inclusive, as "Mães de Acari" que entrevistamos anos atrás disseram que sabem onde seus filhos estão, mas as autoridades não ligam e não vêm buscar no lugar onde elas falam. A pergunta que fica, e não sei se seria possível o governo federal fazer isso, mas a experiência do Chile, da Argentina, na América Central, tem tido bastante sucesso na formação de comissões que buscam os desaparecidos, e com base nisso, encontram o corpo. Aprovaram leis que obrigam a fazer exames de DNA, saber quem é, para depois levar os possíveis culpados aos tribunais. Tudo para chegar à punição dos responsáveis. É possível fazer isso no Brasil?

Tarso Genro: Não é da prerrogativa do ministro da Justiça. Pode sugerir politicamente a criação de uma Comissão Parlamentar de Inquérito (CPI) para elucidar um caso determinado. Sendo o Brasil um país federado, existem competências bem restritas, diria restritivas, dos poderes da União. Nestes casos nós podemos interferir, estamos à disposição de interferir, a pedido do Ministério Público ou do governador de um estado. Agora, qual a forma imediata de se fazer isso? Também passa por essa mudança de paradigma. São os Gabinetes de Gestão Integrada de Segurança Pública [GGIS], nos quais a Polícia Federal participa, e até também a Polícia Rodoviária Federal, e por dentro desses Gabinetes de Gestão Integrada podemos colocar nosso sistema de inteligência à disposição para operar. Agora o Rio de Janeiro está totalmente aparelhado para fazer isso com o material que nós passamos e os treinamentos que fizemos. Mas sem que haja essa vontade do Estado, sem que haja essa movimentação, o governo federal, na verdade, não tem competência para isso. A não ser que faça a intervenção federal no estado, aí é outra coisa. Mas para tanto tem que haver a atuação do parlamento, o Congresso tem de votar. Também poderíamos interferir, em colaboração com o Congresso, em um determinado estado se houver um sério pedido internacional, de uma instituição internacional com a qual o Brasil tenha tratados internacionais que obrigariam o governo federal a agir com o Congresso.

Mas, atualmente, o que nós estamos sentindo em relação ao governador e ao secretário de Segurança do Rio de Janeiro é que eles querem mudar, estão repensando essa política de enfrentamento, agora a máquina toda está ainda nessa posição negativa, de violência policial, que você mencionou de maneira adequada. O que nós estamos fazendo? Nós estamos interferindo, institucionalmente, para apressar essa mudança. Isso nós já estamos fazendo. A nossa turma já está lá, através do Pronasci, o próprio secretário nacional de Segurança Pública, e já até se redesenharam os pedidos de recurso que eles fizeram. Quando eles fizeram um pedido de recursos de R$ 44 milhões, nós redesenhamos todo o pedido deles, incluímos equipamento e armamento não letal, incluímos recursos para construir os postos de polícia comunitária. Então, essa intervenção, digamos assim, pactuada, positiva, já está ocorrendo para mudar esse modelo no Rio.

Maria Helena: Gostaria de lhe perguntar sobre sua experiência em Porto Alegre, que teve muito êxito, inclusive nesta área.
Tarso Genro: Em Porto Alegre, nós operamos profundamente uma mudança do Estado com a comunidade, da prefeitura com a comunidade. Nós instituímos o direito público não estatal em trabalho com a comunidade, e um processo de participação real da comunidade na gestão pública, que não tinha o compromisso político do prefeito. Não depende disso, o Orçamento Participativo é uma regra. Na verdade é um regulamento negociado pela prefeitura com a comunidade organizada, que chamamos de Normas de Direito Público Contratuais, para estabelecer as regras de participação. Organizaram-se dezesseis Conselhos Populares, que funcionavam adequadamente e chamavam a população local para votar nas grandes plenárias que faziam nas regionais para escolher as obras mais importantes. E aí se desenhou um controle recíproco. Nós ajudávamos a organização da sociedade para que ela fosse cada vez mais forte, e eles controlavam se as decisões que tomavam eram ou não implementadas pela prefeitura. No que se refere ao Planejamento, redesenhamos a relação política com a sociedade, trazendo participação nas grandes decisões públicas, nos investimentos que foram feitos, na reforma tributária, que a população nos

apoiou, que a classe média não queria, decidindo como fazer e onde fazer os investimentos. Isso melhorou a segurança das regiões, e inclusive, naquela época, chegou a cair em 80% a depredação das escolas públicas. Porque as escolas não eram somente da prefeitura, eram queridas pela comunidade que ajudou a construir essa nova maneira de ver e fazer.

Maria Helena: E com a polícia?
Tarso Genro: A polícia teve pouca participação, porque não era uma instituição cuja gestão estava integrada conosco, obedece ao governo estadual, ao governador. Mas o que melhorou? Melhorou porque a iluminação melhorou, as praças à noite estavam iluminadas, as quadras de futebol. A Brigada Militar, que é uma instituição local, estabelecia uma relação com a comunidade, em função até da sua vivência no meio. Isso melhorou o padrão de segurança da cidade e melhorou o padrão de vida das pessoas. A polícia podia entrar nos grotões para localizar uma determinada quadrilha do crime organizado que estava se reestruturando, porque tinha acesso. Antes não tinha. Isso era feito, evidentemente, com a ajuda da prefeitura, mas não houve projeto policial porque o governo estadual não acompanhou esse processo na cidade. Não resistiu, mas não acompanhou de maneira orgânica.

Maria Helena: E essa experiência está na base do Pronasci?
Tarso Genro: Sim, ela está na base do Pronasci. É a mesma conceptualização. O núcleo participativo do Orçamento Participativo é o mesmo do Pronasci. Tem vários projetos que só vão se desenvolver se tiver a participação direta da sociedade organizada, como as "Mães da Paz", como "Pró-filho" e todos os outros projetos preventivos. Todas as organizações da sociedade podem participar. Sindicatos, associações de bairro.

Agora, a participação é voluntária. Estamos centrados em dois apoios fundamentais: a juventude e as mães, que são dois eixos fundamentais nessas regiões, e os mais violentados. Mas depende do trabalho de gestão integrada e da participação da comunidade.

Ricardo Brisolla Balestreri, secretário nacional de Segurança Pública: uma conversa com Maria Helena Moreira Alves e José Valentin Palacios Brasília, julho de 2008

Ricardo Balestreri é historiador e uma autoridade no que diz respeito à segurança pública; estudou o treinamento da polícia em diferentes países. Ajudou a preparar e a projetar o Pronasci, do qual é um importante arquiteto. Tornou-se secretário nacional de Segurança Pública em 2008. Também conhecido pela sua atuação na área de direitos humanos, foi presidente da Anistia Internacional Brasil e participou do Comitê Nacional de Prevenção e Combate à Tortura no Brasil. Sua perspectiva corresponde à mesma linha de princípios adotados pelo Pronasci, defende que os direitos humanos e o trabalho policial devam estar interligados na segurança pública. Balestreri inicia esta entrevista referindo-se ao disparo fatal de um policial em 2008 contra João Roberto Soares, menino de 3 anos que viajava ao lado da sua mãe e foi morto quando os policiais confundiram o veículo com um carro que havia sido roubado. O episódio foi intensamente condenado e interpretado como símbolo dos equívocos no trabalho policial do Rio de Janeiro, em que pessoas inocentes, inclusive crianças, continuamente são vítimas.

Balestreri: Sobre o caso que está na imprensa [do menino João Roberto Soares], claro que o governador [Sérgio Cabral] é um homem correto e o secretário [José Mariano] Beltrame também. Eles devem estar muito consternados. A culpa não é nem deles, existe uma cultura que esse caso expressa. Claro, se não fosse um menino branco, de 3 anos, se não fosse uma criança assassinada – se fossem, por exemplo, três jovens, homens, pobres e negros, de alguma comunidade –, ninguém acharia estranho o que aconteceu. Seria registrado como "auto de resistência", ou seja, "morte em confronto com a polícia", e as mães passariam o resto da vida tentando provar que seus filhos não eram bandidos, mas sim trabalhadores honestos. Mas, como foi um menino branco, de 3 anos, ficou difícil.

Maria Helena: *Apesar de termos um caso de uma denúncia, em Acari, de um pai cujo filho de 2 anos foi morto por um policial militar e foi registrado como "auto de resistência". Com 2 anos de idade! O pai está levando adiante a denúncia judicial e está sendo ameaçado agora.*
Balestreri: O caso [do João Roberto Soares], um menino branco de classe média, de 3 anos, não deu para registrar como traficante.

Maria Helena: *A história da Polícia Militar, desde a época do regime militar [1964-1985], revela sua militarização com armas mais pesadas, de guerra. E agora com essa política de confronto do governador Cabral e do secretário Beltrame, eu pergunto se a Polícia Militar não pode interpretar isso como "luz verde", pode atirar que é guerra.*
Balestreri: Tenho uma boa notícia. Estamos, daqui da Secretaria Nacional de Segurança Pública, tentando mudar. Esse caso do menino não podia ter acontecido em pior momento. Hoje iríamos anunciar as mudanças. Por exemplo, o programa "Toda a Polícia na Universidade", [em parceria] com a Fundação

Getulio Vargas e outras universidades, para que toda a polícia do Rio passe pela universidade.

Maria Helena: Mas isso impede que eles matem gente pela rua? Como é que vai ficar isso? Como vai ficar o treinamento?
Balestreri: Não, mas isso vai mudar a maneira de pensar. O projeto é nacional. Estamos induzindo política pública e o Rio de Janeiro está começando a responder positivamente. Temos dois projetos no Rio que vamos financiar. Um é o "Toda Polícia na Universidade", e o outro é o "Controle Biométrico de Armas". Porque o Rio não tem controle de armas. Hoje você apreende uma arma, e amanhã está saindo de novo para a mão do bandido. Com esse controle, por exemplo, a arma do policial militar só entra e só sai com a impressão digital dele. Vamos ficar sabendo quantas armas existem, onde é que estão, quem é que apreendeu, quem é que está usando, em que lugar a pessoa está usando a arma. Esse programa vai custar R$ 17 milhões, e estamos financiando integralmente.

Maria Helena: Vocês vão poder rastrear a bala? A munição, por exemplo, se mata uma pessoa, vão poder saber pela bala de que arma ela saiu?
Balestreri: Claro, vamos ter um mapa. Vamos poder puxar o mapa no computador e saber quantos policiais estão, onde estão, com que armas estão e quantas, e de que tipo. Quanto à munição, de que arma a bala saiu, é mais complicado, mas a gente está trabalhando também nisso. Agora, essas mudanças são novas, estão sendo introduzidas pelo governo federal. Uma coisa que vocês vão gostar de saber. Aqui na Senasp temos uma nova política sobre armas. Para começar, estamos contra a ideologia da guerra. As pessoas falam: "Estamos em guerra. Aqui é uma guerra civil não declarada". Isso significa o seguinte: "Se é uma guerra civil não declarada, em uma guerra

a gente mata ou morre. Se é uma guerra civil não declarada, acontece com frequência o que aconteceu ontem. Um carro que foi confundido com o de um bandido e, antes de se verificar qualquer coisa, uma fuzilaria, e se mata um inocente, nesse caso uma criança". Essa ideologia para a polícia significa um descontrole absoluto. Que é que a Senasp está fazendo? Para induzir políticas públicas, estamos mudando o tipo de armas que compramos. O que tem a ver isso com os direitos humanos? Primeiro, nós estamos comprando armas não letais. Por exemplo, o treinamento que indica que o policial deve ter o uso gradativo de força não adianta nada se o policial só tiver armas de guerra, armamento pesado. Por exemplo, se ele encontrar alguém drogado, que o ameace com uma arma branca, o policial vai tirar da pistola e ele vai atirar. Ele deve ter, além da pistola, claro, uma arma de contenção, uma arma de choque elétrico, uma arma de gás. Ele deve ter um leque de opções para usar antes da arma de fogo pesada. Isso é uma coisa. A outra é uma política contra o uso de armas pesadas. Nós sabemos que a polícia tem que andar armada, não somos românticos sobre isso. Mas a pergunta é a seguinte: a polícia precisa andar com uma arma de guerra? Não, porque o policial vai para onde está toda uma população, a maioria de inocentes, e tendo arma de guerra fica fácil atirar e matar.

Vou traduzir isso. Nós no governo federal não vamos mais financiar armas de guerra para os estados. Não vamos mais financiar metralhadoras, submetralhadoras, granadas, nem fuzis, que são armas pesadas de guerra. O que estamos financiando hoje para a polícia é uma carabina ponto 40, que é a indicada para a polícia em situação de confrontos urbanos. Qual é a diferença? A diferença é a seguinte: um tiro de fuzil em uma favela vai atravessar dois, três barracos, matar quem estiver no caminho, e atravessar os corpos. Já com uma carabina ponto 40, o policial em uma situação de confronto incontornável pode usar, está democraticamente autorizado a usar, se ele não tiver outra saída. Mas uma carabina ponto 40, se é utilizada em um confronto real, vai parar aí. Ela não transfixa, não passa pela pessoa, podendo atingir inocentes etc. Não passa por paredes etc. Eu só usei esse exemplo para mostrar que, através do controle de que armamentos compramos, o governo federal pode induzir a uma redução importante da letalidade, inclusive em confrontos urbanos, e é uma política de direitos humanos.

Maria Helena: O governador Cabral está aceitando isso?
Balestreri: Em parte. Trocamos um pedido de fuzis por 1,5 mil carabinas calibre 40. Não sei se ele vai aceitar e aplicar no Rio ou não. Mas, de parte da Senasp, tanto no Rio como no resto do Brasil, não aceitamos mais pedidos de armas de guerra. Da nossa parte, com o nosso dinheiro em primeiro lugar, armas não letais. E, em segundo lugar, armas precisas para confronto com o crime organizado. A nossa "menina dos olhos" é a polícia comunitária, mas isso sabemos que não é possível diante do crime organizado. Isso é para a população normal. Não se pode pensar em polícia comunitária em um lugar dominado pelo crime organizado que não vai mudar a sua postura por conta disso. Então, são patamares diferentes. Para o crime ordinário o que funciona é a polícia comunitária. Crime ordinário é essa coisa que incomoda a população – assalto, roubo, sequestro relâmpago. O que realmente reduz isso é política de confronto? Não. O que realmente reduz é o que chamamos de "polícia de proximidade". É aquele policial que conhecíamos na nossa infância, que nós sabíamos o nome e sobrenome dele, ele sabia quem nós éramos e onde nós morávamos. O modelo "Cosme e Damião" que foi abandonado no Brasil para imitar

aquele modelo americano dos anos 1960 e 1970, que é o da polícia motorizada. Nós temos que voltar ao modelo de polícia de proximidade. Essa é a coisa mais importante.
Segundo, tem outro patamar que é o crime organizado. Com esse não tem conversa. Você precisa realmente de repressão, uma repressão qualificada. O que chamamos de repressão qualificada? É a inteligência, é o entorno, é não ferir as pessoas inocentes, é ter um cuidado com o uso de armas de guerra, e um treinamento específico usado em situações somente de confronto com o crime organizado.

José Valentin: Gostaria de fazer uma pergunta sobre o tráfico de armas. Como poderiam controlar o tráfico de armas que vêm, por exemplo, pelo mar e não é organizado desde as comunidades carentes?
Balestreri: Nesse caso, vem uma discussão da participação das Forças Armadas. Estamos tendo uma discussão no Brasil sobre se as Forças Armadas devem ou não participar da segurança pública. Eu não sou sectário sobre esse assunto. Pelo seguinte: a polícia não tem efetivo suficiente para o controle das fronteiras do Brasil, que são enormes, e nem do mar. No caso, por exemplo, do controle do tráfico de armas, as Forças Armadas poderiam participar da segurança pública cuidando das fronteiras e dos mares, mas não dentro das comunidades carentes.

Maria Helena: Eu quero voltar à questão da Polícia Militar. Pelo menos no Rio, ela é muito violenta. O uso do Caveirão apavora os moradores, as crianças em especial. Temos escutado muito nas comunidades sobre o pânico das crianças, histórias como a de uma avó que não pode mais levar o netinho ao banco porque quando ele vê um policial armado começa a gritar: "Vó, está aqui o Caveirão! Vai nos matar! Vamos embora daqui!". Isso é real. A minha pergunta é: até que ponto o governo federal pode intervir nos estados e mudar essa política de confronto e

de guerra? E mudar o treinamento da PM? Porque você pode ter armas não letais para o leque de opções de uso, mas o policial está treinado para matar. O uso do Caveirão, por exemplo, eles chegam cantando aquela música do treinamento: "Vou sugar tua alma, vou te pegar, vou te matar". Esse comportamento do Bope, vocês vão mudar? Vão tirar os mais violentos, vão colocar gente nova?
Balestreri: O governo federal não tem poder legal para mudar o sistema nos estados. Pelo sistema federativo legal do Brasil não podemos intervir a esse ponto.

Maria Helena: Nem através do Gabinete de Gestão Integrada (GGI)?
Balestreri: Não, nem através do GGI e do Pronasci. Porque ele feriria o princípio constitucional de poder federativo. O que nós podemos fazer, e estamos fazendo cada vez mais, é interferir através da indução de políticas públicas. Como nós temos recursos e os estados não têm, trabalhamos relacionando a política de segurança pública com a política de direitos humanos. Por exemplo, no caso do programa para o policial estudar na universidade, não é simplesmente estudar na universidade, o currículo tem que ter uma ênfase nos direitos humanos e como conciliar a segurança pública com os direitos humanos. Nós temos aqui na União uma rede de 66 instituições de ensino superior e 82 cursos de pós-graduação em segurança pública. Isso pode incluir também o Bope, mudando um pouco o treinamento. Neste momento nós temos aqui 5.250 alunos policiais, guardas municipais e bombeiros nos cursos do governo federal, curso de um ano, padrão do MEC. Para vocês verem como isso é revolucionário, nós só aceitamos currículos que tivessem, no mínimo, quatro pontos: primeiro, a questão do gênero, a questão dos direitos da mulher, mas não somente isso, também a questão da cultura de violência dos homens. Segundo, todos os cursos têm de trabalhar a questão da homofobia, que é um

problema muito sério no Brasil. É uma questão de perseguição e assassinato muito séria, pois o Brasil é um dos lugares onde mais se assassinam homossexuais no mundo. Terceiro, todos os cursos têm de estudar a questão da igualdade racial, do respeito e da promoção da questão dos direitos das minorias raciais. Quarto, todos os cursos têm de lidar com a questão dos direitos etários, crianças, adolescentes e idosos. Assim, nenhum policial, civil ou militar, guarda municipal, bombeiro vai poder realizar cursos sem passar pelos direitos humanos.

Maria Helena: Mas aí entra a questão do Caveirão.
Balestreri: Mas são dois trabalhos de prazo, você tem que trabalhar na mudança da cultura, na chamada superestrutura, e tem de trabalhar na mudança da infraestrutura também, na questão das armas. O governo federal trabalha na superestrutura, na educação, quando ele educa policiais, cria um grupo, uma massa crítica de resistência cultural. Quando nós trabalhamos essa questão da cultura, estamos criando dentro da corporação um grupo anti-hegemônico. Pelo menos outro grupo, com outra visão.

Maria Helena: E vão fazer o que com os que já estão dentro da corporação e que só foram treinados para matar?
Balestreri: Eles vão ter que travar uma luta ideológica, vão ter que convencê-los de que é a melhor opção no longo prazo, porque a segurança pública passa pelo respeito e pelos direitos humanos. É importante termos as duas lutas ao mesmo tempo. Tem de se mudar, também, a infraestrutura que passa pelo treinamento e pelas mudanças de armas. Estou frisando isso para que não se pense que se pode mudar a política de segurança pública por decreto. Nós aqui, no nível federal, estamos criando outra força, a Força Nacional de Segurança Pública,

que tem outro treinamento e visão. Estamos criando dentro dela um grupo especial, que não é o Bope, é o Bepe, Batalhão Especial de Pronto Emprego, que vai receber 550 homens e mulheres vindos de todos os estados. Vão ser aquartelados aqui no Distrito Federal, receberão o melhor treinamento em operações especiais e o melhor equipamento do planeta. Esse treinamento é todo baseado neste princípio: que o uso da força tem que se coadunar com uma visão civilizatória. No final de um ano, vamos ter todos esses homens e mulheres de todo o Brasil com um treinamento de defesa da vida, e não de ataque à vida. E, no final, vamos devolver aos estados um grupo capacitado para fazer um processo que chamamos de "contaminação positiva", porque é um grupo altamente especializado em operações especiais, altamente tecnológico do ponto de vista do equipamento, mas com uma filosofia correta.

Maria Helena: Mas então vai ter um grupo diferente lá dentro de cada corporação. Desculpe estar insistindo tanto nisso, mas como vão poder realmente mudar a política de segurança para essa visão? Quando entram em um Caveirão, por exemplo, vão deixar de atirar em tudo, como têm feito?

Balestreri: Deixe-me contar como podemos atuar, em nível federal. Nós temos um limite e não vou dar uma resposta demagógica. É um país federativo e dentro da democracia federativa temos limites de como podemos agir dentro de cada estado da federação. O que podemos fazer, em um exemplo concreto, sobre o Caveirão? Nós recebemos um pedido aqui de compra de duzentos Caveirões. Nós dissemos "não". O dinheiro federal não será usado para comprar Caveirão. Aí disseram: "Mas o blindado é considerado no mundo inteiro uma necessidade da polícia". E mais: "A ONU também usa blindado". A resposta, "Mas a ONU usa diferente". Nós não podemos parecer que temos uma visão romântica de segurança, porque aí perdemos a liderança com o policial.

O blindado pode ser usado de uma forma ou de outra. Não é usado para entrar nas comunidades atirando de dentro dele. É usado somente para a defesa dos policiais, para que cheguem aos locais de operação. Essa é a posição que o governo federal pode ter. Nós não vamos aprovar nenhum pedido de compra de Caveirão, a não ser que possam demonstrar que vão utilizar de forma diferente, com uma visão civilizatória. Podemos somente dizer que não vamos comprar. Nosso limite legal é este. Nós não podemos entrar no Rio de Janeiro e impor como é que vão usar os blindados deles. Só podemos impor que com o nosso dinheiro não haverá blindados a não ser que mudem a forma de uso.

Maria Helena: Vocês podem, como governo federal, usar leis como, por exemplo, de tipificação de tortura? Podem, por exemplo, intervir se houver uma situação de grande violência policial pública, de assassinatos, de tortura?

Balestreri: Sim, existem leis que podem federalizar crimes considerados hediondos e contra os direitos humanos. Mas você conhece a justiça brasileira. Você tem que provar que aquele crime se tipifica ali. Mas o que quero dizer é que o quadro de segurança pública no Brasil não vai mudar do dia para a noite. Vai mudar com a implementação de políticas públicas consequentes. E a União hoje tem essas políticas muito consequentes. Não passa um projeto aqui que seja contrário aos direitos humanos ou que aumente a letalidade policial. Nós somos rígidos nessa questão. E o grande dinheiro no Brasil para segurança pública está aqui. Nós só aprovamos projetos que sejam redutores da letalidade e respeitadores de direitos humanos. Vocês conhecem a força que tem o dinheiro. O dinheiro muda práticas, e nós estamos usando isso a favor de uma mudança. Esse é o elemento que podemos usar para mudar a cultura da segurança pública brasileira. E é muito forte. Ele vai mudar. Eu tenho certeza de que com uma política como a do ministro Tarso Genro, em mais dois anos nós vamos começar a ver uma polícia diferente.

Maria Helena: Então, no caso de tortura, de uma tipificação da tortura, o governo federal pode intervir?
Balestreri: Não, a justiça federal pode intervir. O governo federal continua limitado pelo pacto federativo. O que posso dizer é: se você é uma governadora e pede metralhadoras, nós não vamos financiar metralhadoras porque é uma arma de guerra e não pode ser usada em um ambiente urbano. Em dois ou três anos você vai ter de aprender, para poder conviver comigo e com o dinheiro que detenho, a desenvolver outro sistema. Agora eu não tenho como dizer: "Governadora, tem de mudar o seu sistema". O Executivo federal não pode mandar nos Executivos estaduais. No entanto, o poder do dinheiro é grande e induz mudanças. Se eu recebo uma denúncia grave de tortura ou extrema violência, eu tenho de encaminhar o caso para a Secretaria de Direitos Humanos e para a Promotoria Pública, para que seja acionada a Justiça Federal.

Maria Helena: Como atua o Gabinete de Gestão Integrada?
Balestreri: O Gabinete de Gestão Integrada pode aconselhar e ajudar a desenvolver outra política com outra visão. Mas não posso mandar dissolver o Bope, por exemplo. Ninguém no governo federal tem o direito legal de intervir nas operações policiais de Estados da federação. Para isso ocorrer teria de haver um novo pacto federativo para a área da segurança, um país unitário na questão da segurança pública. Como nos

Estados Unidos, com a chamada "Lei Patriótica" na qual, em certos casos, a federação tem o direito de intervir diretamente nos estados, criando assim um país unitário em questões de segurança nacional, em que parte da Constituição federativa fica suspensa.

Isso é um problema que organizações internacionais de direitos humanos devem compreender. Cobram tudo do governo federal. E o governo federal tem um limite restrito e pode somente, dentro do atual sistema federativo do Brasil, usar seu poder de financiamento para induzir certas políticas públicas de segurança. Mas não pode mandar, nem intervir diretamente. Um exemplo concreto, uma denúncia internacional: "o governo federal tem que acabar com a tortura nas delegacias do Brasil". Isso é muito bom, mas não tem consequência concreta. O governo federal não tem poder de mando nas delegacias, nem nos policiais de cada estado. O governo federal não tem mando sobre os policiais militares estaduais. Nenhuma autoridade federal. A não ser a autoridade moral e a autoridade indutora que dá os recursos federais.

Maria Helena: Vocês estão fazendo essa mudança quietinhos?
Balestreri: Sim, mas é uma mudança muito grande. Tenho certeza de que nos próximos dois anos nós vamos começar a ver uma mudança de visão e conduta dentro dos estados.

Maria Helena: E essa política começou já com o ex-ministro [da Justiça] Márcio Thomaz Bastos?
Balestreri: Sim, de maneira mais tímida. Digamos que o ministro Tarso Genro tem uma visão mais ousada dessa questão. O Pronasci foi criado com essa visão, de complementação de uma política de prevenção com uma política de repressão mais qualificada. Mas a coisa mais importante para nós é a seguinte:

temos de mudar o modelo de polícia no Brasil, ele tem que deixar de ser um modelo reativo, invasivo, como este de que vocês estão falando, predominantemente invasivo. Precisamos mudá-lo para um modelo em que, até em operações especiais, o policial se comporte conforme a lei e, até mais do que a lei, com a ética e a moralidade. O mais importante é que o modelo de polícia não pode ser predominantemente invasivo e reativo. O modelo de polícia predominante tem que ser o de polícia de proximidade. Aquele que você falou, o do "Cosme e Damião" acoplado a todo o conhecimento científico e toda a tecnologia atual, que na época em que nós éramos criança não havia.
Em Copacabana, por exemplo, vocês conhecem os policiais? Aonde iria para procurar ajuda de um policial? Teria de ir aos quartéis, onde estão militarizados. Mas, meus pais, por exemplo, no Rio Grande do Sul, não. Lá, não chamávamos de "Cosme e Damião", era "Pedro e Paulo". Eu me lembro de que meus pais diziam que "nós temos de procurar nosso policial". E o que significa "o nosso policial" é a nação se apossando da sua polícia. O que aconteceu no Brasil foi uma espécie de sequestro da polícia pelo Estado e agora o Estado tem que devolver a polícia para a nação, para a cidadania. A ditadura acabou com qualquer noção de polícia de proximidade. O que aconteceu no Brasil a partir de 1964, e principalmente a partir de 1968 com o agravamento do golpe, é que todos aqueles modelos de polícia de proximidade foram eliminados. Todas as experiências anteriores, inclusive a do "Cosme e Damião", e de outras de polícia de proximidade foram proibidas. A polícia foi aquartelada, colocada em viatura circulando o dia inteiro e utilizada somente como força de repressão. A Polícia Militar sob o comando do Exército; a Polícia Civil, em vez de ser uma organização investigativa, passou a ser uma espécie de cartório de registro de ocorrências, afastou-se totalmente da população

e passamos a ter uma polícia ausente. Você não sabe quem é seu policial, não sabe onde encontrar ou falar com ele. Se tiver de registrar uma ocorrência na delegacia você sabe que possivelmente vai ser maltratada, vai ser sobrevitimada, já foi vitimada antes pelo criminoso, mas vai ser vitimada de novo. Com raras exceções, mas as pessoas não pensam na polícia como sua. Deixou de ser do cidadão e passou a ser, a pertencer, ao Estado. Nós temos essa missão pela frente. Nós temos que devolver a polícia ao povo. E como é que nós vamos devolver a polícia ao povo? Criando um modelo de polícia comunitária, polícia de proximidade. Se no Rio de Janeiro nós pudermos criar uma malha de polícia de proximidade, o próprio povo começa a mudar a visão do policial e sua missão.

Nós há pouco tempo passamos R$ 55 milhões para a segurança pública do Rio de Janeiro, mas fizemos uma exigência: "O governo federal só vai passar esse dinheiro para vocês se apresentarem um projeto de malha de polícia de proximidade no Complexo do Alemão. Nós não queremos mais o modelo de uma polícia que só entra dando tiro, e sai dando tiro e depois tem de entrar de novo dando tiro. Nós queremos no Complexo do Alemão uma polícia que fique, que conviva e que dialogue com a população. É uma exigência nossa, do governo federal. Vocês querem receber R$ 55 milhões e vão receber se apresentarem um projeto de polícia de proximidade. Uma malha policial que vai conviver e estar permanentemente com aquelas pessoas". Nós sugerimos e o governo do Rio aceitou, e por isso acho que é indicativo da mudança que pode vir por aí. E sugerimos, inclusive, que eles utilizem o modelo que têm no Rio, do Cavalão (Niterói), que é uma experiência extremamente bem-sucedida de polícia de proximidade.

Paulo de Tarso Vannuchi, ministro de Estado Chefe da Secretaria de Direitos Humanos da Presidência da República: uma conversa com Maria Helena Moreira Alves e José Valentin Palacios
Brasília, junho de 2008

Paulo de Tarso Vannuchi tem sido um consultor de partidos políticos, sindicatos, e movimentos sociais e foi coordenador da campanha presidencial de Lula. É signatário do relatório da Ordem dos Advogados do Brasil (OAB) que identificou os tipos de tortura realizados nos centros militares de detenção e tortura; foi preso político em São Paulo de 1971 a 1976. Escolhido como secretário especial para os Direitos Humanos em 2003, Vannuchi identificou nesta entrevista os desafios necessários para incorporar o valor dos direitos humanos ao trabalho policial. Ele também descreveu uma visita oficial como secretário à favela da Providência em 2008, em que foi levado ao chefe do tráfico local para explicar sua presença na comunidade. Vannuchi tem sido um crítico da política de enfrentamento.

Maria Helena: As comunidades do Rio de Janeiro estão amedrontadas com a ação policial. Acontecem coisas incríveis, inclusive denúncias de que o Bope anda com uma faca curvada para extrair as vísceras das pessoas. O que o governo federal está fazendo, especificamente a Secretaria de Direitos Humanos, para reverter essa situação?
Vannuchi: O que o governo federal está fazendo você vai colher principalmente com o ministro [da Justiça] Tarso Genro e com o [secretário nacional de Segurança Pública, Ricardo] Balestreri. O meu enfoque, que acho importante, é o dos direitos humanos. Pode não ser tão importante para o conteúdo da sua pesquisa, mas acho que se você pode colocar como uma espécie de entorno, que é o tema de como os direitos humanos saíram

do regime militar. Antes de 1964 não se falava em direitos humanos. Não sei se porque esse período tem uma presença marcante da tradição comunista, no movimento social, sindical, oposicionista, e a União Soviética não assinou a Declaração dos Direitos Humanos de 1948, por causa do artigo que dizia que toda pessoa tem direito à propriedade, sozinha ou em associação.

No regime militar, por causa da violência dos militares contra os opositores de todos os tipos, nasceu uma consciência de direitos humanos. Começou com a Igreja Católica, depois se espalhou pelos movimentos sociais e para fora da Igreja. Quando terminou o regime militar, rigorosamente em 1988, mas podemos dizer 1985, e que se conservou o entulho autoritário até 1988, quando foi promulgada a nova Constituição. São vinte anos. Vinte anos de construção de uma nova mentalidade política contra quase cinco séculos, porque a mentalidade brasileira histórica é escravista. A violência institucional do Estado é permanente desde a primeira construção do Estado, com torturas consideradas normais e assassinatos contra os índios e contra os escravos, e duas ditaduras durante o século XX. Também nós saímos da ditadura com a visão de que a polícia é inimiga. Porque o que era particular no regime militar prevaleceu também nos nossos movimentos de direitos humanos. Depois na transição para a democracia não houve esforço de aproximação com a polícia, nem de transformação da polícia.

O que houve foi assim: Franco Montoro ganhou a eleição em São Paulo em 1982. Desde 1983 há cursos de direitos humanos para a polícia, só que era um módulo. O professor de direitos humanos ia dar as aulas dele das sete às dez. Às dez entravam na aula seguinte sobre "abordagem policial". O que é a abordagem policial? Diziam que se passar um carro com três elementos negros do sexo masculino tem de parar o carro, porque estatisticamente está provado que são assaltantes, e não pode pedir documentos de dentro do carro, porque o colega fez isso e levou um tiro no meio da testa. Tem de mandar, com a arma na mão, sair do carro com a mão para cima, e se tiver algum medo já começa dando um chute no joelho. Tudo o que se ensinava sobre direitos humanos das sete às dez, das dez em diante anulava. Então nós fomos formando uma polícia que não foi modificada durante o regime militar e continuou basicamente com a mesma formação. Agora, no governo Lula, temos a grande chance, com o programa Pronasci. O programa começou a nascer, rigorosamente, lá no nosso Instituto de Cidadania, que nasceu em 1990 quando a experiência de 1989 mostrou para todos nós, para o Lula, e para outros de perto da campanha, que "Olha, você vai ser presidente. Você vai ser presidente".

A partir de 1990, no chamado "governo paralelo", até a queda do Collor, aí nós continuamos com as ideias do Instituto da Cidadania, de que iríamos nos concentrar na elaboração de políticas públicas, de maneira pluralista. Passou a não ser um centro do PT. O PT está lá, com sua sede, faz o que quiser. Aqui nós vamos trazer outros partidos, e sobretudo outros segmentos sociais, porque começamos a pensar, na hora que elegermos o presidente não vai ser presidente só da classe trabalhadora, não vai ser presidente só do PT. Trabalhamos nessa linha, um programa atrás do outro. Os três primeiros foram Reforma Agrária, Política Agrícola, e Segurança Alimentar. Fomos trabalhando nessa linha e foram os primeiros programas mais consistentes. Ou seja, começamos a ter uma análise real, e não um exercício de desejo, para dizer de onde vai tirar dinheiro, qual lei tem que ser mexida, para as três coisas. Depois fomos para o Fome Zero, que virou marca, e em 2001, no "apagão", lançamos o programa de energia, com a Dilma Rousseff como

coordenadora. E no final de 2001, começo de 2002, foi "Segurança Pública para o Brasil".
Ali começou a nascer o que é o espírito geral do Susp (Sistema Único de Segurança Pública) e do Pronasci, que pretende [fazer] uma pequena revolução na temática de segurança. A reviravolta na segurança pública não é um problema da polícia, é também da polícia, mas é do Estado como um todo, com educação, saúde etc., diálogo entre a força policial e a comunidade, uma proposta de criar guardas municipais, municipalizar a segurança no que for possível, para termos um policial perto da comunidade, um retorno ao policial "Cosme e Damião", e essa construção envolve uma nova rede de educação e pós-graduação em direitos humanos para formação policial, e temos que ter um "repensamento" do que é segurança pública.
O sistema de segurança pública, constitucionalmente, ele é estadual. A ideia da construção do sistema único de segurança pública envolve uma inovação, mas que não pode ser uma federalização do tipo Santiago contra o resto do Chile, Buenos Aires contra o resto da Argentina. O Brasil tem que incorporar a ideia federativa, sim, é muito grande, é muita diferença geográfica, é muita diferença de clima, de cultura, para a gente querer, em Brasília, montar um sistema centralizado que vá funcionar. Esse diálogo é muito espinhoso. Está sendo espinhoso com o Sérgio Cabral. Por quê? Porque a opção que o Sérgio Cabral tomou, que eles chamam de "política de confronto", desobedece ao espírito geral que nós lançamos no Instituto de Cidadania e, quando nós lançamos, fizemos o lançamento nacional aqui em Brasília, e o ministro da Justiça da época, Aloísio Nunes Ferreira, no governo do Fernando Henrique Cardoso, recebeu o documento e disse: "Esse é o estudo mais sério que já foi feito no Brasil a respeito de segurança pública". Foi um momento

marcante da vida republicana. Adversário, véspera de eleição, reconhecendo a importância dessa visão.

Temos que reconstruir o tema dos direitos humanos em nível nacional. Hoje, direitos humanos para o povão pobre é palavrão, impregnou a ideia de que defesa de direitos humanos é defender bandidos. O [Paulo] Maluf martelou isso no final do regime militar, conseguiu emplacar essa ideia. Nós temos de reconstruir a concepção correta, que direitos humanos é coisa boa, não é coisa ruim. No Brasil existe um bloqueio a respeito de direitos humanos. Sérgio Cabral cometeu um erro em escolher a política de confronto. Ele mandou um recado para mim, dizendo que eu tenho que entender que ele está trabalhando com pesquisa de opinião, e o povo está dando 80% de aprovação a essa política de confronto. Mas eu não quero brigar com ele. Não interessa, sou do governo federal. Agora, chegou uma vez no Complexo do Alemão com mortos, chegou outra vez. Na terceira vez tivemos de entrar com uma perícia independente. Chamei o coordenador de Combate à Tortura, Pedro Montenegro, que é de Alagoas, e ele levou mais dois peritos do Instituto Médico Legal do Rio Grande do Sul para fazer uma perícia de fora do Rio de Janeiro. O Pedro falou: "Vamos desenterrar os corpos". Eu achei que não, que é muito violento isso, depois de uma semana desenterrar os corpos, e disse para fazermos a perícia em cima dos laudos médicos. Tínhamos fotos também dos cadáveres, um deles chamuscado de pólvora, e isso só existe se o tiro for a dez centímetros. Dois com bala na nuca, trajetória descendente, e eles diziam que era morte em combate. Ora, morte em combate é feito daqui para lá, a pessoa, se ela está correndo e leva um tiro na nuca, ela está fugindo e leva um tiro na altura da cabeça, o que já contrariaria as recomendações de uso proporcional da força, que manda atirar na perna, atirar nas nádegas, atirar em região não

letal. A academia de polícia ensina isso. Agora quando tem uma trajetória de bala na nuca, descendente, aumenta a chance de a pessoa estar rendida, ajoelhada, jogada no chão etc.
Se eu quisesse, eu tinha dez minutos de *Jornal Nacional* [da Rede Globo] com o caso do Complexo do Alemão, mas não fiz nada, telefonei para a OAB, para o Beltrame e disse: "Estamos entregando o laudo independente". O Beltrame foi para a imprensa dizer que era um absurdo, foi contra mim. Eu liguei para ele e disse: "Não é assim que se lida. Você tem um laudo, eu tenho outro, vamos fazer um terceiro". Tenho sempre essa arma, que é uma perícia internacional. Isso se refletiu no tratamento dado ao Philip Alston, que é o relator da ONU [Conselho de Direitos Humanos das Nações Unidas sobre Execuções Extrajudiciais, Sumárias ou Arbitrárias]. Veio aqui, eu o recebi, expliquei para ele qual a linha do governo brasileiro sobre direitos humanos. Já era antes do governo Lula e nós reforçamos. Não estamos escondendo nossos problemas e para cada demonstração do problema mostramos as nossas políticas que estão em curso para superar aquilo. Aí o que é que aconteceu? Philip Alston viaja. Ele vem aqui, depois vai ao Rio de Janeiro, a São Paulo e vai ao Recife. O único lugar de atrito é o Rio. Porque o encontro dele com o Beltrame e outros foi aquela coisa tensa. Quando o Alston anunciou sua posição sobre o que estava acontecendo, houve muito atrito.

Maria Helena: Um comandante deu para ele um Caveirão de brinquedo de presente.
Vannuchi: Pois é, deu o Caveirão de presente e o Beltrame foi pra cima dele na imprensa. O próprio presidente Lula no voo comigo, depois de ter acabado de almoçar com o Cabral, me disse: "Seria bom se você respondesse ao relatório da ONU". E eu falei para ele, "Presidente, o relatório da ONU está certo".

Aí expliquei para ele, e o presidente concordou. Sim, existe grupo de extermínio no Brasil. Nós temos sete estados com esse problema. Mas, voltando ao Rio: o crime organizado mata e pica os corpos e joga no mar há muito tempo. Essa coisa da faca [corvo] do Bope preocupa. A Polícia Militar provavelmente também faz, a milícia deve também fazer. E com toda a costa do mar no Rio, é muito difícil encontrar os corpos. Não vai adiantar fazer busca de corpos. O "corvo", que eu não sabia, é uma coisa clássica. Você abre a barriga, tira as vísceras, e os corpos afundam. E abrindo e esvaziando um corpo não precisa nem amarrar uma pedra, como antes faziam, porque pode soltar e o corpo subir. O quadro é um quadro de horror. Eu acho, e estou há dois anos e meio nisso, em conversas com o CESeC [Centro de Estudos de Segurança e Cidadania] com a própria Julita Lembruger, com o Rubem César Fernandes [diretor da ONG Viva Rio], que chegou a hora de colocar como mantra no nosso discurso, e enfatizar por todos os lados, que segurança pública é primeiramente direitos humanos. Se não fizermos isso, nós vamos perder o debate.

O episódio do Morro da Providência tem essa gravidade ainda extraordinária de que com seis meses de presença do Exército, a contaminação com o crime organizado, com os traficantes, já se deu. Eu fui ao Morro da Providencia para conversar com as mães, com a Polícia Federal, com o comando do Exército. Fui com o Rubem César Fernandes. Na hora em que nós estávamos nos trancando na Associação de Moradores para conversar com as mães, chegou um homem do Comando Vermelho e falou para um assessor do Rubem César: "O chefe mandou vocês subirem. Agora". Ou seja, deu praticamente uma ordem de prisão. Fomos os dois levados lá para cima, para o quartel--general do Comando Vermelho. E nos colocaram numa salinha e o chefe perguntou: "que é que é esse negócio aí?". E falaram para ele: "Não, tá limpo. É o secretário de Direitos Humanos que veio aí para conversar com as mães dos rapazes mortos". E ele falou: "Ah, então, tá bom, deixe-os falar. Tá tudo limpo, pode liberar".

O que eu acho importante colocar no seu livro é que a situação não é somente de violência policial, como antes, na época da ditadura militar. Não é só isso. Existe uma situação muito grave, de perda de território, perda do controle governamental, inclusive nacional, em determinados territórios para o crime organizado, que está no comando e acima da autoridade do governo da nação. Isso é muito grave, é muito difícil lidar com isso. A pesquisa que o Brasil precisa hoje é a que mostre essa violência policial, que mostre e denuncie o uso da faca "corvo" do Bope, mas que não deixe de mostrar a gravidade do controle de territórios pelo crime organizado, porque senão ninguém vai entender, por exemplo, a posição do Sérgio Cabral.

Maria Helena: Apesar disso tudo, eu não entendo a posição do Sérgio Cabral. Não tem explicação para entrar indiscriminadamente em uma comunidade pobre atirando de dentro do Caveirão, de dentro de escolas, e matando tanta gente. E sem pegar os verdadeiros chefes do crime organizado que todos sabem não moram em favelas.

Vannuchi: Eu entendo o que ele pensa. Pensa assim, típico de um político que tem ambições mais altas: "Numa política de enfrentamento eu vou ter 10% de intelectuais que vão ficar contra e 80% do povo que vai ficar a favor". É um pensamento errado, porque os 10% dos que estão contra estão com a verdade, com o direito internacional, com as leis internacionais e inclusive nacionais. E mais dia, menos dia, vão influenciar a opinião pública, que vai mudar e vai ficar contra essa política de confronto e morte, a menos que os índices de assaltos, sequestros, roubos armados etc. realmente comecem a diminuir rapidamente. Mas, nesse sentido, a política de confronto não está tendo eficiência, de todos os índices do Rio, não tem um que esteja melhorando. Eu acho que ele vai começar a pensar em outra opção e nesse sentido o Balestreri vai poder influir e construir em cima do Pronasci.

Sérgio Cabral, governador do estado do Rio de Janeiro: uma conversa com Maria Helena Moreira Alves e Philip Evanson
Julho de 2008

Sérgio Cabral ganhou as eleições no segundo turno em 2006 e se tornou governador do Rio. Elogiado por sua política de responsabilidade fiscal e melhorias na administração, apoiou intensamente a política de confronto contra os bandidos que integram as facções do tráfico em uma estratégia que tem se caracterizado como uma guerra. Seus críticos argumentam que essa política leva à perda desnecessária de vidas, enquanto os grupos criminosos continuam com força total. Cabral, no entanto, acredita que uma política rigorosa contra a criminalidade conta com o apoio da opinião pública. A política de confronto, por vezes, colocou-o em desacordo com alguns ministros do presidente Lula, que priorizam os direitos humanos e uma polícia menos violenta e mais bem treinada. Contudo, Cabral e Lula mostram-se aliados políticos, e o governador pôde responder a seus opositores afirmando que o Rio de Janeiro foi premiado com os Jogos Olímpicos Rio 2016, apesar dos relatos generalizados de crime e violência. Como Lula, Cabral culpa os governos anteriores de negligência, por permitir que as pessoas ocupassem a terra de forma desorganizada e sem planejamento, acarretando os problemas atuais nas favelas.

Maria Helena: Para formular o Plano de Segurança Pública do atual governo vocês ouviram policiais e organizações da sociedade civil?
Cabral: Passei em torno de cem horas debruçado no meu plano de governo em 2006, em todas as áreas de atuação de governo. E procurei ouvir os diversos segmentos, os mais diferentes possíveis. Na área de segurança, por exemplo, ouvi o Sindicato dos Policiais, ouvi o Viva Rio, ouvi o AfroReggae, ouvi a cúpula de polícia de então, ouvi todos. O que me deu a certeza de quem já militava na vida pública do Estado, como parlamentar, como presidente da Assembleia Estadual. A minha relação com a população é muito forte. Fui o deputado mais votado do Rio de Janeiro em 1994, votação que até hoje não foi superada. Fui o deputado mais votado do Brasil em 1998, fui o senador mais votado da história do Rio de Janeiro, e agora, como governador, tive 60% dos votos e conheço os populares, as lideranças comunitárias. Tinha certeza absoluta de que na área de segurança temos de considerar outras áreas que têm enorme interface com a segurança, que a ausência desses serviços é uma enorme violência contra a população. A violência não é somente uma polícia que possa se corromper com o ilícito, ou uma polícia que é truculenta com o cidadão de bem, mas também a ausência de escola, de hospital, de saneamento.
Na área da segurança, eu sabia que teria de trazer alguém absolutamente imune a esse histórico [da polícia], mas que ao mesmo tempo conhecesse esse histórico. Por isso trouxe o [José Mariano] Beltrame, porque ele é absolutamente imune a esse histórico e ao mesmo tempo é de dentro, porque, até tomar posse como secretário de Segurança, era o chefe de Operação de Suporte da Polícia Federal no Rio de Janeiro. Ele é delegado da Polícia Federal, antes foi inspetor da Polícia Federal por mais de vinte anos e morou dentro da corporação, tinha um arsenal de informações do mundo-cão do Rio de

Janeiro, tanto do colarinho branco como o da ponta da criminalidade. E o mais importante é que, pela primeira vez no Rio, o governador deu completa carta branca para o secretário de Segurança fazer a sua equipe. Quer dizer, eu estou há dezoito meses como governador e nunca me envolvi na escolha dos auxiliares da segurança, eu não me meto nem nas promoções da Polícia Militar, nem de outras unidades, são problemas do Beltrame. Carta branca total na escolha do chefe da Polícia Civil, de delegado. Aliás, é um princípio democrático, mas faz uma diferença grande. Por exemplo, uma das cenas do filme *Tropa de elite* acabou no nosso governo, isto é, de um deputado negociando com o secretário um posto. Essa cena no nosso governo acabou. Não existe, esse é um princípio importante, da autonomia.

O outro princípio importante é reequipar a polícia não somente com tecnologia da informação, mas também em outras áreas. Nisso, mais uma cena do filme *Tropa de elite* não existe mais no nosso governo, que é a cena de como eles mantinham as viaturas do governo, troca um carburador daqui, faz outra coisa dali, sempre negociando com o ilícito. Nós compramos para a capital novas viaturas e terceirizamos a manutenção. O PM não põe mais a mão em uma atividade que consumia centenas de policiais e que deixava poucos carros em funcionamento.

Pergunta: E o Caveirão? O governador vai eliminar o Caveirão?
Cabral: Nós estamos comprando outros tipos de blindados que são importantes na sustentação da operação policial. Infelizmente nós enfrentamos uma situação no Rio de Janeiro que é fruto de uma distorção. Quer dizer, a minha geração é a pós-anistia, depois do final da ditadura. No Rio de Janeiro, acentuadamente, no pós-ditadura, houve uma enorme e falsa dicotomia entre "a lei e a ordem" e os "direitos humanos".

Como se a lei e a ordem e os direitos humanos não pudessem conviver. Houve uma leniência das autoridades públicas, uma permissividade absolutamente brutal para a cidade, a cidade foi tomada por essa visão, o que permitiu uma ocupação desregrada do solo urbano, quer dizer, as favelas cresceram em uma quantidade absolutamente irresponsável.

Maria Helena: Quer dizer, as pessoas preocupadas com os direitos humanos não regulamentaram o crescimento?
Cabral: Não regulamentaram, não impediram a ocupação desordenada, não estabeleceram regras. São regras civilizatórias que qualquer Estado de direito democrático necessita que existam. No momento em que expandem as comunidades carentes, você permite que cresçam, mas não oferece água, não oferece esgoto, não oferece escola, não oferece nada, não oferece trabalho. E ao mesmo tempo você tem o caldo da cultura da pobreza ali instalado e a demanda da sociedade, que é inegável, para o consumo de drogas. Vamos botar um ponto de venda aqui e vamos vender drogas. E vamos comprar armas porque o adversário pode querer invadir e tomar nosso ponto de vendas. E o crime organizado tem crescido muito nos últimos vinte anos. Se comparamos com Nova York, vemos que é uma cidade que vota nos democratas para deputado, para senador, para presidente da República, mas vota nos republicanos para prefeito da cidade. Porque os republicanos entenderam em Nova York a cabeça do [Rudolph] Giuliani, entenderam que era necessário ter absoluta lei e ordem. Todos têm direito a produzir sua manifestação, mas lei e ordem são absolutamente garantidas.

Maria Helena: Mas tem uma diferença... Nunca um prefeito de Nova York, nem o Giuliani que o senhor menciona, nunca um político de Nova York pensaria em entrar no Harlem como o Bope entra nas

comunidades, com essa musiquinha "Vou te pegar, vou te matar, vou deixar corpos no chão, vou sugar sua alma". Nunca. É impensável para qualquer governante entrar assim no Harlem, por exemplo, onde há os mesmos problemas em termos de drogas e ou crime organizado que nós temos.
Cabral: Não, não são os mesmos problemas, e entraram, sim.

Maria Helena: Mas não entraram dando tiros a esmo como o Caveirão.
Cabral: Não, claro que não.

Maria Helena: É possível fazer a política de enfrentamento duro como o senhor está fazendo e, ao mesmo tempo, respeitar os direitos humanos e civis dos moradores? Isso é possível no contexto do Rio de Janeiro?
Cabral: Para citar outra cidade do primeiro mundo, eu não sou Napoleão III, nós não estamos na Paris do século XIX.

Maria Helena [risos]: Esperemos que não.
Cabral: O Rio não é Paris, e não temos o Barão [Georges--Eugène Haussmann]. Só que Napoleão III disse: "Precisamos abrir Paris" e chamou o Barão Haussmann e abriu as avenidas. A Paris da época era todo o Quartier Latin. Ele desenhou a cidade.

Maria Helena: Não vejo no que está pensando sobre o Rio de Janeiro.
Cabral [*levanta-se com um salto e se movimenta pela sala*]: A minha tese é fruto dessa irresponsabilidade de fazerem essa cidade dessa maneira, de deixarem crescer sem planejamento, sem nenhuma infraestrutura. Hoje temos a necessidade de levá-la ao mundo moderno, na logística, na parte física, na acessibilidade. As comunidades não são acessíveis, não só para a polícia, para os Correios, para o Corpo de Bombeiros, para a coleta de resíduos. Houve um incêndio em Rio das Pedras, e queimaram dezenas de barracos, e o Corpo de Bombeiros não conseguiu

entrar. A acessibilidade não está garantida, ao contrário do Harlem. O estado de tensão aumenta barbaramente quando você entra em uma comunidade a que você não tem acesso. Você é um policial e entra em becos e vielas, e os tiros você não sabe de onde vêm.

Por que você não sabe? Porque vem um menino de bermuda andando pelo beco, decente, honesto, e atrás dele vem um menino de bermuda andando, com uma AR-15 pronta para dar um tiro. Os becos são muitos. A lógica física das comunidades é uma lógica absolutamente adversa para a autoridade policial e extremamente benéfica para o bandido, para o crime organizado. Por outro lado, também é benéfica para o policial inescrupuloso, porque ali posso fazer meus negócios com os traficantes sem ninguém ver. Ou mesmo para uma atividade paralela, seja dos policiais ou ex-policiais, para que nas horas vagas também possa tomar conta dos negócios, matar aquela meia dúzia de traficantes, tomar conta do local, da comunidade. Chego lá, dou um tiro na cabeça de um, mato outro, e pronto. Digo, não tem mais traficantes, mas agora, no entanto, o gás é comigo, o *gatonet* é comigo, o transporte é comigo. Esses poderes paralelos foram se fortalecendo tanto dentro das comunidades que o poder bélico deles hoje é muito grande. Qual a nossa visão? Mais uma vez, não é apenas o combate, o enfrentamento; a nossa perspectiva de segurança é muito mais ampla.

Maria Helena: É, mas o senhor tem falado em público que o combate vem primeiro, que é preciso "retomar os territórios".
Cabral: Justamente. Agora, não só isso. Vou lhe dar um exemplo. Hoje as empresas de ônibus, em parceria com a Secretaria de Trabalho [do Estado do Rio de Janeiro], estão formando dois mil motoristas, porque há uma demanda por motoristas com carteira assinada com R$ 1.200 de salário. Isso porque nós

enfrentamos e regularizamos o transporte alternativo. Fizemos uma licitação e separamos o joio do trigo. Parte do transporte alternativo é controlada pelo tráfico ou pelas milícias.

Maria Helena: O que está sendo planejado com o PAC nas favelas? Está integrado com o Pronasci?
Cabral: Sim, mas o PAC é o grande barato. O Pronasci é um complemento importante, muito importante. O Pronasci já começou conosco com a qualificação dos nossos policiais. Nós já temos cerca de 5 mil policiais recebendo a bolsa do Pronasci e vamos chegar a 20 mil, que fazem cursos e são remunerados. Aqueles que ganham até R$ 1.900 recebem, agora, R$ 400 a mais de bolsa. Isso ajuda muito, é uma parceria nossa com o Tarso Genro, com o Ministério da Justiça. Mas com o PAC estamos gastando no Complexo do Alemão R$ 450 milhões. E o que nós estamos fazendo lá? Ruas, avenidas, praças, bibliotecas, centros de cidadania, escolas, postos de saúde, transporte.

Maria Helena: É aí que entra o teleférico?
Cabral: Claro, como vi na Colômbia, em Medellín. Eu e o secretário de Segurança [José Mariano Beltrame] fomos a Medellín e mandamos uma equipe pra lá. É uma cidade que tem metade da população em favela e metade na cidade. Temos um quinto da população em favela, e por outro lado o PIB do estado do Rio de Janeiro é o PIB da Colômbia. Aprendemos muito lá. Inclusive encontramos o rei Juan Carlos e a rainha Sofia da Espanha, que estavam inaugurando uma biblioteca, uma biblioteca linda. Qual foi o trabalho ali? Um governo federal conservador, duro, o [presidente Álvaro] Uribe e um prefeito progressista. Os dois de partidos diferentes, de oposição, trabalhando juntos, cada um fazendo sua parte. Quando você entra em uma favela em

Medellín, vai subindo o teleférico e você vê os barracos. E não são de alvenaria, são barracos, as pessoas lá não têm um terço dos bens que as pessoas na Rocinha possuem dentro de casa. Mas você vê uma comunidade sem medo. Com policiamento, mas sem medo. Como é que se chegou a esse ponto?

Maria Helena: Vocês estão fazendo também moradias, casas?
Cabral: Sim, dentro da comunidade. Para você ter uma ideia, em Manguinhos, o fruto dessa favelização inconsequente, a deterioração de algumas áreas do subúrbio é imensa. Na época, as comunidades tinham calçadas, casas de varanda, Penha, Irajá, com casas ótimas. Que é que aconteceu? Os galpões foram fechados, as empresas foram embora. No Complexo de Manguinhos e Bonsucesso, onde vamos gastar R$ 350 milhões, grande parte dos investimentos dentro da comunidade será retomando áreas. No Complexo do Alemão, em Manguinhos e em Bonsucesso também existem áreas enormes, que eram fábricas e estão abandonadas, onde as pessoas moram de uma forma desumana. Vamos recuperar, fazer moradias boas, praças, áreas públicas, áreas de lazer. Estamos recuperando o entorno dessas comunidades, prédios abandonados. Um lugar do Exército, por exemplo, em Manguinhos, um lugar lindo, colado na comunidade. Nós pegamos e estamos fazendo ali teatro, escola, vai ter casas.

Qual é o percalço? É o dia a dia. Pusemos o trem em alta velocidade. Temos de trocar os vagões do trem. Aperfeiçoar a polícia, reciclar a polícia, combater a ilicitude dentro da polícia, valorizar os bons policiais. Mas isso tudo com o trem em alta velocidade. Para lhe dar uma ideia, há um mês a manchete de [jornal] *O Globo* no domingo foi: "Homicídio cai no Rio de Janeiro". Eu falei para as pessoas, "Não se entusiasmem, temos muito ainda que fazer". Eu não tenho ilusão. Eu sei que a gente vai demorar muito tempo para melhorar as coisas, para inclusive mudar a mentalidade da polícia também.

Na semana seguinte temos o caso do menino João Roberto [Soares]. Tem uns inconsequentes que estão dizendo: "Isso é a política do governador de mandar atirar". Não tem cabimento isso, me colocar uma roupagem de alguém que manda a polícia atirar em pessoas inocentes – nem que fossem bandidos. A lógica é que eram bandidos. Os policiais não atiraram sabendo que estavam uma mãe e duas crianças dentro do carro. Atiraram porque achavam que estavam fazendo bonito, que eram bandidos ali dentro, o que é absolutamente errado. Em um código de guerra você, ao estar de frente dos seus inimigos, desarma o sujeito e prende. Você não mata direto sem saber. Aquilo ali foi uma chacina.

Maria Helena: Pelo que tenho visto nas suas declarações na imprensa, parece-me que o governador e o secretário Beltrame acham que não se pode fazer nada sem primeiro reocupar o território. O senhor não acha que é necessário primeiro fazer operações de cerco, como fizeram no Complexo do Alemão?

Cabral: Não! Estamos fazendo muitas obras no Complexo do Alemão, na Rocinha, no Pavão-Pavãozinho. As obras estão acontecendo de maneira comovente, porque você vai ver que além de tudo nós abrimos canteiros-escolas nessas comunidades. Hoje tem mais de 5 mil pessoas sendo formadas nos canteiros-escolas que nós abrimos com as Associações de Moradores. Porque o nosso parecer é usar o máximo possível de mão de obra local nessas obras, porque são obras de grande alcance, com geração de muitos empregos. Fui inaugurar o canteiro-escola do Complexo do Alemão e achei comovente. Hoje tem muita gente, mulheres, inclusive mais velhas, aprendendo marcenaria e outras coisas, se qualificando para que as empreiteiras as contratem para as obras.

Philip: O que está acontecendo com o crime organizado? Estão deixando isso?
Cabral: Eu acho que eles estão refratários. Não estão quietinhos. Estão tentando ao máximo manter a atividade econômica deles, que é a droga, mas nós fizemos, sem dar um tiro, apreendemos 15 toneladas de maconha e cocaína, em várias comunidades, e estamos apreendendo muitas armas. Estamos desarmando o tráfico.

Maria Helena: Então se pode pensar que será menos necessário fazer megaoperações conforme o avanço no trabalho do PAC e do Pronasci?
Cabral: Claro, mas por outro lado também estamos combatendo as milícias, como você pode ver nas notícias nos jornais. Estamos prendendo a turma, combatendo a ilegalidade. Tem um vereador do meu partido preso, policiais presos. E já que essa vai ser uma publicação internacional, quero dizer que já conversei com muitas lideranças internacionais, inclusive em um seminário no Conselho das Américas, em que digo, e já disse publicamente, temos que rever as nossas leis sobre as drogas. O fato é que as pessoas consomem drogas. A droga é o que existe no mundo e, de anos para cá, cada vez mais poderosa. Que lógica é essa? Nós temos que rever a questão da legalização das drogas. Essa é uma discussão internacional.

Philip: O senhor disse que o Brasil pode começar a tomar a liderança nesse assunto?
Cabral: Sim, disse que o Brasil pode tomar a liderança da discussão nas Nações Unidas, na OEA. É uma discussão que tem de ser levada aos países do primeiro mundo. O governo

norte-americano tem que puxar essa discussão, tem de provocar essa discussão.

Philip: Mas o governo norte-americano atual acha que está sendo bem-sucedido no combate às *drogas.*
Cabral: O que não é verdade.

Philip: O senhor tem um plano para melhorar a polícia? Um programa para combater o crime organizado?
Cabral: Esse plano passa por investimento em inteligência. Hoje temos uma capacitação em tecnologia da informação que nos faz ter um monitoramento de escutas telefônicas e outras coisas. Trabalhamos junto com o Ministério Público. Temos desbaratado muita coisa do crime organizado e das milícias por meio desses equipamentos, o que tem sido fundamental. Esse trabalho nos permitiu prender alguns líderes do crime organizado sem dar um tiro sequer. Mas há também a decisão firme de agir nessas comunidades, porque também faz parte da nossa estratégia enfraquecer o crime organizado com o enfrentamento. O enfrentamento é sério porque se você entra em uma comunidade dessas leva bala porque lá tem um "exercitozinho" fortemente armado para atirar quando vê um policial. Essa é uma situação que é o oposto do que devia ser. Um policial quando está em Laranjeiras não leva tiro, mas quando sobe no Alemão leva tiro, quando sobe na Rocinha leva tiro. Isso não é normal. Nós não podemos achar normal que a polícia entre em uma comunidade e leve tiro. Isso não pode fazer parte da paisagem do Rio de Janeiro. E é dentro desse princípio que nós atuamos.
A outra parte da estratégia, que é também muito importante, é a parte da qualificação. O Pronasci entra com o programa de formação de cidadania nessas comunidades, de geração de emprego e de formação de nossos policiais também. Porque é

evidente que a adrenalina do nosso policial é uma adrenalina espantosa. Temos de fazer um trabalho de formação e também psicológico permanente, porque o mesmo policial que pode estar fazendo uma abordagem a uma senhora na Zona Sul é o mesmo policial que dez minutos depois pode estar com um fuzil na mão, enfrentando um doido com cocaína na cabeça que está soltando bala contra ele e contra a comunidade. Porque a verdade da bala perdida é que quem atira sem temor de pegar um inocente é principalmente um cara que está com a cabeça cheia de drogas. Esse atira mesmo, atira a esmo, porque são uns despreparados, são meninos despreparados, meninos com alucinógenos na cabeça e têm os armamentos mais poderosos possíveis. Daí o nosso uso de blindados, agora de helicópteros blindados que estão chegando, ser necessário.

Philip: O senhor não acha que o policial está sofrendo demasiada pressão? Eles recebem esse treinamento de abordagem ao cidadão, mas, com tanta pressão dia após dia, têm de jogar fora esse manual e pensar na própria vida, na própria sobrevivência.
Cabral: Não. A orientação dada pelo secretário de Segurança Pública – e é evidente que os policiais que não seguem essa orientação podem cometer esses erros – é: ninguém entra em uma comunidade sem uma ação planejada e bem pensada. Uma coisa que não está muito clara para o público. As ações que nós estamos fazendo são planejadas.

Maria Helena: Então isso é agora, porque antes não era assim.
Cabral: Eu tenho contato com as lideranças, com pessoas que trabalham com as comunidades. Pessoas que vocês respeitam dos movimentos comunitários. Elas me dizem: "Governador, o senhor não tem errado. Não tem errado. Não deixe de fazer as operações". Eu nunca recebi aqui na porta um grupo de

Associação de Moradores que viesse reclamando. Naquela famosa operação do cerco do Complexo do Alemão, na qual usamos mais de mil homens, não houve nem uma mãe que viesse aqui reclamar da morte de seu filho. Nenhuma que viesse dizer: "Morreu meu filho, ele era inocente". Nenhuma. Não estou dizendo que em uma operação dessas, por mais que ela seja planejada, você não tem um risco enorme por conta da morfologia da favela, você tem o risco enorme de cometer um erro. Por exemplo, naquela operação em que foi usado um helicóptero na favela da Coreia, que está até no *YouTube*, e atiraram de fuzil contra ele, ficou evidente que foi de uma laje que atiraram, e morreu uma criança ali e ficou evidenciado que foram os traficantes, nem tinha policial no local. Eles atiram irresponsavelmente. Mas eu não quero isentar policial de culpa. Aliás, a matéria do jornal *O Globo* de ontem faz um comparativo entre Recife e Rio de Janeiro, que os policiais lá matam muito. Aqui eu digo que o governador gosta de pobre. O governador aqui no Rio não quer fazer faxina social. O governador aqui fala de inclusão social.

Maria Helena: Então o senhor não concorda com o que o major Marcus Jardim falou, que a Polícia Militar é o melhor inseticida social?
Cabral: Uma frase absolutamente infeliz. Claro que não estou a favor disso, claro que não. A identificação de toda a minha vida pública é com os mais humildes. Eu só legislei para os mais humildes. Fui eu que fiz a Lei de Passe Livre para os idosos, para os estudantes, leis de incentivo à cultura que fiz com o Carlos Minc. A minha formação, que meu pai me deu, é a de luta pelos mais pobres. Eu quero que essas pessoas possam ter condições de ter uma vida mais digna, de se livrar desse mal, dessa chaga, porque se isso é ruim para toda a sociedade, para eles é muito pior.

Estamos com um programa de saúde nas comunidades, o programa de postos da saúde 24 horas. É necessário fazer pequenas unidades de pronto atendimento. O Rio tem recebido apoio do Ministério de Saúde para fazer as Unidades de Pronto Atendimento (UPAs), são unidades com leitos para observação que fazem atendimento de pronto-socorro, são integradas aos serviços de atendimento móvel e de urgência. Essa ideia começou no Rio de Janeiro. Em um ano de existência no Rio, 99,7% dos atendimentos foram solucionados nas UPAs. Isso significa 600 mil atendimentos. Foram sete unidades. Uma estrutura de mil metros quadrados. A primeira que nós inauguramos foi no Complexo da Maré... Até o final do ano vamos inaugurar mais, para chegar a vinte UPAs. Se você chegar lá, vai receber o atendimento que seu plano de saúde lhe dá. E são comunidades carentes. Isso é tratar bem a população, certo? Isso é cidadania. Na educação nós temos uma situação aqui gravíssima. Os nossos professores há doze anos não recebiam reajuste salarial. No ano passado demos reajuste, esse ano também vamos dar. Estamos capacitando os professores. Nós, no estado, somos responsáveis por todo o ensino médio, mas, além dele, por fragilidade das prefeituras, temos 600 mil alunos no ensino fundamental até o nono ano.

Maria Helena: Vocês estão podendo fiscalizar as obras do PAC? Como vão fiscalizar? E também o trabalho do Pronasci com as ONGs?
Cabral: Trabalhamos muito pouco com ONGs, mas temos um escritório de gestão de projetos que fiscaliza todos os projetos. Na educação, temos de capacitar professores, aumentar o acesso ao ensino médio, e estamos comprando escolas particulares para fazer escolas públicas. Compramos, por exemplo, a Escola Suíça de Santa Tereza, um equipamento com piscina, teatro etc. Compramos para transformar em escola pública

porque é importante ocupar a juventude com uma boa escola, para que os jovens tenham oportunidades. Mas não me peçam milagres. Temos de punir os policiais que forem violentos, mas temos de trabalhar o social e a saúde. A terceira frente é a agenda econômica, que está indo muito bem. O Rio tem R$ 100 bilhões de investimentos nas áreas de petroquímicos. Lula tem investido muito em escolas técnicas e nós também. São dezenas de escolas técnicas para capacitar os jovens para os novos investimentos. Estamos recuperando escolas, como a de Niterói, para o setor naval, estamos colocando R$ 10 milhões para recuperar a escola.

Philip: O PAC e o Pronasci representam uma nova relação entre o governo federal e o governo do estado. Como funciona o GGI [Gabinete de Gestão Integrada]?
Cabral: Estamos funcionando muito bem e temos nos reunido todas as semanas. Várias ideias pegamos de São Paulo, por exemplo, a terceirização da manutenção dos veículos da Polícia Militar. Em relação à sua pergunta, quando conversei com o presidente, eu me inspirei muito no que estava acontecendo em São Paulo, Minas Gerais, Espírito Santo, para apresentar ao presidente os nossos planos. É muito boa a nossa relação com o governo federal, o que está sendo traduzido em investimentos grandes. Mas também muito importante é o posicionamento do presidente. Por exemplo, sobre a segurança, acabou a eleição [em 2006], e na semana anterior à da minha posse, o crime organizado pagou para ver e botou fogo nos ônibus, matou dezessete pessoas. O presidente, no discurso de minha posse, tomou a iniciativa de dizer que ia ajudar o Rio de Janeiro a combater essa barbárie. Estamos identificando doze líderes do tráfico de drogas, as doze cabeças, e precisamos transferi--los para fora daqui. As Forças Armadas vieram na hora e os

levaram embora. Também temos tido parceria importante com a Força Nacional de Segurança Pública, que colabora desde o início do governo.

Temos de recuperar o Rio de Janeiro, não o Rio antigo, mas o do século XXI. Temos uma agenda positiva com o governo federal, inclusive para a campanha para trazer as Olimpíadas. Rio de qualidade de vida, para que o povo mereça viver em paz com dignidade. Compramos R$ 350 milhões de novos trens para melhorar os trens urbanos. Estamos ampliando o metrô. Tudo em parceria com o governo federal ou com o setor internacional. Hoje temos crédito internacional para investimentos, mas é tudo muito difícil, não tenho ilusões.

Maria Helena: Tudo muito contraditório... Ricardo Balestreri nos disse na entrevista que ele estava financiando, por meio da Secretaria de Segurança Nacional, somente armas não letais. Então pergunto: vocês vão aplicar esse programa?

Cabral: Acho que nas operações urbanas podem ser usadas. Elas são importantes aí. Dependendo da operação de favela também, dependendo de onde estamos e quem estamos enfrentando. É o que o Beltrame disse: "De agora em diante, todas as operações em favelas serão organizadas e planejadas. Todo policial que entrar em favelas separadamente dessas operações será punido". Poderá até ser considerado [ação de] milícia. Porque, é claro, se agir contra a ordem do secretário de Segurança, alguma coisa estranha e errada está acontecendo. Então é possivelmente mesmo um policial corrupto e, talvez, até da milícia. Temos de ter muito cuidado para não radicalizar as críticas. Para meu gosto a polícia não pode virar a Geni, porque, se ficarem radicalizando contra a polícia, não temos mais jeito.

Maria Helena: Mas, para a polícia não virar a Geni, vai ter de reconquistar a confiança da população, principalmente da população carente. Falando nas denúncias sérias, o senhor disse que nenhuma mãe veio ao Palácio para reclamar do governador. Mas eu conheci muitas mães das comunidades carentes, trata-se de uma mãe pobre, ela não teria coragem nem de tentar chegar perto do governador. Uma mãe da classe média, sim, mas uma mãe pobre, não. Então esse canal estaria aberto?
Cabral: Claro que está aberto.

Maria Helena: Como a mãe pobre poderia chegar ao governador? Como apresentar uma denúncia séria contra uma violência policial?
Cabral: As Associações de Moradores podem ser um condutor. Mas podem vir diretamente aqui através de nossa assessoria de imprensa. E outra coisa é a mudança no Bope. Eu estive lá na semana passada, e fiz um discurso para eles dizendo que tinham de mudar. Posso lhe garantir que essa coisa de botar a musiquinha dizendo que vai comer o fígado e matar as pessoas no meu governo acabou. Não quero mais ver isso. Fui ao Bope dizer isso. Não quero. Na verdade o grau de agressividade dos policiais militares começa no treinamento entre eles. E a relação entre eles mesmos na hierarquia tem de ser mais fraterna. O mesmo com as comunidades. Tem de mudar isso. Tem um grau de estresse tremendo, e nós temos mesmo que mudar isso com a formação e o treinamento dos nossos policiais.

Conclusão

O Brasil é uma nação mergulhada em contradições. Por um lado, conseguiu importantes avanços na redução da pobreza e na promoção dos direitos sociais, que ofereceram mais oportunidades para aqueles historicamente excluídos. Em 2009, o importante Estatuto da Igualdade Racial: Inclusão da Nação Negra virou lei e pode se tornar um marco no combate à exclusão social pela raça. Por outro lado, os direitos humanos estão ausentes em determinadas áreas devido às ações de grupos criminosos, agentes estatais, ou ambos. Não é aceitável que as autoridades digam que as operações contínuas da polícia nas favelas, com a soma diária de vítimas anônimas sempre consideradas "bandidos", sejam necessárias para conquistar territórios controlados pelas facções do tráfico. Não se pode negar a existência desses grupos, assim como da consequência de seus conflitos, que fragilizam o direito à vida dos moradores das favelas. No entanto, admitir essa realidade não pode significar carta branca para o governo estadual entrar nas comunidades atirando aleatoriamente, de blindados como o Caveirão ou de helicópteros, ferindo e matando pessoas.

Soluções para o Brasil

Diante desse cenário, quais as soluções possíveis? Algumas estão incluídas no inovador programa do governo federal, o Pronasci. Outras precisam de emenda constitucional, como a proposta do relator especial das Nações Unidas, Philip Alston, de abolir a Polícia Militar e substituí-la pela criação de uma nova força policial civil treinada para servir, e não para reprimir ou matar cidadãos.

Outras reformas para enfrentar os graves problemas do tráfico de drogas, crime de colarinho branco, lavagem de dinheiro e atos de terrorismo – como incendiar ônibus – também necessitam de emendas constitucionais que redefinam as responsabilidades de cada ramo do governo, assim como a divisão do poder entre as instâncias federais, estaduais e municipais. O então ministro da Justiça, Tarso Genro, já se disse convencido da necessidade de um "novo pacto federativo" para que a segurança pública pudesse ser negociada em conjunto pelos governos federal, estadual e municipal. O Pronasci incluiu uma ação nesse sentido, ao exigir que cada estado fizesse um acordo com o programa para formar o Gabinete de Gestão Integrada de Segurança Pública, que inclui representantes dos três níveis de governo para selecionar e inspecionar os projetos do Pronasci. No entanto, esse programa, com tudo o que promete, é ainda o único do presidente Lula e de sua administração. Para levar a cabo as reformas planejadas, elas precisam ter continuidade, devem se tornar permanentes na agenda do Estado brasileiro;

independentemente dos partidos políticos que estejam no poder, têm de ser apoiadas por um novo presidente.

É evidente que uma segurança pública efetiva deva incluir a tolerância zero em relação ao abuso do poder policial por parte do governo. A Constituição de 1988, como as modernas constituições democráticas de outros países, garante a segurança para todos os cidadãos. No entanto, o Estado deve estar, antes de qualquer coisa, comprometido em exigir obediência à legislação já existente, que inclui: o direito à cidadania; o direito à vida; o direito de ser considerado inocente até que se prove o contrário pelo sistema judicial; o direito de ir e vir livremente pela comunidade; o direito de não ser obrigado a deixar que a polícia entre em sua casa sem um mandado judicial; e o direito de não ser submetido a tratamentos cruéis ou de tortura pelos agentes do Estado. Há também a obrigação de se preservar a cena do crime e fornecer acesso completo aos peritos legais, cuja atuação é imprescindível quando existe a possibilidade de o crime ter sido cometido por agentes do Estado no decurso dos seus deveres. É também ilegal a prática por parte dos policiais de remover corpos, fazê-los desaparecer ou simular autos de resistência. Podemos afirmar, assim, que existem soluções para proteger os direitos humanos dos cidadãos, e elas já constam da Constituição de 1988, que marca a transição da ditadura militar para a democracia, e em outras boas legislações, mas esse arcabouço legal precisa ser seguido à risca pelos agentes do Estado, com procedimentos instaurados para monitorar, investigar e punir condutas criminosas.[1]

---

1 No fim de 2009, o governo Lula divulgou a terceira edição do Programa Nacional de Direitos Humanos (PNDH-3). O documento seguiu normas internacionais em matéria de direitos humanos e do trabalho de segurança pública, definindo objetivos como o combate à tortura e a investigação das mortes com envolvimento de agentes estatais. A ideia é que o Estado reúna

Soluções sugeridas do exterior

Soluções para a situação da segurança pública também podem vir de recomendações feitas fora do Brasil. Desde a década de 1990, organizações internacionais como a Anistia Internacional e a Human Rights Watch divulgaram inúmeras denúncias que confirmam as numerosas violações dos direitos humanos no país, violações que continuam, em grande parte, sendo praticadas, apesar da repercussão desfavorável que provocam. Esses documentos contribuíram para que fosse encaminhada ao Brasil, em 2007, a missão de investigação coordenada por Philipp Alston, relator especial da ONU sobre Execuções Extrajudiciais, Sumárias ou Arbitrárias. Seu relatório, divulgado em 2008, afirma que a gravidade das violações verificadas abria a possibilidade de o Brasil receber sanções pela ONU, uma vez que é signatário de diversos tratados internacionais que o comprometem a garantir os direitos humanos. Alston fez recomendações específicas em diferentes áreas e seu relatório pode ser considerado uma plataforma para soluções reais.[2]

---

e publique dados de todas as ocorrências, assim como investigue cada uma delas, com o apoio de um grupo amplo e bem treinado de peritos em medicina legal. No entanto, essa ação estaria limitada aos agentes de segurança pública do governo nacional, tais como a Polícia Federal. Para os governos estaduais e municipais, o plano continha só uma longa lista de sugestões, sem obrigações. Entre as recomendações estava a de não utilizar veículos blindados, tais como o Caveirão, para intimidar as pessoas ou violar os direitos humanos; também registrou-se que expressões como "autos de resistência" e "resistência seguida de morte" não fossem mais adotadas em registros policiais. Apesar dessas limitações, todas as ONGs de direitos humanos apoiaram intensamente o PNDH-3 no Brasil, assinalando que o país reforçava a observação dos seus compromissos com o direito internacional em defesa dos tratados de direitos humanos assinados por este (ver Secretaria Especial..., *Programa Nacional de Direitos Humanos*...).

2 Para as recomendações de Alston, veja ONU, *Report of the Special Rapporteur on Extrajudicial, Summary, or Arbitrary Executions Mr. Philip Alston on His Mission to Brazil*, p.42-49.

Essas sugestões identificam áreas-chave em que os responsáveis pela segurança pública não conseguiram garantir os direitos humanos. Por exemplo, em processos criminais, o relatório recomenda que sejam eliminados o prazo de prescrição para crimes contra a vida e a permissão para que condenados por assassinatos respondam em liberdade até a decisão em última instância, o que facilita a intimidação das testemunhas e produz uma sensação de impunidade. Assim, um programa eficaz de proteção a testemunhas seria apenas um primeiro passo no Brasil para os mais pobres não se sentirem intimidados.

O relatório reúne também queixas sobre o Caveirão e defende a instalação de câmeras de vídeo e áudio nos blindados, para que suas operações sejam gravadas e monitoradas, isso em cooperação com a comunidade. Alston sugere a extinção da Polícia Militar, o que certamente encontraria uma resistência muito forte não só por parte da instituição, mas também por parte dos governadores, para os quais esta constitui uma força armada sob seu comando. A principal crítica à PM se deve ao fato de os policiais serem treinados como soldados para combater em uma guerra, com técnicas de guerrilha urbana e o uso de armas letais típicas de conflitos bélicos. São preparados para destruir obstáculos, invadir casas e matar inimigos. E, com esse treinamento, a PM não pode ser considerada uma força comprometida com a defesa dos direitos humanos. O relatório de Alston reconhece a importância do programa Pronasci, mas observa que não vai longe o bastante no financiamento do Estado em relação à adoção "de medidas destinadas a reduzir a incidência de execuções extrajudiciais feitas pela polícia".[3]

Também não foi institucionalizada no Brasil a ouvidoria da polícia. As leis, em tese, garantem o papel do ouvidor,

---

3 Ibid., p.43.

mas ele não tem uma posição independente. As ouvidorias não possuem recursos próprios para realizar investigações ou contratar pessoal independente que possa preparar dossiês para os promotores de Justiça. Além disso, não há ouvidor que não esteja conectado com a estrutura policial estatal. Outros países têm tentado métodos distintos. Talvez o exemplo mais conhecido seja a nomeação de Nuala Patricia O'Loan como a primeira *ombudsman* na Irlanda do Norte, em 1999, cujo trabalho tornou-se importante no processo de paz entre católicos e protestantes.

O relatório de Alston enfatiza a importância da transparência do trabalho feito pelas forças de segurança. Antes de tudo, os policiais são cidadãos, e seu dever profissional é proteger e ajudar os outros cidadãos. A polícia espera ser respeitada pelos cidadãos, assim como os cidadãos esperam ter o respeito da polícia. No entanto, a polícia, especialmente a PM, tem trabalhado há muito tempo em um mundo fechado, com rejeição ao público, contestando os críticos e limitando o diálogo com a sociedade em geral. Os seus superiores – nomeadamente governadores e os seus secretários de Segurança Pública – tendem a prosseguir com essa prática. As conclusões de Alston apresentam sérias questões que exigem o diálogo e uma discussão aberta com a sociedade, como a impunidade policial, o controle das armas de fogo da polícia, o estabelecimento de unidades independentes com amplos recursos para investigar a polícia, a inviolabilidade das provas legais e o incremento dos salários da polícia. Ele recomenda:

1. Em cada estado, a Secretaria de Segurança Pública deve estabelecer uma unidade especializada para investigar o envolvimento da polícia com milícias e grupos de extermínio;

2. Proibição de que o policial fora de serviço trabalhe, em qualquer circunstância, para empresas de segurança privada. A fim de viabilizar essas mudanças, os salários pagos devem ser significativamente mais elevados;
3. Estabelecer e aprimorar sistemas para o rastreamento do uso de armas de fogo em todos os estados, assim como implementar um acompanhamento efetivo por parte dos governos estaduais. As armas de fogo e a quantidade de munição entregue a cada policial precisam ser registradas e contabilizadas regularmente. A corregedoria precisa investigar toda ocorrência em que um policial dispara sua arma e registrar o caso em um banco de dados. Tais informações têm de estar acessíveis à ouvidoria e podem ser utilizadas pelos superiores imediatos e pelos comandantes para identificar os policiais que precisam de maior supervisão.
4. Eliminação da prática de classificar as mortes provocadas por policiais como "autos de resistência" ou "resistência seguida de morte", que oferecem carta branca para a polícia matar. Sem prejudicar o resultado dos julgamentos penais, essas mortes devem ser incluídas nas estatísticas de homicídio de cada estado;
5. Manutenção, por parte da Secretaria Nacional de Direitos Humanos, de uma base de dados detalhada das violações de direitos humanos praticadas pela polícia;
6. A integridade do trabalho do serviço de corregedoria da polícia deve ser assegurada por meio da (1) criação de uma carreira específica; além disso, (2) precisam ser definidos procedimentos e prazos claros para as investigações e (3) todas as informações a respeito, assim como sobre as sanções disciplinares recomendadas, têm de estar livremente acessíveis à ouvidoria;

7. Nos casos com homicídios cometidos por policiais e outras acusações de grave violação, a corregedoria deve disponibilizar ao público informações sobre a situação de cada um, incluindo as medidas recomendadas pelos superiores diretos e pelos comandantes da polícia;
8. Policial sob investigação por crimes que constituam execuções extrajudiciais devem ser afastados das atividades policiais;
9. Departamentos de Ouvidoria da Polícia, como existem em alguns estados, precisam ser reformados para que sejam mais capazes de fornecer supervisão externa;
10. A polícia deve preservar a cena do crime; se tal prática não for seguida e os problemas persistirem, o Ministério Público tem de usar sua autoridade para realizar o controle externo da polícia e, assim, garantir a integridade das suas ações;
11. Os hospitais precisam ser obrigados a reportar às delegacias e às corregedorias todos os casos em que policiais lhes encaminharem suspeitos já mortos;
12. Os Institutos Médicos Legais devem ser totalmente independentes das Secretarias de Segurança Pública, e os peritos que neles trabalham devem receber garantias de emprego que assegurem a imparcialidade de suas investigações. Recursos e treinamento técnico adicional também devem ser fornecidos.

A maioria dos países democráticos, depois de várias tentativas para lidar com problemas que eram similares ou comparáveis aos que existem hoje na segurança pública no Brasil, passou a seguir recomendações semelhantes. Em todas as reformas que tiveram sucesso, a utilização de controle *externo* e *independente* da polícia foi crucial para conter e erradicar a corrupção e a violência perpetradas pelas forças de segurança. Finalmente, o relatório de Alston concluiu que o governo federal deveria garantir que tal documento da ONU fosse distribuído para todos os funcionários, em todos os níveis, e que se tornasse uma das atribuições da Secretaria de Direitos Humanos da Presidência da República (SDH/PR) monitorar o cumprimento das recomendações da ONU. Ainda que a Constituição determine a divisão de responsabilidades das autoridades federais, estaduais e municipais sobre questões relacionadas à segurança pública, não deixa de ser obrigação do governo federal levar adiante as medidas contidas no relatório. O fato de o país ter assinado tratados internacionais que incorporam muitas das questões levantadas pelo relatório suplanta os impedimentos internos para interferência federal nos estados e municípios, quando há inequívoca evidência de graves violações dos direitos humanos.

Referências bibliográficas[1]

A MORTE às nossas portas. *Veja*, 21 ago. 1996. Disponível em: <http://www.veja.abril.com.br/arquivo_veja/capa_21081996.shtml>.

ALVEZ, M. H. M. *A guerra no Complexo de Alemão e Penha*: segurança pública ou genocídio? 2007. Disponível em: <https://www.redecontraviolencia.org/artigos/143.html>.

ALVEZ, M. H. M. *State and Opposition in Military Brazil*. Austin: University of Texas Press, 1984.

AMNESTY INTERNATIONAL. *They Come in Shooting*: Policing Socially Excluded Neighborhoods. Relatório n.109/025/2005, dez. 2005.

AMORA, D. Czar da droga. Um general diante da guerra da vez. *O Globo Online*. 7 jan. 2007. Disponível em: <http://oglobo.globo.com/rio/ancelmo/reporterdecrime/posts/2007/07/01/um--general-diante-da-guerra-da-vez-64051.asp>.

---

[1] As referências desta lista que não estão citadas na obra foram consultadas como informação geral durante a pesquisa e a elaboração deste livro.

AMORA, D. et al. Favela $.A. *O Globo*, 24 ago.-1º set. 2012.

AMORIM, C. *Comando Vermelho*: a história secreta do crime organizado. Rio de Janeiro: Record, 1993.

ANDERSON, J. L. Gangland: Life in the Favelas of Rio de Janeiro. *New Yorker*, 5 out. 2009, p.46-57.

ARIAS, E. D. *Drugs and Democracy in Rio de Janeiro*. Chapel Hill: University of North Carolina Press, 2006.

AZEVEDO, L. da S. P. *A política de direitos humanos no Rio de Janeiro*: ouvidoria da polícia e corregedoria geral unificada – estratégias de controle social no estado democrático de direito (1999-2006). Tese (Mestrado) – Universidade Federal Fluminense, Niterói, 2006.

BAILEY, J.; DAMMERT, L. *Public Security and Police Reform in the Americas*. Pittsburgh: University of Pittsburgh Press, 2006.

BALESTRERI, R. B. *Direitos humanos*: coisa de polícia. 3.ed. Porto Alegre: Centro de Assessoramento e Programa de Educação para a Cidadania, 2003.

BANDEIRA, A. R.; BOURGOIS, J. *Firearms*: Protection or Risk? Trad. Jessica Galeira. Rio de Janeiro: Parliamentary Forum on Small Arms and Light Weapons, 2006.

BARCELLOS, C. *Abusado*: o dono do morro Dona Marta. Rio de Janeiro: Record, 2003.

BARCELLOS, C. *Rota 66. A história da polícia que mata*. Rio de Janeiro: Globo, 1987.

BARROS, A. J. Reflexões sobre a nossa guerra em particular. *O Globo Online*, 13 jun. 2007. Disponível em: <http://oglobo.globo.com/rio/ancelmo/reporterdecrime/posts/2007/06/13/reflexoes-sobre-nossa-guerra-em-particular-61658.asp>.

BILL, M. V.; ATHAYDE, C. *Falcão*: meninos do tráfico. Rio de Janeiro: Objetiva, 2006.

BRASIL. Ministério de Relações Exteriores. *Brazil 1966*. Brasília: Ministério de Relações Exteriores, 1966.

BRASIL. Secretaria Especial de Direitos Humanos da Presidência da República. *Programa Nacional de Direitos Humanos (PNDH-3)*.

Brasília: Secretaria Especial de Direitos Humanos da Presidência da República, 2009.

CANO, I. *Racial Bias in Lethal Police Action in Brazil*. Rio de Janeiro: Instituto de Estudos da Religião, 1998.

CANO, I. *The Use of Lethal Force by Police in Rio de Janeiro*. Rio de Janeiro: Instituto de Estudos da Religião, 1997.

CARUSO, H. G. C.; MORAES, L. P. B. de; PINTO, N. M. *Polícia militar do estado do Rio de Janeiro*: da escola de formação à prática policial. 2005. Disponível em: <http://www.comunidadesegura.org/files/PAPER%20ABA%20Pesquisa%20Forma%C3%A7%C3%A3o%20Policial%20Luciane_Haydee_Nalayne.doc.pdf>.

CARVALHO, J. M. de. *Cidadania no Brasil. O longo caminho*. 5.ed. Rio de Janeiro: Civilização Brasileira, 2004.

CARVALHO, J. *Police Brutality in Urban Brazil*. Nova York: Human Rights Watch, 1997.

CENTRO DE ESTUDOS DE SEGURANÇA E CIDADANIA. *Estado do Rio de Janeiro*: número e taxa de homicídios dolosos registrados pela polícia civil por regiões, 1990-2007. 2008. Disponível em: <http://www.ucamcesec.com.br/arquivos/estatisticas/evol2007_p01.xls>.

CEZAR, P. B. *Evolução da população das favelas na cidade do Rio de Janeiro*: uma reflexão sobre os dados mais recentes. Rio de Janeiro: Instituto Municipal de Urbanismo Pereira Passos, 2002. (Coleção Estudos Cariocas, n.200220)

CHEVIGNY, P. *The Edge of the Knife*: Police Violence in the Americas. Nova York: New Press, 1995.

CONDE, M. Rodrigo Pimentel, roteirista do *Tropa de Elite*, diz que é preciso transformar a PM do Rio. *O Globo Online*, 12 maio 2009. Disponível em: <http://oglobo.globo.com/rio/mat/2009/05/12/rodrigo-pimentel-roteirista-do-tropa-de-elite-diz-que-preciso--transformar-pm-do-rio-755839134.asp>.

CONSELHO DE DIREITOS HUMANOS DAS NAÇÕES UNIDAS. *Report of the Special Rapporteur on Extrajudicial, Summary, or Arbitrary Executions Mr. Philip Alston on His Mission to Brazil (4-14 november*

2007). 2008. Disponível em: <http://www2.ohchr.org/english/issues/executions/docs/A_HRC_11_2_ADD_2_english.pdf>.

CRUZ, M. V. G. da; BATITUCCI, E. C. (Orgs.) *Homicídios no Brasil*. Rio de Janeiro: Fundação Getulio Vargas, 2007.

DINGES, J. *The Condor Years*: How Pinochet and His Allies Brought Terrorism to Three Continents. Londres: New Press, 2004.

DOWDNEY, L. *Children of the Drug Trade*. Rio de Janeiro: 7 Letras, 2003.

EXTRA DEBATE. Beltrame: Polícia do Rio não vai mais usar fuzil. *Extra*, 30 jul. 2008, p.1,12-13.

FERNANDES, R. C. (Org.). *Brasil*: as armas e as vítimas. Rio de Janeiro: 7 Letras, 2005.

FERNANDES, R. C. *Controlar a violência armada*: notas sobre o trabalho do Viva Rio. Comunicação apresentada no seminário Viva Rio, Resende, 25-26 jul. 2008.

FORTES, R. (Org.). *Segurança pública, direitos humanos e violência*. Rio de Janeiro: Multifoco, 2008.

FREIRE, A. *Cabral defende aborto contra violência no Rio de Janeiro*. 2007. Disponível em: <http://g1.globo.com>.

FRENCH, J. H. *Legalizing Identities*: Becoming Black or Indian in Brazil's Northeast. Chapel Hill: University of North Carolina Press, 2009.

GAROTINHO, A.; SOARES, L. E. *Violência e criminalidade no estado do Rio de Janeiro*: diagnóstico e propostas para uma política democrática de segurança pública. Rio de Janeiro: Hama, 1998.

GAY, R. *Lucia*: Testimonies of a Brazilian Drug Dealer's Woman. Philadelphia: Temple University Press, 2005.

GAY, R. *Popular Organization and Democracy in Rio de Janeiro*: A Tale of Two Favelas. Philadelphia: Temple University Press, 1994.

GOLDSTEIN, D. *Laughter Out of Place*: Race, Class, Violence, and Sexuality in Rio Shantytowns. Berkeley: University of California Press, 2003.

GOMIDE, R. Polícia do Rio mata 41 civis para cada policial morto. *Folha de S.Paulo*, 16 jul. 2007. Disponível em: <http://www1.folha.uol.com.br/fsp/cotidian/ff1607200701.htm>.

HOLLOWAY, T. H. *Policing Rio de Janeiro*: Repression and Resistance in a 19th-Century City. Stanford, California: Stanford University Press, 1993.

HOLSTON, J. *Insurgent Citizenship*: Disjunctions of Democracy and Modernity in Brazil. Princeton, N.J.: Princeton University Press, 2008.

HUMAN RIGHTS WATCH/AMERICAS. *Brazil Slow in Human Right Reform*. Nova York: Human Rights Watch, 1999.

HUMAN RIGHTS WATCH/AMERICAS. *Final Justice*: Police and Death Squad Homicides of Adolescents in Brazil. Nova York: Human Rights Watch, 1994.

INSTITUTO DE PESQUISA ECONÔMICA APLICADA. *Desigualdades raciais, racismo e políticas públicas*: 120 anos após a abolição. 2008. Disponível em: <http://www.afrobras.org.br/pesquisas/pesquisa_ipea_desigualdades_raciais.pdf>.

KANT DE LIMA, R. *Legal Theory and Judicial Practice*: Paradoxes of Police Work in Rio de Janeiro. Tese (Doutorado) – Harvard University, Cambridge, Massachusetts, 1986.

LEEDS, E. Cocaine and Parallel Politics in the Brazilian Urban Periphery: Constraints on Local-Level Democratization. *Latin American Research Review 31*, n.3, p.47-83, 1996.

LEMBRUGER, J. *Cemitérios dos vivos. Análise sociológica de uma prisão de mulheres*. 2.ed. Rio de Janeiro: Forense, 1998.

LEMBRUGER, J. *Segurança pública e responsabilidade de todo(as)*. Fórum de Entidades Nacionais de Direitos Humanos, 2006. Disponível em: <http://www.direitos.org.br/index.php>.

LEMBRUGER, J.; MUSEMECI, L.; CANO, I. *Quem vigia os vigias? Um estudo sobre controle externo da polícia no Brasil*. Rio de Janeiro: Record, 2003.

LEMLE, M. Mercenários inconscientes? *Comunidade Segura*. 2007. Disponível em: <http://www.comunidadesegura.org/pt-br/node/35660>.

LEMLE, M. Muito mais polícias morrem em folga. *Comunidade Segura*. 2007. Disponível em: <http://www.comunidadesegura.org/pt-br/node/35688////pt_priv>.

LEVITT, S.; DUBNER, S. *Freakonomics*: A Rogue Economist Explores the Hidden Side of Everything. Nova York: Harper Collins, 2005.

LUZ, H. *A favela é a senzala do século XXI*. 2008. Disponível em: <http://www.politicaetica.com/2009/10/21/a-favela-e-a-senzala-do-seculo-xxi>.

MEREOLA, E. Rio é motivo de orgulho para 73% dos cariocas. *O Globo Online*, 28 mar. 2008. Disponível em: <http://www.oglobo.com/rio/riocomovamos/mat/2008/07/31/rio_motivo_de_orgulho_para_73_dos_cariocas_547499021.asp>.

PERLERMAN, J. E. *Favela*: Four Decades of Living on the Edge of Rio de Janeiro. Nova York: Oxford University Press, 2010.

PERLERMAN, J. E. *The Myth of Marginality*. Berkeley: University of California Press, 1976.

POLÍCIA MILITAR DO RIO DE JANEIRO; VIVA RIO. *A polícia que queremos*. 2006. Disponível em: <http://www.comunidadesegura.org/en/node/495>.

RAMOS, S.; MUSUMECI, L. *Elemento suspeito*: Abordagem policial e discriminação na cidade do Rio de Janeiro. Rio de Janeiro: Civilização Brasileira, 2005. (Coleção Segurança e Cidadania, n.2).

RAMOS, S.; PAIVA, A. *Media e violência*: Novas tendências na cobrança de criminalidade e segurança no Brasil. Centro de Estudos de Segurança Pública e Cidadania; Instituto Universitário de Pesquisas do Rio de Janeiro; Secretaria de Direitos Humanos e União Europeia, 2007.

SAPORI, L. F. *Segurança pública no Brasil*: desafios e perspectivas. Rio de Janeiro: Fundação Getulio Vargas, 2007.

SENTO-SÉ, J. T. (Org.). *Prevenção da violência*: o papel das cidades. Rio de Janeiro: Civilização Brasileira; Centro de Estudos de Segurança Pública e Cidadania, 2006. (Coleção Segurança e Cidadania, n.3.)

SOARES, B. M.; MOURA, T.; AFONSO, C. (Orgs.). *Autos de resistência*: relatos de familiares de vítimas de violência armada. Rio de Janeiro: 7 Letras, 2009.

SOARES, B. M.; MUSUMECI, L. *Mulheres policiais*: Presença feminina na polícia militar do Rio de Janeiro. Rio de Janeiro: Civilização

Brasileira; Centro de Estudos de Segurança Pública e Cidadania, 2005. (Coleção Segurança e Cidadania, n.1.)

SOARES, G. A. D. *Não matarás*: desenvolvimento, desigualdade e homicídios. Rio de Janeiro: Fundação Getulio Vargas, 2008.

SOARES, G. A. D.; MIRANDA, D.; BORGES, D. *As vítimas ocultas da violência na cidade do Rio de Janeiro*. Rio de Janeiro: Civilização Brasileira; Centro de Estudos de Segurança Pública e Cidadania, 2007.

SOARES, L. E. *Meu casaco de general*. São Paulo: Companhia das Letras, 2000.

SOARES, L. E. *Segurança tem saída*. Rio de Janeiro: Sextante, 2006.

SOARES, L. E.; BILL, M. V.; ATHAYDE, C. *Cabeça de Porco*. Rio de Janeiro: Objetiva, 2005.

SOARES, R. Entrevista: José Mariano Beltrame. *Veja*, n.2032, 31 out. 2007. Disponível em: <http://veja.abril.com.br/311007/entrevista.shtml>.

SOUSA, A. de. *Quanto ganha um polícia militar no Rio de Janeiro*. 2009. Disponível em: <http://concursodepolicia.com/2009/02/01/salarios-prmerj-quanto-ganha-um-policial-militar-do-rio-de-janeiro>.

SOUZA E SILVA, J. de. *Adeus Cidade Partida*. 2003. Disponível em: <http://www.observatoriodefavelas.org>.

SOUZA E SILVA, J. de.; BARBOSA, J. L. *Favela*: alegria e dor na cidade. Rio de Janeiro: Senac, 2005.

VALE, S. C. D. do. *Viva Rio*: uma organização para os novos tempos. Tese (Mestrado) – Centro de Pesquisa e Documentação de História Contemporânea do Brasil, Rio de Janeiro, 2007.

VENTURA, Z. *Cidade partida*. São Paulo: Schwartz, 1994.

VIERA, G. Paz entre bárbaros. *Jornal do Brasil*, 26 ago. 1994. Disponível em: <http://www.literal.com.br/zuenir-ventura/bio-biblio/sobre-ele/imprensa/>.

ZALUAR, A. *Condomínio do diabo*. Rio de Janeiro: Revan, 1994.

ZALUAR, A. The case of Rio de Janeiro, Brazil. In: UNITED NATIONS HUMAN SETTLEMENTS PROGRAM. *Global Report on Human*

Settlements 2007: Conditions and Trends. 2007. Disponível em: <http://www.ims.uerj.br/nupevi/thecaseofrio.pdf>.

ZALUAR, A.; ALVITO, M. (Orgs.). *Um século de favela*. Rio de Janeiro: Fundação Getulio Vargas, 1998.

Jornais

O Dia

Extra

Folha de S.Paulo

O Globo

Jornal do Brasil

Websites de comunidades e direitos humanos

Americas Watch (http://www.hrw.org/americas).

Amnesty International (http://www.amnesty.org).

Global Justice (http://www.globaljusticnow.org).

Observatório de Favelas (http://www.observatoriodefavelas.org.br).

Rede de Comunidades e Movimentos contra a Violência. (http://www.redecontraviolencia.org).

Viva Rio (http://www.vivario.org.br).

Filmes

Tropa de Elite. Direção de José Padilha. Universal Pictures, 2007.

Notícias de uma guerra particular. Direção de Katia Lund e João Moreira Sales. Coleção Videofilmes, 1999.

Quase dois irmãos. Direção de Lúcia Murat. Imovision, 2004.

Índice remissivo

Aborto, 40-1
Ação Comunitária do Brasil Rio de Janeiro, 5, 12
Acari, favela, 162-9, 296
AfroReggae, 318
Alencar, Marcelo, 201
Alston, Philip, 206, 314, 336, 338-40
Amigos dos Amigos, 186, 244
Associação de Moradores, 36, 57, 63, 96, 163, 173, 177, 228, 315, 329
   e bandidos, 63
   comunidades, 96-7, 173

Babilônia, favela, 157, 172-3, 211
Bairros africanos, 34

Baixa do Sapateiro, favela, 106, 127, 134
Baixada Fluminense, 19-21, 25, 28, 48, 72, 201
Balestreri, Ricardo, 186, 197, 207, 216, 295-309, 317
Bandidos, *ver* Facções de traficantes de drogas
Bastos, Márcio Thomaz, 306
Batan, favela do, 74, 228
Beira-Mar, Fernandinho, 26
Beltrame, José Mariano, 7, 9, 30, 40-1, 160, 171, 175, 187-8, 194, 198, 204-5, 209, 217-9, 221, 223, 225, 227-8, 242, 253, 296, 314, 318-9, 323, 325, 332

Boca de fumo, 51, 128, 133
Bolsa Família, 45, 266, 270
Bolsa Formação, 207, 232
Bope, 2, 4, 39, 56, 84, 90, 95, 99, 101, 103-5, 129, 133, 161, 165, 202, 235, 253, 278-80, 289, 301, 303, 305, 309, 315-6, 320, 333
Brizola, Leonel, 23, 27, 47, 149, 152, 163-4, 199-202, 259
Burle Marx, Roberto, 16

Cabral, Sérgio, 1, 7, 9, 39-41, 63, 157, 165, 187-8, 198, 204-5, 208, 216-7, 238, 276, 279-80, 289, 296, 299, 312-33
Caixa Econômica Federal, 122, 274
Candomblé, 36
Cantagalo, favela do, 42, 203, 255-6
Capoeira, 36, 97, 171
Carballo Blanco, Antônio Henrique, 203, 255-61
Cardoso, Fernando Henrique, 264, 276, 280-9
Carvalho, Matheus Rodrigues, 106-16
Caveirão, 2, 4, 11, 55, 58-9, 61, 70-2, 74, 81, 86, 90, 94-6, 101, 117, 127-8, 130, 133-4, 160-1, 165, 188, 191, 204, 277-8, 300-4, 314, 316, 319, 321, 336, 339
Ceará, 134-5, 138, 275-6

Ceasm, 120, 122, 142
Cedae, 58
Cemitérios clandestinos, 185, 291
Cerqueira, Carlos Magno Nazareth, 199
Cerqueira, Nilton, 201
CESeC, 21n.4, 47, 166, 315
Chacinas, 23-4, 163, 200-1
Chapéu Mangueira, favela, 42, 157, 172, 211
Cidade de Deus, 219, 255
Ciep, 54, 77-8, 101, 163, 199
Comando Vermelho, 157, 186, 244, 315
Comlurb, 58-9, 72
Complexo da Maré, 25, 93, 106, 117-8, 120, 122-6, 130, 132, 134, 138, 142, 144, 273, 330
Complexo do Alemão, 1-2, 4-7, 11, 44, 48, 51, 58, 62, 67, 73, 77, 84, 97, 107, 157, 161, 169, 223, 226, 228, 244-6, 249, 258, 266-7, 277, 308, 313-4, 323-5, 327, 329
Conferência Nacional de Segurança Pública, 215, 264
Conselheiro, Antônio, 34
Conselho de Direitos Humanos das Nações Unidas, 8, 48, 206, 314
"Constituição de 1988", 66, 183, 188, 214-5, 224, 257, 271, 282, 284, 286, 310, 337, 343

Controle biométrico de armas, 297

"Corvo", 103-4, 278-9, 315-6

Cosme e Damião, 190, 299, 307, 312

   ver também Policiamento Comunitário; Pedro e Paulo

Costa, Carlinhos, 145-62

CRE (Coordenadoria Regional de Educação), 65, 77-9

Crianças, 63, 80-4

   traumas por confrontos em favelas, 68-79, 89, 94-5, 113-4, 300-1

Crime organizado, 8, 30, 31n.13, 148, 204, 218, 220, 227, 237, 239, 241-5, 247-8, 254, 265-6, 277, 281, 287-8, 290, 294, 299-300, 315-6, 320-2, 326-7, 331

Criminalização da pobreza, 3, 170

Crivella, Marcelo, 40

CTO (Centro de Teatro do Oprimido), 120, 122, 124

Deley de Acari, 162-72

Democracia, 7, 23, 181

Direitos Humanos, 2, 5, 8-9, 11-2, 24, 41, 62, 105, 109, 164, 166-7, 170, 181, 183, 192-3, 201-9, 214-6, 224-5, 230, 233, 236, 239, 261, 266, 279, 285, 289, 295, 298-9, 301-2, 304-6, 309-21, 335, 337-9, 341, 343

DOI-CODI, 182

Dona Marta, favela, 151, 210-1, 255

Droga

   armamentos, 220, 239, 277

   comportamento de moradores da favela em relação, 70-1, 142, 187, 242-3, 248-9

   danças na comunidade, 96

   facções do tráfico, 15, 28-9

   guerras entre, 54, 169-73, 186, 220

   lei do silêncio, 96-100

   micro-ondas, 22, 96

   poder nas favelas, 62-3, 149, 186-7, 213-4, 223-4, 316-7

   relações com policiais, 64, 84-5, 96, 246, 254, 322

   venda de drogas, 28, 55, 127-8, 148

   viciados, 105

Drogas, novas políticas para, 292-3, 325

Educação, 47, 137-42, 173, 330

   cotas, 47

   ver também escolas públicas

"Eleição de 2008", 213

Escola de samba, 37
Escola Superior de Guerra, 218-9n.1
Escolas públicas
  bandidos, 55-6
  fracasso do Estado em protegê-las, 55-6, 63-4, 95
  importância das, 54, 63, 65, 80-4
  operações policiais, 55-7, 59-62, 64, 68-9
Esquadrão da morte, 47, 201, 212n.20
Estatuto da Igualdade Racial, 335
Estatuto do Desarmamento, 241

Favelas
  "aglomerações subnormais", 39-40
  apoio comunitário, 12-3, 36-7, 57-8, 80-1
  assistência de saúde, 127-30, 330
  cobertura da mídia, 2, 5-7, 22-8, 63, 96-7, 267
  como modernas senzalas, 38-9
  crescimento e desenvolvimento, 2-3, 16-9, 27-9, 41-5
  infraestrutura, 2, 8, 16, 43-5, 64-7, 272-4, 319, 322
  lei do silêncio, 96-100, 105, 219
  mudança de ponto de vista, 22-5, 27-8, 205
  negligência do Estado, 57-8, 63-9, 84-5, 95, 103, 205, 266-7, 322
  orgulho, 37, 121-2
  padrão de vida, 2, 117-26
  população das, 17-9, 34-6, 323
  topografia da, 16, 219-20, 259
  trabalhos públicos, 323-4
  tradição, 34-9
  UPPs, 41-2, 173, 206-13
  violência crescente em, 54-5, 79, 84-5, 133-4, 147, 149, 236
  violência policial contra moradores, 62, 96, 100-3, 113-4
Felix, Jaqueline, 117-34
Fernandes, Rubem César, 315
Ferreira, Aloisio Nunes, 312
Fetranspor, 43
FMI, 264, 274-5
Força Nacional de Segurança Pública (FNSP), 1, 7, 62, 90, 99, 249, 286, 302, 332
Forças Armadas, 182, 186, 190, 225-7, 241, 300, 331
Frei Antônio, 172-8
Funk, 29, 96, 171

Garotinho, Anthony, 63, 165, 202-4

Garotinho, Rosinha, 63, 165, 203-4

Genro, Tarso Fernando Herz, 7-8, 10, 206, 209, 216, 268, 289-95, 305-6, 309, 323, 336

Getulio Vargas, Fundação, 222, 297

Getúlio Vargas, Hospital, 63, 72

GGIM, 229-32, 237, 301, 305, 331, 336

GGIS, 207, 292

Globo, O, 3, 24, 28, 324, 329

Governo federal, 215
 divisão do poder com os estados, 236, 291-3, 301, 303-5
 política sobre armamentos, 224-7, 243, 298-9, 305, 331
 relações com estados e municipalidades, 266-70
 repressão aos traficantes de droga, 282

GPAE, 151, 203, 210, 255-8

Guarda Municipal, *ver* Polícia

Guerra de Canudos, 34

Homicídios, 18, 21, 23, 47-8, 163, 181, 184-6, 193, 200-1, 205-6, 209, 211, 224, 259-60, 324, 341-2
 perícia, 312-3

Human Rights Clinic, 230

Human Rights Watch, 338

Igreja Católica, 172-5, 177, 310

Imagens do Povo, 117, 124-5

Índice de Desenvolvimento Humano (IDH), 21

Instituto da Cidadania, 311-2

Ipanema, 15-6

Ipea, 45

Jardim, Marcus, 77, 202, 329

Jogos Olímpicos, 19n.3, 209, 224, 317

Jogos Pan-americanos, 5, 79, 123

Jungmann, Raul, 8, 105, 240

Lei do Ventre Livre (1871), 40n.6

Lembruger, Julita, 188, 200, 202, 315

Leme, 15-6, 172

Liga da Justiça, 153, 156, 212n.20

Lopes, Antônio Bomfim ("Nem"), 213

Lopes, Tim, 62, 74, 80, 254

Lula da Silva, Luiz Inácio, 5, 8, 10, 73, 76, 107, 204, 215n.23, 216, 258, 263-80, 286-7, 309, 311, 314, 317, 331, 336

Luz, Hélio, 43, 198, 246-7, 254

Mães de Acari, 163-4, 168, 291

Matador, 101-2

Medellín, 246, 323-4
Mello, Yvonne Bezerra, 106, 108
Metodologia, 11
Micro-ondas, 22, 96
Mídia, 3, 6, 22-9, 152, 185, 196, 214
Migrantes, 20
  violência nas favelas, 136, 142-3, 152
Milícias, 18, 30-1, 33, 43, 152-6, 168, 194, 212, 214, 227-8, 315, 323, 326-7, 332, 340
Molon, Alessandro, 106, 109
Montenegro, Pedro, 313
Montoro, Franco, 310
Moreira Franco, Wellington, 150, 201
Mulheres da Paz, 208, 237
Mutirão, 36, 37

Nova Holanda, favela, 110, 117, 120, 127, 140
Núcleo de Estudos da Violência da Universidade de São Paulo (NEV), 11, 280

O'Loan, Nuala Patricia, 340
Observatório de Favelas, 25, 117, 122-3, 130
Oliveira Vianna, Henrique, 229-38
Operação Condor, 103, 278
Orçamento participativo, 293-4

Ordem dos Advogados do Brasil (OAB), 62, 214, 309, 314

PAC (Programa de Aceleração do Crescimento), 7, 44, 46, 67, 97-8, 211, 245-6, 265, 273-4, 323, 326, 330-1
Pacificação, 42-3, 173, 209-11
Paes, Eduardo, 210
Paraguai, 103n.5, 226
Pavão-Pavãozinho, favela do, 203, 255-6, 266, 325
Pedro e Paulo, 190, 307
  ver também Policiamento comunitário; Cosme e Damião
Penha, favela da, 58-60, 277
Pessoas desaparecidas, 258, 289-93
  ver também Homicídios
Pinochet, Augusto, 5, 277, 285
Planeta Favela, 170
Plano Colômbia, 283
PM, *ver* Polícia
"PNDH-3", 337-8n.1
Polícia
  armas de fogo e munição, 225-6, 241-2, 296-9
  brutalidade, 62, 90-1, 243
  corrupção, 96, 196-7, 247-50, 281-2, 292
  facções do tráfico, 28-9, 63-4, 162, 246, 248-9, 253, 322

história das, 229, 241
inteligência, 3, 62, 254, 328-9, 333-4
investigação e patrulha, 250-1, 338-41
investimento e treinamento, 219-22, 304-5, 319-20
megaoperação no complexo do Alemão, 1-5, 161, 169, 245, 248-9
militarização, 3-4, 188-95, 248-9
"mineira", 156
moradores da favelas, 96, 101-2, 112-3, 116, 149, 158-9, 177-8, 196
perigos e estresse inerentes ao trabalho, 158, 188-9, 197-9, 234-6, 246, 248-54, 276-7, 328-9
precariamente preparada para o policiamento, 28-9, 324
qualificação para o trabalho, 189, 231-2
reforma, 198, 203, 207-10, 223-4, 260-1, 265-7, 293, 306-13, 338-42
reputação, 23-5, 187, 242-5
tráfico de armas, 160-1, 173, 225, 242
treinamento, 3-4, 222, 236, 251-4, 264-6, 289-91, 296-7, 270-303, 325, 334, 338-40

Polícia Civil, 47, 106, 188-9, 193-5, 220, 222, 247, 250, 282, 307, 319
ver também Polícia
Polícia Federal, 188-9, 204, 215n.22, 217-9, 221, 247, 263, 282, 284, 292, 315, 318
Policiamento comunitário, 150, 178, 190, 199, 203, 209-10, 228-9, 234, 236, 243, 253, 255-6, 258-9, 261, 277, 293, 299, 308
ver também Polícia
Política de confronto, 7, 41, 172, 187, 197, 209, 217, 242-3, 261, 279, 296, 299-300, 312-3, 316-7
Pontifícia Universidade Católica (PUC), 122, 142
Pronasci, 7, 9, 67, 198, 206-10, 215, 223, 229-32, 235-8, 248, 263, 265-6, 273, 289-90, 293-5, 301, 306, 311-2, 317, 323, 326-7, 330-1, 336, 339
Protejo, 208
Raça
  questões de, 45-7, 100-1, 335
  homicídios, 48
Rede de Comunidades e Movimentos contra a Violência, 4-5, 12, 165, 189
Rocinha, favela da, 18n.1, 28, 42, 60, 145-51, 158-60, 213, 219, 299, 277, 324-5, 327

Rubens Vaz, favela, 118, 127

Santos, Gracilene Rodrigues dos, 106-16

São Paulo, 20, 24, 136-7, 205, 222-3n.4, 240, 243, 259, 272, 284, 310, 331

Sebastianismo, 261

Segurança pública, 270-2, 281-2, 311
   serviços públicos, 266, 319
   responsabilidade governamental de, 281, 284, 292-4, 270-1, 311
   ver também Política de confronto

Senad, 284

Senasp, 206-7n.19, 297-9

Soares, João Roberto, 185, 295-6, 325

Soares, Luiz Eduardo, 202

Terceiro Comando Puro, 166, 186

Territórios da Cidadania, 269

Territórios da Paz, 107

Transporte público, 18n.1, 42, 323

Tropa de Elite, 251, 261, 280, 319

Universidade Cândido Mendes, 47

UPPs, 41, 49, 173, 209-11, 218, 225n.5

Valdean, Francisco, 134-44

Vannuchi, Paulo de Tarso, 8, 309-17

Vargas, Getúlio, 273

Ventura, Zuenir, 24

Vigário Geral, favela, 24-5, 163, 168, 200

Viva Rio, 5, 12, 25, 192, 315, 318

Zona Norte, 1, 22, 160, 211, 212n.20

Zona Oeste, 28, 153, 211

Zona Sul, 15-6, 19-22, 25, 27, 39, 42-3, 49, 133, 145, 154, 160, 172, 203, 210-1, 255, 277, 328

SOBRE O LIVRO

Formato: 14 x 21 cm
Mancha: 23,6 x 40 paicas
Tipologia: Iowan Old Style 10,5/15
Papel: Off-white 80 g/m² (miolo)
    Cartão Supremo 250 g/m² (capa)
1ª edição: 2013

EQUIPE DE REALIZAÇÃO

Capa
Estúdio Bogari

Edição de texto
Mariana Pires Santos (Preparação de original)
Vivian Miwa Matsushita (Revisão)

Editoração Eletrônica
Sergio Gzeschnik (Diagramação)

Assistência Editorial
Alberto Bononi

GRÁFICA PAYM
Tel. (11) 4392-3344
paym@terra.com.br